河北省城乡融合发展协同创新中心资助

乡村振兴战略背景下
中国农村电子商务
可持续发展研究

郭娜　等著

人民出版社

目　　录

前　言

农村电子商务在搞活农村商品流通、增加农民收入、解决农村劳动力就业、促进农村产业结构升级等方面发挥了积极作用，推进了脱贫攻坚工作的顺利实施并取得全面胜利，成为实现乡村振兴的新引擎。在当前乡村振兴战略实施的关键时期，应根据社会发展的需要，积极探索农村电子商务可持续发展的思路，使其能够持续为乡村振兴赋能，助力中国经济发展。

本研究以“乡村振兴战略背景下中国农村电子商务可持续发展研究”为切入点，围绕这一核心问题，在明确研究对象和研究范围的前提下，对农村电子商务、可持续发展等相关概念进行了辨析，并以习近平总书记提出的“创新、协调、绿色、开放、共享”新发展理念为引领，界定了农村电子商务可持续发展的内涵，从而确定了本研究的逻辑主线。在此基础上，主要研究工作体现在以下几个方面：

(1)探析农村电子商务的发展机理及动力源，为本研究提供逻辑前提和理论支撑。农村电子商务可持续发展是在农村电子商务产生与发展的基础上实现的，而农村电子商务的形成和发展通过节省交易费用、增加流通效益实现了农村市场交易中交易效率的提升，由此明确了农村电子商务发展的机理。同时，农村电子商务各类主体对经济利益的追求、技术进步的支持、市场需求的拉动以及政府政策的推动构成了农村电子商务发展的主要动力源。

（2）分析现阶段中国农村电子商务的发展状况，为本研究提供现实依据。一是，通过对中国农村电子商务发展历程进行阶段性划分，阐述中国农村电子商务的演进过程；二是，以农村电子商务依托的平台类型对中国农村电子商务进行分类，并详细介绍各类农村电子商务发展的具体情况；三是，分别从农村电子商务的整体发展趋势、不同区域及不同省份的发展情况、"工业品下行"和"农产品上行"双向流通渠道的发展状况以及不同种类商品网络交易规模的情况四个角度对中国农村电子商务的发展现状进行分析；四是，基于现状分析，深入剖析现阶段中国农村电子商务存在的问题及原因，提出中国农村电子商务的发展方向——可持续发展。

（3）分析乡村振兴战略背景下中国农村电子商务可持续发展的必要性。从三个角度展开分析，第一方面，农村电子商务可持续发展有助于推动乡村振兴战略的全面实施；第二方面，农村电子商务可持续发展有助于推进现代商品流通体系的建设，而现代商品流通体系的建立有助于乡村振兴战略的实施；第三方面，农村电子商务可持续发展有助于促进国内大循环及国内国际双循环，而双循环格局的形成将有利于区域间要素的自由流动，加快乡村振兴的步伐。

（4）分析乡村振兴战略背景下中国农村电子商务可持续发展的可行性。主要从外部条件、发展机制、发展重点、发展步骤等几个方面进行了分析。

（5）对乡村振兴战略背景下中国农村电子商务可持续发展进行动态评价。基于本研究提出的中国农村电子商务可持续发展的概念，从创新、协调、绿色、开放、共享五个方面，构建评价中国农村电子商务可持续发展的指标体系，并利用 2015—2021 年的数据资料，应用 TOPSIS 灰色关联投影法的动态综合评价方法进行评价。

（6）选择具有代表性的案例对不同地区农村电子商务可持续发展的情况进行分析，以验证动态评价的结论是否能够真实反映现实状况。

通过以上研究，得出如下几点结论：

第一，中国农村电子商务可持续发展水平整体呈现波动上升的状态，目前接近中等水平，仍存在较大的发展空间。

第二，现阶段中国农村电子商务可持续发展的五个维度呈现出“协调发展>创新发展>共享发展>绿色发展>开放发展”的状态，且在不同影响因素的作用下，这五个维度呈现出不同的变化趋势。

第三，障碍因子分析显示，协调发展、创新发展、共享发展、绿色发展和开放发展对中国农村电子商务可持续发展的年均障碍度依次递减。进一步比较可知，对农村电子商务可持续发展影响程度越大的因素，其年均障碍度也越大。

基于此，本研究从加快中国农村电子商务协调发展、全面推动中国农村电子商务创新发展、加强中国农村电子商务共享发展、深入推进中国农村电子商务绿色发展、大力推动中国农村电子商务开放发展五个维度，提出了促进乡村振兴战略背景下中国农村电子商务可持续发展的具体对策。并对研究的不足之处进行了陈述，同时对未来研究方向进行了展望。

由于作者水平有限，书中若有不妥之处，敬请读者批评指正。

郭　娜

2024 年 7 月 5 日

绪　论

第一节　问题的提出

2013 年中央一号文件提出发展农产品网上交易,2014 年中央一号文件强调加强农产品电子商务平台建设,2015 年中央一号文件指出开展电子商务进农村综合示范,农村电子商务随即被提上日程。随后几年有关农村电子商务发展的文件纷纷出台,为农村电子商务的发展创造了良好的外部环境,农村电子商务顺利推进,农产品网络交易额逐年上升,农村电子商务对农村经济的带动作用日益明显。2017 年党的十九大报告首次提出“乡村振兴战略”,2018 年中央一号文件对实施乡村振兴战略作出了全面部署,明确提出深入实施电子商务进农村综合示范,加快推进农村流通现代化。2019 年中央一号文件提出实施数字乡村战略,再次强调继续开展电子商务进农村综合示范,实施“互联网+”农产品出村进城工程。2022 年党的二十大报告中明确了新时代新征程中国共产党的使命任务,对“加快构建新发展格局,着力推动高质量发展”提出了具体要求,强调了全面推进乡村振兴的重要作用及发展的具体思路。随后,2023 年中央一号文件将深入实施“数商兴农”和“互联网+”农产品出村进城工程作为全面推进乡村振兴的重点工作之一。2024 年中央一号文件首次提出实施农村电商高质量发展工程,以提升乡村产业发展水平。农村电子商务被视为促进乡村发展的新动能及实现乡村振兴的新引擎，在相关政策引导下，广大农村地区在贯彻乡村振兴战略的过程中，将农村电子商务作为重要抓手，通过发展农村电子商务，建立了完整的产业链，带动了农村各行各业的发展，促进了三次产业的融合，不断激发出农村经济的新活力，形成了新的经济生态。

虽然国家政府部门对发展农村电子商务非常重视，而且农村电子商务的发展对中国农村经济的促进作用有目共睹，尤其是其作为精准扶贫的有效手段更是得到了全社会的认可，但是，在肯定农村电子商务对中国经济发展的重要作用的同时，还必须客观看待这一新型流通业态。近几年，随着农村电子商务应用范围的扩大，其发展中存在的一系列问题逐渐暴露出来，一方面，农村电子商务从业者日益增多且整体商业素质欠缺，致使无序竞争加剧；另一方面，一些网络消费者在经历了最初疯狂跟风消费之后，逐渐冷静下来开始转向理性消费，同时消费需求不断升级。这些现象直接导致了农村电子商务增长速度放缓，部分地区农村电子商务的发展出现疲态。以农村网络零售额同比增长率的变化为例，在农村电子商务发展的最初几年，这一指标呈现迅速上升态势，2016 年高达 153.41%，之后出现波动下降趋势，2022 年低至 5.85%。① 根据零售业态发展的自然淘汰理论可知，任何一种业态的发展变化必须要与社会经济环境相适应，只有适应环境的变化才能永久生存，否则将会自然地被淘汰，直至走向衰落。根据该理论，农村电子商务在发展过程中遇到阶段性瓶颈是必然的，我们应正确对待，尤其是在当前乡村振兴战略实施的关键时期，更应根据社会发展的需要，积极探索农村电子商务可持续发展的思路，使其能够持续为乡村振兴赋能、助力中国经济发展。

---

① 根据商务部电子商务和信息化司发布的 2014—2022 年《中国电子商务报告》中公布的数据计算获得。

第二节　研究范围与研究对象

本书的研究背景是乡村振兴战略的提出及实施,研究对象是中国农村电子商务,研究内容是如何促进中国农村电子商务可持续发展。目前,与农村电子商务相关的概念和研究很多,由于这些概念存在含义和内容上的交叉,一些研究在分析过程中存在概念混用现象。同时,关于可持续发展的研究成果也非常丰硕,涉及不同领域,但是关于中国农村电子商务可持续发展的研究却刚刚起步,目前尚缺乏对中国农村电子商务可持续发展内涵的界定。因此,本研究在展开具体分析之前需要明确研究范围,对相关概念进行清晰界定。

一、相关概念辨析

涉农电子商务、农业电子商务、农产品电子商务、农村电子商务是几个关联性非常强的概念,在政府文件、文献资料、新闻报道中经常出现。对这几个概念的内容及范围进行区分,有利于本研究明确研究对象。

(一)涉农电子商务

目前,涉农电子商务虽然作为一个专业用语在我国相关政策文件及学术论文中频繁出现,但是我国目前尚无关于涉农电子商务的规范定义,亦缺乏对这一词汇的详细介绍。因此,本书只能在深入理解相关政策文件及梳理已有文献的基础上,尝试对其作出合理解释。

一些文献因研究需要对涉农电子商务包括的范围进行了简单的说明,例如,叶秀敏(2014)对涉农电子商务的主要形态进行了分析,认为涉农电子商务包括农产品电子商务、农民电子商务和农村电子商务,并对这三种形式进行了分析。①

① 叶秀敏:《涉农电子商务的主要形态及对农村社会转型的意义》,《中国党政干部论坛》2014年第5期。

聂凤英、熊雪(2018)将涉农电子商务理解为,产品源自农业或经营场所在农村的电子商务活动。① 肖开红、雷兵、钟镇(2019)综合以上两种观点,指出涉农电子商务包含农村电子商务、农产品电子商务、农业电子商务及农民电子商务四种形态。② 但是大多数文献的研究对象集中于农村电子商务、农产品电子商务或农业电子商务,很少涉及农民电子商务。

纵观近年来各级政府部门出台的涉农电子商务的相关文件,“农业电子商务”“农产品电子商务”“农村电子商务”是高频出现的词汇,且因不同阶段政府部门对涉农电子商务关注的重点不同,这些词汇的出现频率具有阶段性特征。但是在这些文件中,鲜有涉及“农民电子商务”这一词汇。因此,从国家政策层面来看农民电子商务并未被视为涉农电子商务的一种形式。

结合以上分析,涉农电子商务从字面意思来看,是指涉及农业、农村、农民的电子商务,是与“三农”相关的电子商务,故涉农电子商务应包括农业电子商务、农村电子商务、农民电子商务三种不同形态。因农产品是涉农电子商务交易的主要客体,因此,农产品电子商务必然成为涉农电子商务的重要组成部分。同时,在涉农电子商务中,农民通常作为交易主体出现,参与到农业电子商务、农村电子商务、农产品电子商务中,故一般情况下就不再将农民电子商务单列出来作为一种交易形式。因此,综合国家相关政策文件的用语以及大多数文献对涉农电子商务的理解,可以把涉农电子商务视为农业电子商务、农产品电子商务、农村电子商务的总和,但是需要强调的是农业电子商务、农产品电子商务、农村电子商务三者并不是各自独立的,而是在一定的范畴内存在交集。

---

① 聂凤英、熊雪:《“涉农电商”减贫机制分析》,《南京农业大学学报(社会科学版)》2018年第4期。

② 肖开红、雷兵、钟镇:《中国涉农电子商务政策的演进——基于2001—2018年国家层面政策文本的计量分析》,《电子政务》2019年第11期。

（二）农业电子商务

从产业维度来考虑，农业电子商务可以理解为依托网络开展与农业相关的商务活动，或者是电子商务在农业经营领域的具体应用。目前理论界关于农业电子商务的研究较多，相当一部分文献将其简单描述为“互联网+农业”，也有一些学者对其进行了具体描述，例如，白朋飞（2015）指出农业电子商务是基于农业生产的各种电子化的交易活动，并依托网络和各种信息技术构建起综合性的商务平台。① 曾亿武、万粒、郭红东（2016）从供应链管理的视角对农业电子商务进行了解释，认为农业电子商务应包括农业供应链上的每个环节，因农业供应链不仅仅局限于农村地区，故从农业电子商务波及的区域来看，既有农村，又有城市。② 郑彤彤、王雅鹏（2017）提出农业电子商务是将农业生产的产前、产中、产后三个环节通过网络化技术有机结合起来，以促进农业生产与销售的一种经济运行方式。③ 更多的文献是将农业电子商务视为一个大众已知晓的专业用语，从农业电子商务的意义、发展现状、模式等角度展开研究，并未对其进行具体界定，且相当一部分文献在对农业电子商务进行分析时，对其缺乏清晰的认识，甚至将农业电子商务与农产品电子商务混淆。对于农业电子商务的理解可以参照 2016 年 1 月 11 日中国农业部办公厅发布的《农业电子商务试点方案》中的说明，该方案指出农业电子商务以农产品、农业生产资料、休闲农业等为主要内容。由此可见，农业电子商务与农产品电子商务存在本质的区别，农产品电子商务只是农业电子商务的一部分，两个概念是不对等的。

综合以上分析，本研究认为，曾亿武等（2016）从农业供应链的角度对农

---

① 白朋飞：《美英农业电子商务的发展应用》，《世界农业》2015 年第 1 期。

② 曾亿武、万粒、郭红东：《农业电子商务国内外研究现状与展望》，《中国农村观察》2016 年第 3 期。

③ 郑彤彤、王雅鹏：《我国农业电子商务发展风险研究》，《理论月刊》2017 年第 6 期。

业电子商务进行界定更具合理性。①

（三）农产品电子商务

农产品电子商务是一个产品维度的概念，翻阅大量相关文献发现，学术界对农产品电子商务的研究集中于模式、作用、发展机制及发展对策等方面，专门对农产品电子商务的内涵进行阐释的文献相对较少，但一些研究通常会结合所研究的问题将对农产品电子商务的解释贯穿在行文中。例如，林家宝、罗志梅、李婷(2019)指出经过多年的发展，中国农产品电子商务已形成包括农产品网上期货交易、大宗农产品网上交易以及农产品网上零售平台等多层次的农产品电子商务市场体系和网络体系。② 吕晓永(2021)认为农产品电子商务是利用电子商务平台将农产品种植者、农产品加工企业、物流企业、质量监管部门及金融机构联结在一起，并通过电子商务平台实现对农产品跨越时空营销的一种经营模式。③ 这些研究因视角不同，对农产品电子商务的描述各有侧重。

综合已有研究，本研究将农产品电子商务描述为以农产品为核心，以互联网为媒介，利用信息技术即时收集、整理并发布有关农产品生产、经营及销售的相关信息，并通过网络完成交易，借助现代物流系统，完成农产品从农户到最终消费者的交易全过程。

（四）农村电子商务

农村电子商务是一个地域维度的概念，简单来说是发生在农村地区的电子商务活动。相对于以上三个概念，农村电子商务虽然在近几年才更受关注，但

---

① 曾亿武、万粒、郭红东：《农业电子商务国内外研究现状与展望》，《中国农村观察》2016年第3期。

② 林家宝、罗志梅、李婷：《企业农产品电子商务采纳的影响机制研究——基于制度理论的视角》，《农业技术经济》2019年第9期。

③ 吕晓永：《我国农产品电子商务发展的局限性与应对策略》，《商业经济研究》2021年第10期。

是实际上在我国大力推行农村电子商务之前，理论界就对这一概念进行过探索，例如，刘可(2008)提出农村电子商务是农村商务活动借助于网络化手段进行的一种经济贸易方式。① 随着农村电子商务的发展，学者们对农村电子商务概念的描述逐步细化。岳欣(2015)提出农村电子商务是利用现代信息技术，为从事涉农领域的生产经营主体提供在网上进行产品或服务的销售、购买和电子支付等业务交易的过程。② 曾亿武等(2016)指出农村电子商务既涉及农村地区的农业电子商务，还包括农村地区工业和服务业电子商务，在形式上表现为农村与外部的双向流通，即“农产品上行”和“工业品下行”双向流通渠道。③

综合以上研究，结合近几年中国农村电子商务的发展现状，本研究在对农村电子商务的内涵进行界定时，重点强调其双向流通渠道，并将由产业链、服务链、要素链、价值链等构成的生态链作为支撑“农产品上行”和“工业品下行”的重要因素。

由以上分析可以看出，农村电子商务与其他几个概念既有区别，又存在紧密的联系。通过对这些概念的清晰界定，可明确研究对象的范畴。

二、农村电子商务可持续发展的概念

对乡村振兴战略背景下中国农村电子商务可持续发展进行研究，首先要科学界定农村电子商务可持续发展的内涵，而界定农村电子商务可持续发展的内涵则需要在对可持续发展的理念进行全面理解的基础上进行。

（一）可持续发展的概念

1. 可持续发展的概念及发展历程

可持续发展的概念最早出现在世界环境和发展委员会(WECD)于 1987

① 刘可:《四川农村信息化建设的现状、问题与对策》,《农村经济》2008 年第 11 期。

② 岳欣:《推进我国农村电子商务的发展》,《宏观经济管理》2015 年第 11 期。

③ 曾亿武、万粒、郭红东:《农业电子商务国内外研究现状与展望》,《中国农村观察》2016 年第 3 期。

年发表的《我们共同的未来》的报告中,该报告将可持续发展定义为"既能满足当代人的需要,又不对后代人满足其需要的能力构成危害的发展"。可持续发展概念的提出主要是为了解决20世纪六七十年代以来日益严重的人口激增、环境污染及能源危机等问题,改变发展过程中社会、经济和环境的割裂状态,谋求社会效益、经济效益和环境效益的协调发展。1992年6月,联合国环境与发展大会在巴西里约热内卢举行,本次会议通过了《21世纪议程》《气候变化框架公约》等系列文件,将可持续发展提到战略高度,并在全球范围内付诸实施,中国政府作出了履行《21世纪议程》等文件的庄严承诺。1994年3月25日,国务院第十六次常务会议讨论通过了《中国21世纪议程》,基于中国的基本国情,提出了中国可持续发展的总体战略和具体对策。1995年9月,党的十四届五中全会正式将可持续发展战略写入《中共中央关于制定国民经济和社会发展"九五"计划和2010年远景目标的建议》,可持续发展的概念首次出现在党的文件中。之后,可持续发展战略作为中国社会和经济发展的重大战略之一受到社会各界的普遍关注,并在各个层面得到全面贯彻。

2. 可持续发展的内涵、原则

可持续发展的概念阐释了人类生存与发展的基本关系,是人类社会实现永续发展的必然选择。运用系统的观点对可持续发展的概念进行深入剖析,可将可持续发展的内涵分为三个部分:生态系统的可持续发展、经济系统的可持续发展及社会系统的可持续发展,其中生态系统的可持续发展是人类社会实现永续发展的基础,经济系统的可持续发展是人类社会实现永续发展的条件,社会系统的可持续发展是人类社会实现永续发展的目标。同时,实现生态系统、经济系统及社会系统三大系统的可持续发展,必须要借助于政府的宏观调控,通过建立有效的管理机制,实现三者之间的良性互动、协调发展。

为实现可持续发展目标,需要遵循三大原则,即公平性原则、持续性原则、共同性原则。其中,公平性原则强调代内公平和代际公平,还包括不同国家和地区之间的公平;持续性原则强调资源的永续利用和生态环境可持续性,要求人类的社会经济活动一定不能超越资源和环境承载力,因此,要保持适度的人口增长速度,合理开发和利用自然资源,处理好经济发展和环境保护的关系;共同性原则强调可持续发展是整个世界的共同目标,需要世界各国共同行动,因此,需要通过国际合作实现全球的整体协调,在尊重各国利益的基础上,制定各个国家均可接受的全球性环境保护及可持续发展目标和政策。

3. 可持续发展概念在不同领域的应用

随着世界各国对可持续发展理念的理解不断深入,这一概念逐渐渗透到各个领域,政府部门、各行业的实际工作者及学者们开始在可持续发展理念的引导下研究各种各样的具体问题,并根据研究内容不断丰富可持续发展的内涵。目前,可持续发展的研究主要集中在以下几个领域:一是,关于特定区域可持续发展的研究,例如,京津冀地区、自然保护区等;二是,关于某些产业可持续发展的研究,例如,建筑业、交通运输业、教育业、流通业、旅游业和一些特色产业,等等;三是,关于企业可持续发展的研究,例如,乳品企业、钢铁企业、各类中小型企业等;四是,关于新经济现象可持续发展的研究,例如,共享经济。这些研究均是在正确理解可持续发展理念前提下,针对不同领域的具体特征和发展要求,对可持续发展概念进行的延伸和拓展,从而使可持续发展理念不仅具有一般性含义,而且具有与所研究问题相关的针对性含义。在这一研究趋势下,本研究将可持续发展理念与中国农村电子商务发展相结合,探索在乡村振兴战略背景下中国农村电子商务可持续发展问题。

(二) 农村电子商务可持续发展的内涵

根据可持续发展的概念和内涵,结合农村电子商务的行业特征,本研究尝试对农村电子商务可持续发展的内涵进行界定,将其描述为:农村电子商务能够持续保持较好的发展状态,能够不断拓展市场范围并根据内外部环境变化及时创新，能够与其他产业协调发展、共享资源，能够坚持绿色发展方向助力环境友好型社会建设，能够持续推动农村经济发展及满足城乡消费者不断提升的消费需求，促进城乡融合。也就是说，实现农村电子商务可持续发展应以习近平总书记提出的“创新、协调、绿色、开放、共享”的新发展理念为引领，全方位思考农村电子商务的未来发展。

第三节　现有研究评述

农村电子商务的出现可以有效解决信息基础设施建设不足、流通渠道不畅等问题（李异菲、张德亮，2007①；汪向东，2012②）。因此，农村电子商务自出现之日起就受到了广泛的关注，更是引发了学术界的研究热潮。与此同时，许多国家都在积极推进农村电子商务，虽然由于各国国情不同，经济体制存在差异，各国农村电子商务的发展各有特色，但是作为一种现代化的流通方式，其本质在某些方面具有内在的一致性。因此，可将学者们关于农村电子商务的研究结合在一起，从不同的研究视角进行梳理和归纳，为本研究的展开奠定前期基础。目前，学术界对农村电子商务的研究主要集中在以下几个方面。

一、关于农村电子商务发展模式的研究

国内学者对农村电子商务模式的研究具有多角度性，基于不同的研究视角做了大量探索，形成了一系列具有中国特色和时代特征的研究成果。为将这些成果清晰地展现出来，本研究从几个不同的方面进行阐述。

一是根据资源投入和驱动来源进行研究。汪向东（2012）将中国农村电

---

① 李异菲、张德亮：《对我国农村电子商务发展的思考》，《云南农业大学学报（社会科学版）》2007 年第 3 期。

② 汪向东：《农民“卖难”与农村电子商务》，《中国信息界》2012 年第 5 期。

子商务归结为“政府投入、企业化运作”为特征的自上而下模式和“市场牵引、农民自发组织”为特征的自下而上模式两种类型。① 在此基础上，岳欣(2015)将农村电子商务进一步划分为自上而下模式、自下而上模式及平台推动模式三种类型。②

二是按照农村电子商务的发展阶段进行研究。张和荣、谢志忠、王灿雄(2008)将农村电子商务分为两个阶段：第一阶段为网上营销阶段，属于初级阶段；第二阶段为基于电子商务平台实现交易的阶段，属于高级阶段，不同阶段对应不同的模式。③ 赵礼强、姜崇、成丽(2017)根据农村电子商务模式出现的时间顺序对其进行了阶段性分类，具体可分为农产品电子商务模式、农村电商 1.0 模式、农村电商 2.0 模式、农村电商 3.0 模式。④

三是根据各地的成功经验进行研究。既有对各地农村电子商务模式的比较分析，又有针对某一特定地区农村电子商务模式的深入探析。对各地农村电子商务模式的比较研究集中在对典型模式的分析上。例如，姚庆荣(2016)介绍了浙江遂昌模式、江苏沙集模式、河北清河模式、山东博兴模式、福建兰田模式、陇南成县模式、江苏沭阳模式、吉林通榆模式等八种典型模式，并对不同模式进行了比较分析，进而提出了相应的发展建议。⑤ 邱碧珍(2017)指出姚庆荣(2016)的研究未涉及如何系统构建发展农村电子商务模式的有效途径，基于此，其选取遂昌模式、沙集模式、清河模式、成县模式和通榆模式五种具有地方特色的典型模式进行对比分析，提出其他地区在发展农村电子商务时要因地制宜，对这五种模式进行选择性借鉴，不可生搬硬套。⑥ 对特定地区农村电子商务的

---

① 汪向东：《农民“卖难”与农村电子商务》，《中国信息界》2012 年第 5 期。

② 岳欣：《推进我国农村电子商务的发展》，《宏观经济管理》2015 年第 11 期。

③ 张和荣、谢志忠、王灿雄：《福建省农业电子商务发展探析》，《内蒙古农业大学学报(社会科学版)》2008 年第 6 期。

④ 赵礼强、姜崇、成丽：《农村电商发展模式与运营体系构建》，《农业经济》2017 年第 8 期。

⑤ 姚庆荣：《我国农村电子商务发展模式比较研究》，《现代经济探讨》2016 年第 12 期。

⑥ 邱碧珍：《中国农村电子商务模式研究》，《世界农业》2017 年第 6 期。

研究一般都是结合当地资源禀赋及经济发展状况展开的，例如，张媛、杜童（2017）对陕西省三种农村电子商务模式进行了分析，即依托集散地形成的武功模式、建立在特色产业及四级网络服务体系上的山阳模式、将资源整合与企业转型结合在一起的照金模式，并提出陕西省不同区域可根据自身特点有选择地参照这三种模式发展农村电子商务。① 胡永盛（2017）分析了江苏省三种典型的农村电子商务模式，即源自草根自发创业的“沙集模式”、源自传统产业转型的“川姜模式”、源自政府主导的“姜堰模式”，在此基础上提出了进一步促进江苏省农村电子商务创新的思路。② 李天天等（2017）对河北省“农户+电商”模式、“合作社+农户+电商”模式两种农村电子商务模式从多角度进行了比较分析，得出“合作社+农户+电商”模式优于“农户+电商”模式的结论，并根据结论提出了相应建议。③ 此外，还有一些学者针对遂昌模式（李伟等，2016④；金勇、王柯，2017⑤；郭骁获，2020⑥；雷圆圆等，2020⑦）、沙集模式（储新民、李厚廷，2013⑧；李长青、尤雅琪，2018⑨）、武功模式（魏延安，2014⑩；林

---

① 张媛、杜童：《陕西农村电子商务发展模式比较研究》，《新西部》2017 年第 11 期。

② 胡永盛：《江苏农村电商典型模式分析与创新探讨》，《江苏农业科学》2017 年第 20 期。

③ 李天天、赵宪军、马烈、张悦玲：《河北省两种农村电子商务发展模式对比研究》，《商业经济研究》2017 年第 1 期。

④ 李伟、夏洵、傅佳熙：《基于价值链理论的农产品电商模式研究——以遂昌模式为例》，《电子商务》2016 年第 9 期。

⑤ 金勇、王柯：《包容性创新视角下的农村电商发展研究——以遂昌模式为例》，《湖北工业大学学报》2017 年第 6 期。

⑥ 郭骁获：《农产品电子商务发展探究——以浙江遂昌模式为例》，《现代商业》2020 年第 17 期。

⑦ 雷园园、王昀、张龙：《乡村振兴下农村电商发展模式的解构与重构：“赶街模式”的单案例研究》，《商业经济研究》2020 年第 16 期。

⑧ 储新民、李厚廷：《农业电子商务的发展机制——基于“沙集模式”的拓展》，《价格月刊》2013 年第 12 期。

⑨ 李长青、尤雅琪：《从“沙集模式”的发展历程看中国农村电商发展的困境》，《经济研究导刊》2018 年第 3 期。

⑩ 魏延安：《从县域电商到电商经济的跨越——关于武功电商模式的初步总结》，《新农业》2014 年第 20 期。

梅,2018①;周瑞,2019②;谢清先,2021③)等区域性成功模式进行了个案研究。

四是根据交易主体不同进行研究。叶秀敏(2011)提出农村电子商务模式可分为 A2A、A2C、C2C 三种模式,其中 A 指代理人,C 指顾客,并结合案例对这三种模式进行了比较分析。④ 程红莉(2014)指出可将农村电子商务划分为 F2B、F2M2B、F2C 和 F2M2C 四种模式,其中 F 指农户,B 指企业,M 指经纪人、合作社或第三方机构,并且强调在进行模式选择时要考虑不同的产品类型。⑤ 郭承龙(2015)、张滢(2017)根据网商参与的角色不同,将我国农村电子商务模式划分为四种类型:自产自销模式、"订单+网商"模式、"自产+多平台网销"模式、产业链共生模式。⑥ 唐红涛、郭凯歌(2020)将我国现有的农产品电子商务交易模式归结为四种类型,即"农户+电商市场"模式、"农户+采购商"模式、"农户+电商企业"模式、"农户+政府委托采购商"模式,并在关系契约分析框架下对这四种典型模式进行了效率比较。⑦

五是针对具体运作主体进行研究。岳云康(2008)研究了"农家店"与"虚拟店"结合的农村电子商务模式,提出利用农家店在农村经营的优势可弥补农村电子商务发展中的瓶颈。⑧ 李海平、刘伟玲(2011)研究了以农业协会、合

---

① 林梅:《农村电商发展模式的探索与构建——基于武功县电商发展调查研究》,《企业改革与管理》2018 年第 11 期。

② 周瑞:《精准扶贫战略下陕西农村电商发展模式及路径研究》,《西安财经学院学报》2019 年第 6 期。

③ 谢清先:《乡村振兴战略背景下陕西农村电商发展模式研究》,《农村·农业·农民(A版)》2021 年第 5 期。

④ 叶秀敏:《三种模式惠"草根"——当前农村电子商务发展探析》,《信息化建设》2011 年第 11 期。

⑤ 程红莉:《农村电子商务发展模式的分析框架以及模式选择——农户为生产者的研究视角》,《江苏商论》2014 年第 11 期。

⑥ 郭承龙:《农村电子商务模式探析——基于淘宝村的调研》,《经济体制改革》2015 年第 5 期。

⑦ 唐红涛、郭凯歌:《农产品电商模式能实现最优生产效率吗?》,《商业经济与管理》2020 年第 2 期。

⑧ 岳云康:《对农村电子商务新模式发展的探讨》,《农业网络信息》2008 年第 12 期。

作社为主体的农村电子商务发展模式，认为这种模式可以有效化解“小生产”与“大市场”之间的矛盾。① 在此基础上，刘军君(2013)进一步强调发展农民合作社电商模式是我国农村电子商务发展的可行路径。② 宋孟丘、黄小庆(2014)专门针对基于合作社的农村电子商务模式进行了探讨，并对这种模式的物流配送体系进行了设计。③ 方琦(2015)研究了在“互联网+”背景下以供销合作社为主体的农村电子商务模式，并从天时、地利、人和三个方面对发展这一模式的有利条件进行了分析，提出了发展这一模式的重要意义。④ 李亚男(2018)对供销社系统农村电子商务发展中存在的问题进行了分析，并提出了相应的发展对策。⑤

六是针对某一种特定模式进行研究。于红岩等(2015)构建了农村电子商务 O2O 理论框架，并以“邮掌柜 O2O 平台”为例，对农村电子商务 O2O 模式进行了研究，指出该模式是农村电子商务发展的必然趋势。⑥ 雒翠萍等(2019)基于层次分析法建立评价模型对涉农企业自建农产品电商平台的运营模式进行了分析，得出影响该模式发展的显著因素，并针对研究结果提出了相应建议。⑦ 刘诗琪(2019)以拼多多平台为例，对农村社交电商的发展趋势进行了研究。⑧ 曹曾树等(2020)参考中国台湾农会的发展经验，构建了服务于农民及第三方平台的第四方农村电子商务模式，为农村电子商务的发展提

---

① 李海平、刘伟玲：《农村电子商务存在的问题与模式创新》，《陕西科技大学学报(自然科学版)》2011 年第 2 期。

② 刘军君：《农民合作社电商模式——我国农村电子商务发展可行路径》，《北京农业》2013 年第 18 期。

③ 宋孟丘、黄小庆：《基于合作社的农村电子商务发展探讨》，《商业时代》2014 年第 26 期。

④ 方琦：《浅谈互联网+供销合作社农村电子商务的发展》，《广东合作经济》2015 年第 3 期。

⑤ 李亚男：《供销社系统农村电子商务发展对策研究》，《商场现代化》2018 年第 11 期。

⑥ 于红岩、夏雷淙、李明、陈月：《农村电商 O2O 模式研究——以“邮掌柜 O2O 平台”为例》，《西安电子科技大学学报(社会科学版)》2015 年第 6 期。

⑦ 雒翠萍、李广、聂志刚、刘强、王钧、孙正丽：《涉农企业自建农产品电商平台运营模式分析——以甘肃巨龙公司“聚农网”和“沙地绿产”为例》，《生产力研究》2019 年第 9 期。

⑧ 刘诗琪：《浅谈农村社交电商的发展趋势——以“拼多多”为例》，《科技经济导刊》2019 年第 27 期。

供了新视角。[①] 张丽群等(2020)提出了具有中国特色的“一体两翼”农村电子商务模式,即以“农民创业就业”为主体,以“电商平台赋能”和“政府支持帮扶”为支撑的模式,并在对该模式的演变历程进行分析的基础上,提出了促进中国农村电子商务发展的建议。[②] 昝梦莹、王征兵(2020)对农产品电商直播模式的兴起、优势、存在问题进行了研究,并提出了该模式的优化路径,以推进电商扶贫。[③] 朱长明(2022)对基于共享经济理念的农村电子商务发展模式进行了分析。[④]

二、关于农村电子商务影响因素的研究

相关文献对农村电子商务影响因素的研究主要是结合中国的实际情况展开的。学者们通过对农村电子商务发展现状的观察与剖析,普遍认为思想观念落后、基础设施薄弱、电商人才缺乏(岳欣,2015[⑤])、农村居民居住分散(柳思维,2017[⑥])、物流配送体系建设滞后(范林榜,2016[⑦];朱世友,2016[⑧])、金融支持力度不够(刘可等,2017[⑨])等是影响我国农村电子商务发展的重要因素。为了使研究结果更具客观性、更深入,一些学者通过实

① 曹曾树、刘凯伶、徐灵璐:《基于两岸融智的第四方农村电商模式探索》,《海峡科学》2020年第11期。

② 张丽群、顾云帆、高越:《农村电子商务“一体两翼”发展模式演变》,《商业经济研究》2020年第21期。

③ 昝梦莹、王征兵:《农产品电商直播:电商扶贫新模式》,《农业经济问题》2020年第11期。

④ 朱长明:《基于共享经济理念的农村电商发展模式探讨》,《商业经济研究》2022年第8期。

⑤ 岳欣:《推进我国农村电子商务的发展》,《宏观经济管理》2015年第11期。

⑥ 柳思维:《发展农村电商加快农村流通体系创新的思考》,《湖南社会科学》2017年第2期。

⑦ 范林榜:《农村电子商务快递下乡配送问题与对策研究》,《农村经济》2016年第9期。

⑧ 朱世友:《农村电商发展对物流业的影响及农村物流体系构建》,《价格月刊》2016年第3期。

⑨ 刘可、庞敏、刘春晖:《四川农村电子商务发展情况调查与思考》,《农村经济》2017年第12期。

证分析，得出了有价值的结论，例如，穆燕鸿、王杜春、迟凤敏（2016）将农村电子商务的影响因素归纳为基础设施、外部环境、内生力量、电子商务平台、供需交易五大因素，随后运用结构方程模型对这些因素间的相互关系进行了分析，研究结果表明，农村电子商务外部环境因素对其他四个因素均有显著影响。① 周冬、叶睿（2019）基于模糊集定性比较分析法对农村电子商务的影响因素进行分析，得出资源禀赋、政府支持、人才资源、基础设施、市场环境是影响农村电子商务发展的五大因素，且这五个因素对农村电子商务的影响程度存在差异，影响程度按照以上排序逐次降低。② 高丽（2023）认为数字普惠金融能够对农村电商的发展产生积极的促进作用。③

三、关于农村电子商务发展水平的研究

相关文献对中国农村电子商务发展水平的研究主要集中在以下两个方面，一是对当前中国农村电子商务发展阶段的判断，例如，洪勇（2016）指出我国农村电商总体上仍处于“成长期—发展期”的转型阶段。④ 洪涛（2017）指出中国农村电商已经完成了由“成长期”向“发展期”的跨越，进入“发展期”。⑤ 两位学者的判断基本一致，并且这个观点得到学术界的普遍认可。二是从不同层面对当前中国农村电子商务发展水平进行研究。从全国范围来看，段禄峰、唐文文（2016）通过构建评价指标体系，运用主成分分析法对我国

---

① 穆燕鸿、王杜春、迟凤敏：《基于结构方程模型的农村电子商务影响因素分析——以黑龙江省15个农村电子商务示范县为例》，《农业技术经济》2016年第8期。

② 周冬、叶睿：《农村电子商务发展的影响因素与政府的支持——基于模糊集定性比较分析的实证研究》，《农村经济》2019年第2期。

③ 高丽：《数字普惠金融与新型城镇化对农村电商发展的影响》，《商业经济研究》2023年第10期。

④ 洪勇：《电商扶贫：农村扶贫新路径》，《行政科学论坛》2016年第6期。

⑤ 洪涛：《十八大以来我国农产品电商进入“大发展”时期》，《农业工程技术》2017年第30期。

31个省份农村电子商务的发展情况进行实证研究，研究结果显示，中国东、中、西部农村电子商务发展水平差距较大，呈阶梯状分布，发展态势与地区经济发展水平相适应。[①] 刘和艾（Liu and Ai，2019）基于突变级数法对中国14个省份农村电商发展水平进行了实证研究，发现浙江是农村电商发展水平最高的地区，广东、江苏和河北发展水平次之，山东、福建、河南是第三梯队，黑龙江、湖南、安徽、江西是第四梯队，吉林、内蒙古、辽宁农村电商发展水平较低。[②] 王一海（2020）基于2008—2018年省级面板数据，运用主成分分析方法对我国不同地区农村电子商务的发展水平进行了定量分析，研究结果表明，我国农村电子商务的发展存在明显的地域差异，东部沿海地区发展水平较高，中西部地区发展较为滞后，且城市化水平与农村电商发展呈现明显的倒U型关系。[③] 李（Li，2022）采用层次分析和系统聚类方法对中国农村电子商务的发展水平进行了分析，结果显示，北京、广东、上海、浙江、江苏、山东、福建等地农村电子商务发展水平处于全面领先状态；内蒙古、宁夏、甘肃、青海、新疆、西藏等地农村电子商务发展迅速，其余省份农村电子商务正在逐步壮大。[④] 从整体来看，南方农村电子商务发展水平高于北方，东部地区农村电子商务发展水平高于西部地区。其中，长三角地区是中国农村电子商务发展最活跃的地区。从具体区域来看，这种发展水平的差异仍旧存在，段禄峰、唐文文（2017）对西部地区农村电子商务的发展水平进行了测度，研究结果显示，重庆、四川、陕西3省（直辖市）农村电子商务发展水平较高，内蒙古、宁夏、广西、青海、新疆、西藏6省（自治区）农村电子商务发展势头良好，甘肃、云南、贵州3省农村电子

① 段禄峰、唐文文：《我国农村电子商务发展水平测度研究》，《价格月刊》2016年第9期。

② Liu, H., Ai, C., "Empirical Research on Rural E-commerce Development Level Index System Based on Catastrophe Progression Method", *Cluster Computing*, Vol.22, No.3s (2019).

③ 王一海：《城乡一体化背景下农村电商发展水平评价与战略驱动机制研究》，《商业经济研究》2020年第9期。

④ Li, X., "Research on the Development Level of Rural E-Commerce in China Based on Analytic Hierarchy and Systematic Clustering Method", *Sustainability*, Vol.14, No.14 (2022).

商务发展相对落后。① 再具体到各个省份,农村电子商务发展不平衡的现象亦普遍性存在,李楚瑛、赵元凤(2019)运用三角模糊熵模型对内蒙古农村电子商务发展水平进行了测度,分析结果表明,内蒙古农村电子商务存在整体发展不充分、各旗县发展不平衡的问题。②

还有一些文献从更广阔的范围对农村电子商务的发展水平进行了研究。例如,哈吉(HAJI,2021)对金砖国家农村和边远地区电子商务发展的状况进行了分析,指出尽管金砖国家电子商务发展迅速,且拥有重大机遇,但是不同地区农村电子商务发展不成比例,且缺乏合作。③

四、关于农村电子商务可持续发展的研究

农村电子商务可持续发展是一个新提法。伴随着一个个淘宝村的崛起,电商扶贫成为中国精准扶贫战略的重要抓手,但是许多淘宝村经过几年的快速发展之后,出现发展乏力,面临转型升级的问题,亟须构建可持续发展模式。洪勇(2016)在深刻领会2016年中央一号文件精神的基础上,对农村电子商务可持续发展进行了探讨。④ 目前,学术界关于农村电子商务可持续发展的有影响力的成果较少,研究内容主要包括以下几个方面:

一是基于农村电子商务全产业链的研究。张喜才(2016)基于全产业链发展的思路,通过产业链的纵向整合,构建了各利益主体共赢的分配机制,并从政府、企业、农户三个层面提出了促进农村电子商务可持续发展的建议。⑤郭征亚(2017)以农村电子商务全产业链为切入点,分析农村电子商务可持续

① 段禄峰、唐文文:《我国农村电子商务发展水平测度研究》,《价格月刊》2016年第9期。

② 李楚瑛、赵元凤:《基于三角模糊熵的内蒙古农村电子商务发展水平测度》,《内蒙古科技与经济》2019年第18期。

③ HAJI,K.,"E-commerce Development in Rural and Remote Areas of BRICS Countries",*Journal of Integrative Agriculture*,Vol.20,No.4(2021).

④ 洪勇:《电商扶贫:农村扶贫新路径》,《行政科学论坛》2016年第6期。

⑤ 张喜才:《产业链视角下农村电商可持续发展生态体系研究》,《物流技术》2016年第5期。

发展面临的机遇和挑战，并对建立农村电子商务可持续发展生态系统的具体对策进行了探索。① 在此基础上，李湘棱（2019）基于产业链视角，对农村电商可持续发展的动力机制及内在机理进行了系统研究，并建立了包括驱动力、保障力、推动力、再生力四个方面的动力机制模型。② 这使得对这一问题的研究上升到理论的高度。随着大数据技术在各行各业的广泛应用，方文英（2020）指出将农产品全产业链大数据建设与农村电子商务进行有效融合能为农村电商发展带来新的商机。③

二是针对促进农村电子商务可持续发展要素的研究。王水平（2017）提出促进农村电子商务可持续发展的四大要素，即科学合理谋划全局发展战略、培育功能集成的电商综合服务平台、构建集成开放的高效物流配送体系、创新多方共赢的稳定盈利模式。④ 穆罕默德和金（Muhammad 和 Kim，2018）指出，农村电子商务可持续发展的关键是要改善网络和通信基础设施，不断提高农民的技术和信息素养，进而优化农村电子商务产业模式。⑤

三是针对农村电子商务可持续发展模式及体系的研究。石全胜、余若雪、蹇洁（2018）以农村电子商务的参与主体为切入点，分析了农村电子商务不同发展阶段的具体特征，在此基础上，提出了具有阶段特征的可持续发展模式，即在形成阶段发展领头羊示范模式、在成长阶段发展平台主导型模式、在成熟

① 郭征亚：《产业链视域下农村电商可持续发展生态体系分析》，《商业经济研究》2017 年第 24 期。

② 李湘棱：《产业链视域下农村电商可持续发展的动力机制探讨》，《商业经济研究》2019 年第 2 期。

③ 方文英：《农产品全产业链大数据建设与农村电商的有效融合研究》，《农业经济》2020 年第 9 期。

④ 王水平：《农村电商可持续发展的四大要素》，《国际商报》2017 年 4 月 5 日。

⑤ Muhammad，T.，Kim，K. M.，"Sustainable and ICT－Enabled Development in Developing Areas：An E-Heritage E-Commerce Service for Handicraft Marketing"，*Journal of Physics：Conference Series*，Vol.989，No.1（2018）.

阶段发展全生态发展模式。① 陶钰(2020)在对中国农村电子商务发展现状进行分析的基础上,构建了农村电子商务可持续发展的生态体系,该体系包括内部结构、组织形态与服务三个方面。② 白(Bai,2021)基于生态学视角,对中国农村电商可持续发展生态系统建设的实际情况和当前发展趋势进行了研究。③

四是针对特定区域的研究。曹玲玲、姜丽丽、仝爱华(2016)通过对宿迁市农村电子商务示范村的实地调查,提出了新常态下促进农村电子商务可持续发展的对策。④ 吴钦等(2018)通过构建指标体系,利用层次分析法,对制约九寨沟县农村电商可持续发展的因素进行了分析,并按照重要程度对这些影响因素进行了排序。⑤ 陈仙都(2019)针对湖北宜昌地区农村电子商务发展的状况,提出促进其可持续发展的思路。⑥ 韦亚洲(2020)分析了盐城农村电子商务发展中存在的问题,从政策扶持、产业集聚、营销策划、人才培训、物流建设、模式探索六个方面提出了促进盐城农村电子商务可持续发展的对策。⑦ 连宏萍、金子涵(2023)基于行动者网络治理视域,对新疆尉犁县农村电商发展模式进行分析,为我国偏远地区农村电子商务可持续发展提供经验借鉴。⑧

---

① 石全胜、余若雪、蹇洁:《农村电子商务可持续发展模式探讨》,《商业经济研究》2018 年第 12 期。

② 陶钰:《农村电商可持续发展生态体系构建研究》,《电子商务》2020 年第 11 期。

③ Bai,D.,"Research on Sustainable Development Ecosystem of Rural E-commerce Based on Ecological Perspective",*Fresenius Environmental Bulletin*,Vol.30,No.3(2021).

④ 曹玲玲、姜丽丽、仝爱华:《经济新常态下农村电商可持续发展的对策研究——基于宿迁市农村电商的调查分析》,《现代农业科技》2016 年第 8 期。

⑤ 吴钦、彭浩、胡茂、陈世平:《基于 AHP 的九寨沟县农村电商可持续发展制约因素分析》,《湖北农业科学》2018 年第 16 期。

⑥ 陈仙都:《供给侧结构性改革背景下农村电商可持续发展的对策研究——以湖北宜昌地区农村电商为例》,《职业》2019 年第 32 期。

⑦ 韦亚洲:《乡村振兴战略背景下盐城农村电子商务可持续发展研究》,《江苏经贸职业技术学院学报》2020 年第 1 期。

⑧ 连宏萍、金子涵:《农村电商产业可持续发展路径探索——基于行动者网络治理视域》,《东岳论丛》2023 年第 6 期。

五、关于农村电子商务与乡村振兴关系的研究

党的十九大报告提出"乡村振兴战略"之后,国内开始出现有关乡村振兴与农村电子商务关系的相关研究。现有文献研究集中于三个方面:一是关于二者互动关系的探讨。例如,郭娜、李华伟(2019)运用系统动力学方法对农村电商与乡村振兴的互动关系进行了研究,研究结果显示,要实现二者的高效互动,应加大农业财政补贴、建立全方位的政策支持体系,且相关政策的推进要分阶段、有针对性地展开。① 温福英、黄建新(2021)认为欠发达地区的农村电商政策与乡村振兴存在时间、空间和资源的耦合效应。② 二是关于农村电子商务对乡村振兴促进作用的分析。例如,高天慧等(2020)基于乡村振兴战略与农村电子商务发展之间的逻辑关系,提出可通过发展农村电子商务促进乡村振兴战略的实施。③ 裴国江(2019)以甘肃省金塔县农村电子商务发展为例,探索了农村电子商务的发展对乡村振兴的促进作用。④ 唐红涛、李胜楠(2020)通过分析指出农村电子商务能够显著促进脱贫攻坚和乡村振兴,并在此基础上,运用马尔可夫(Markov)模型分析了农村电子商务影响脱贫攻坚和乡村振兴衔接的作用路径。李志平、吴凡夫(2021)运用中介变量法研究了农村电子商务对减贫和乡村振兴的作用,研究结果显示,农村电子商务既能促进减贫,又能推进乡村振兴,而且乡村振兴在农村电子商务发展和减贫之间起到中介作用,其中介程度在乡村振兴的不同维度上存在显著差异。⑤ 张硕等

---

① 郭娜、李华伟:《农村电商与乡村振兴互动发展的系统动力学研究》,《中国生态农业学报(中英文)》2019 年第 4 期。

② 温福英、黄建新:《欠发达地区农村电商政策与乡村振兴耦合及提升路径》,《中共福建省委党校(福建行政学院)学报》2021 年第 6 期。

③ 高天慧、周俪、王昊博、杨志涵:《农村电商助力闽东特色乡村振兴之路对策研究》,《农村经济与科技》2020 年第 23 期。

④ 裴国江:《农村电子商务助推乡村振兴的探索与实践——以甘肃省金塔县农村电子商务发展为例》,《新西部》2019 年第 14 期。

⑤ 李志平、吴凡夫:《农村电商对减贫与乡村振兴影响的实证研究》,《统计与决策》2021 年第 6 期。

(2022)从"政府支持、企业赋能、农户参与意愿"三方主体探讨了农村电子商务助力扶贫和促进乡村振兴的途径。① 肖国安、陈谦、王文涛(2022)提出农村电商的发展能促进乡村产业融合发展,增强乡村信息整合能力,加强政府、平台企业和农民间的协作发展,最终达到推动乡村振兴的效果。② 郝新军、沈朝阳(2022)通过对农村电商赋能乡村振兴战略实施成效进行研究,指出在电商赋能的条件下,产业、组织和人才是实现乡村振兴的关键因素。③ 三是对在乡村振兴战略背景下农村电子商务的发展进行研究。例如,刘常青(2020)分析了在乡村振兴战略背景下我国农村电子商务发展中存在的具体问题。④ 郑洁(2021)分析了乡村振兴战略背景下农村电子商务的主要发展模式,并提出了农村电子商务运营体系的构建思路。⑤ 周斌等(2018)从农村电子商务的基础设施建设、竞争力提升、转型升级、模式创新、人才培养五个方面提出了乡村振兴战略背景下农村电子商务可持续发展途径。⑥ 丁菊、贾晓东、柳西波(2020)基于乡村振兴战略的背景,对河北省农村电子商务的发展进行了探讨。⑦ 许艳(2020)以福建省为例,分析了乡村振兴战略背景下我国农村电子商务精准扶贫的具体策略。⑧ 余高(2021)利用 Probit 模型,对乡村振兴战略背景下农村电子商务创业驱动因素进行了分析,根据分析结果从加快

① 张硕、乔晗、张迎晨等:《农村电商助力扶贫与乡村振兴的研究现状及展望》,《管理学报》2022 年第 4 期。

② 肖国安、陈谦、王文涛:《乡村振兴战略背景下我国农村电商发展路径研究》,《贵州社会科学》2022 年第 10 期。

③ 郝新军、沈朝阳:《农村电商赋能乡村振兴成效评价与障碍因素分析》,《西安财经大学学报》2022 年第 5 期。

④ 刘常青:《乡村振兴视域下农村电商发展存在的问题》,《黑龙江科学》2020 年第 22 期。

⑤ 郑洁:《乡村振兴背景下农村电商发展模式与运营体系构建》,《商业经济》2021 年第 2 期。

⑥ 周斌、李鑫、胡海婧等:《乡村振兴战略背景下农村电商可持续发展途径探讨》,《商场现代化》2018 年第 22 期。

⑦ 丁菊、贾晓东、柳西波:《乡村振兴背景下河北农村电商发展问题再探讨》,《中国集体经济》2020 年第 34 期。

⑧ 许艳:《乡村振兴下我国农村电商精准扶贫的新策略研究——以福建省为例》,《电子商务》2020 年第 11 期。

基础设施建设、完善政策支持体系、优化电商创业软环境三个方面提出了相应对策。[①] 廖一红(2022)在乡村振兴背景下,基于乡村共同体的视角,将乡村划分成三种不同类型,并针对不同的乡村类型对农村电子商务的发展进行了探讨。[②]

六、文献评价

综上所述,为促进农村电子商务的发展,发挥其对经济发展的巨大推动作用,学者们在这一领域进行了广泛而深入的研究。

在农村电子商务发展模式方面,国内文献从不同层面、不同视角对农村电子商务模式进行了研究,尤其是一些研究中提到发展农村电子商务需要结合产品类型进行模式选择、充分发挥农民专业合作社及供销社的积极作用、合理利用农村传统的商业店铺等观点具有一定的实践价值。但是,国内相当一部分研究均是选择农村电子商务运营较好的地区作为研究对象,关于其他地区能否借鉴这些成功模式及怎么借鉴并未展开深入分析。

在农村电子商务影响因素方面,相关文献研究均充分显示了影响农村电子商务发展的因素具有明显的阶段性特征,同时一些文献还结合中国农村的特点进行研究,得出了具有参考价值的研究结论。

在农村电子商务发展水平方面,已有研究对当前中国农村电子商务发展阶段的判断及发展水平的测度与实际情况高度吻合。然而,虽然相关文献对农村电子商务发展水平从不同角度进行了分析,但针对其发展不平衡不充分的问题并未提出有效的解决方案。

---

① 余高:《乡村振兴背景下我国农村居民电商创业驱动因素分析》,《商业经济研究》2021年第1期。

② 廖一红:《乡村振兴视域下农村电商发展模式的探索及启示——基于乡村共同体的思考》,《税务与经济》2022年第3期。

在农村电子商务可持续发展方面,学术界虽然已意识到农村电子商务可持续发展的重要性,也从不同角度对这一问题展开了研究并提出了相应的发展对策,但并未对农村电子商务可持续发展的内涵进行科学界定,且缺乏一个科学的评价体系对农村电子商务可持续发展状况进行客观评价。

在农村电子商务与乡村振兴的关系方面,尽管已有文献对农村电子商务与乡村振兴的相互促进关系进行了论证,但关于在乡村振兴背景下如何激发农村电子商务的潜能实现其可持续发展,尚缺乏高水平的、有代表性的成果。

中国特色社会主义进入了新时代,在新的历史方位下,为实现乡村振兴,对农村电子商务的发展提出了新的要求与期望,因此,本课题将基于已有研究基础,在乡村振兴战略的背景下,对农村电子商务可持续发展的内涵进行界定,并通过构建指标体系,应用综合评价模型对中国农村电子商务可持续发展状况进行动态评价,然后根据评价结果提出促进中国农村电子商务可持续发展的具体建议,以使农村电子商务真正成为乡村振兴的助推器。

第四节　本研究的整体框架

本研究通过分析农村电子商务发展的机理及内在动力源,结合中国农村电子商务发展的现状及存在问题,提出乡村振兴战略背景下农村电子商务可持续发展的思路,并在必要性及可行性分析的基础上,对现阶段中国农村电子商务可持续发展的状况进行动态评价及案例检验,据此提出促进中国农村电子商务可持续发展的对策。本研究的主要脉络如图 0-1所示。

问题的提出
相关概念辨析
相关文献综述
农村电子商务发展的机理及动力源
农村电子商务发展的现实考察
中国农村电子商务可持续发展的提出
觉察问题
提出方案
乡村振兴战略背景下中国农村电子商务可持续发展的必要性
有助于乡村振兴战略的实施（发挥直接作用）
有助于建立现代商品流通体系（强化流通引领）
有助于促进国内大循环及国内国际双循环（优化大环境）
必要性分析
乡村振兴战略背景下中国农村电子商务可持续发展的可行性
良好的外部环境
较完善的发展机制
明确的发展重点
清晰的发展步骤
可行性分析
动态评价
构建指标体系
选择评价模型
计算评价结果
实证评价
典型案例
东部遂昌模式
中部光山模式
西部青神模式
东北部通榆模式
案例检验
发展对策
加快农村电子商务协调发展
全面推动农村电子商务创新发展
加强农村电子商务共享发展
深入推进农村电子商务绿色发展
大力推动农村电子商务开放发展
对策建议
结论与展望
总结

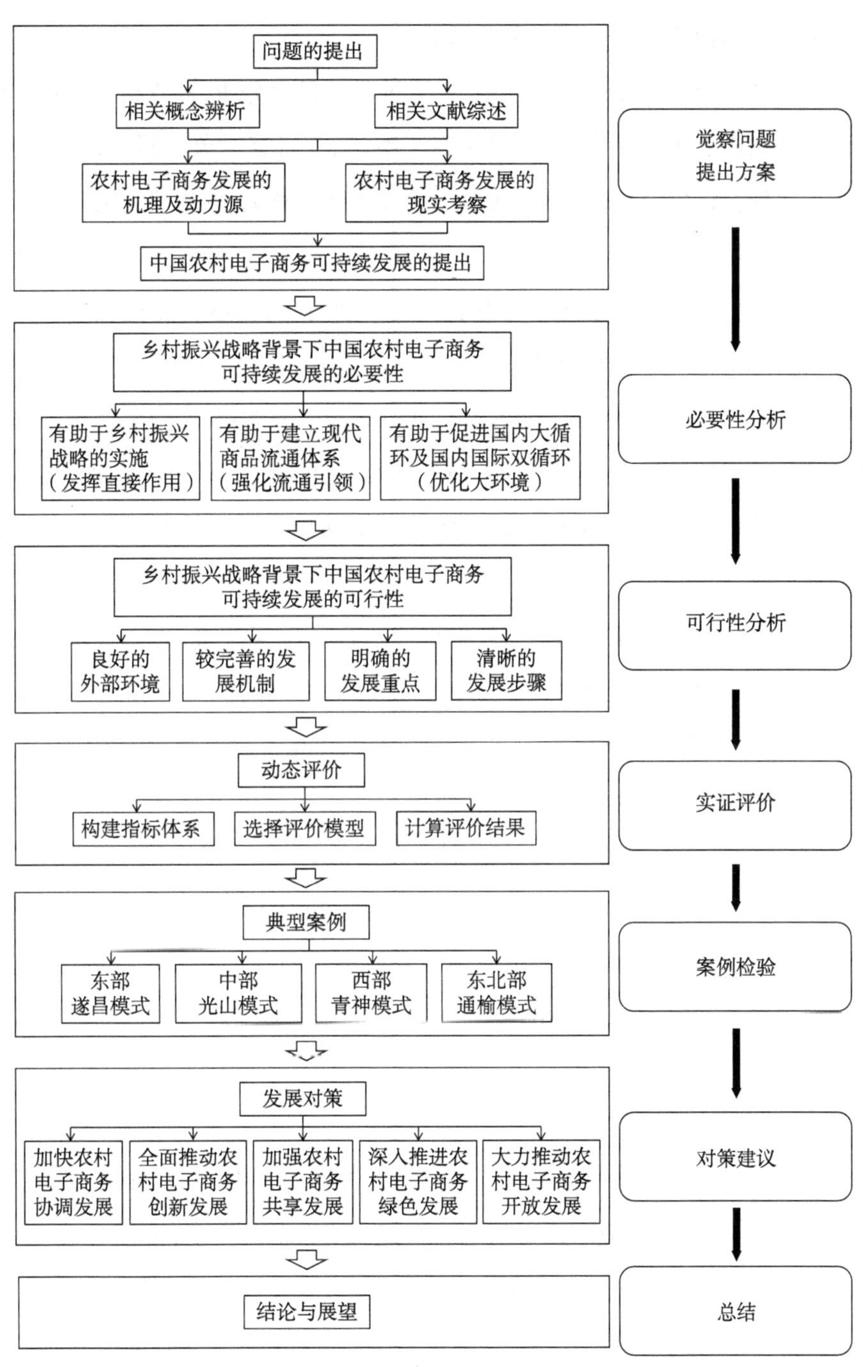

图 0-1　技术路线图

本研究的内容主要包括以下几部分：

绪论部分引出所要研究的问题，并通过相关概念分析，对农村电子商务可持续发展的内涵进行界定，以明确研究范围，确定研究对象。同时，对相关文献进行梳理及评价，挖掘本研究的理论意义和现实意义，为本研究的顺利展开奠定前期基础。

第一章分析农村电子商务的发展机理及动力源，为本研究提供逻辑前提和理论支撑。相对于农村市场中传统的交易模式，农村电子商务的形成和发展通过节省交易费用、增加流通效益实现了交易效率的提升，由此明确了农村电子商务发展的机理。而农村电子商务各类主体对经济利益的追求、技术进步的支持、市场需求的拉动以及政府政策的推动构成了农村电子商务发展的主要动力源。

第二章分析中国农村电子商务发展的历程及现实考察，为本研究提供现实依据。本部分首先按照时间顺序将农村电子商务的发展历程进行阶段划分，以展现中国农村电子商务的演化过程；其次根据平台类型对中国农村电子商务的经营模式进行划分，以期将现阶段主要的农村电子商务经营模式囊括其中；再次分别从农村电子商务的整体发展趋势、不同区域及不同省份的发展情况、“工业品下行”和“农产品上行”双向流通渠道的发展状况以及不同种类商品网络交易规模情况四个角度对中国农村电子商务的发展现状进行分析；最后在现状分析的基础上指出现阶段中国农村电子商务存在发展不平衡不充分的问题，并剖析了导致这一问题的瓶颈因素，明确了中国农村电子商务发展的方向——可持续发展。

第三章分析中国农村电子商务可持续发展对实现乡村振兴的重要作用。一方面，围绕乡村振兴战略“产业兴旺、生态宜居、乡风文明、治理有效、生活富裕”的二十字方针，从五个不同的方面深度剖析农村电子商务可持续发展的重要性；另一方面，分析农村电子商务可持续发展对建立现代商品流通体系的积极作用，而现代商品流通体系的建立有助于乡村振兴战略的实施；第三方面,分析农村电子商务可持续发展对国内大循环及国内国际双循环的促进作用,而以国内大循环为主体,国内国际双循环相互促进的新发展格局的形成将有利于区域间要素的自由流动,加快乡村振兴的步伐,推进城乡一体化的进程。

第四章分析乡村振兴战略背景下中国农村电子商务可持续发展的可行性。本章从外部条件、发展机制、发展重点、发展步骤等几个方面分析了中国农村电子商务可持续发展的实施条件。在外部条件方面,分析了乡村振兴战略背景下促进中国农村电子商务可持续发展的政策环境、法律环境、经济环境和技术环境;在发展机制方面,分析了乡村振兴战略背景下中国农村电子商务可持续发展的长效机制,即市场调节与政府引导相结合的发展机制;在发展重点方面,从流通方向、“农村商品上行”的商品种类、发展区域、发展方向四个方面总结了现阶段中国农村电子商务可持续发展的重点领域;在发展步骤方面,基于产业生命周期理论,结合各地情况,概括了乡村振兴战略背景下中国农村电子商务可持续发展的一般步骤,即基础设施建设、平台建设、观念激发、技术普及、模式选择、合理推进、生态形成、转型升级八个阶段,同时指出,各地在推进农村电子商务可持续发展过程中,应明确其所处的发展阶段,并根据具体情况推进发展进程。

第五章对乡村振兴战略背景下中国农村电子商务可持续发展进行动态评价。基于第四章提到的农村电子商务可持续发展的一般步骤,结合目前中国各地农村电子商务的发展情况,可以看出不同地区农村电子商务所处阶段存在差异,但无论处于哪一个阶段,可持续发展均是发展方向。本章根据绪论部分提出的农村电子商务可持续发展的概念,分析了中国农村电子商务可持续发展的原则,构建了评价指标体系并选择了相应的评价方法,对乡村振兴战略背景下中国农村电子商务可持续发展进行了截面静态评价和面板动态评价,评价结果显示:中国农村电子商务可持续发展水平整体呈现波动上升的状态,且接近中等水平;中国农村电子商务可持续发展的五个维度呈现“协调发展>

创新发展>共享发展>绿色发展>开放发展”的状态,且在不同因素的影响下,五个维度呈现出不同的变化趋势;协调发展、创新发展、共享发展、绿色发展和开放发展对中国农村电子商务可持续发展的年均障碍度依次递减。

第六章是典型案例分析,即在第五章分析的基础上,选择具有代表性的案例对不同地区农村电子商务可持续发展的情况进行分析。本章分别选择东部地区浙江遂昌模式、中部地区河南光山模式、西部地区四川青神模式及东北地区吉林通榆模式,根据农村电子商务可持续发展的五个维度展开具体分析,并对每个案例进行简单评价,然后在此基础上进行案例比较。案例研究显示:虽然现阶段中国不同地区农村电子商务发展水平存在差异,但是其可持续发展状况基本上与前一章动态评价的结果保持一致,即均呈现“协调发展>创新发展>共享发展>绿色发展>开放发展”的状态。因此,本章内容不仅对第五章的动态评价结果进行了验证,而且为下一章提出促进乡村振兴战略背景下中国农村电子商务可持续发展的建议提供了依据。

第七章根据第五章和第六章的分析结果,依据中国农村电子商务可持续发展的现状,分别从协调发展、创新发展、共享发展、绿色发展、开放发展五个维度提出促进乡村振兴战略背景下中国农村电子商务可持续发展的对策建议。

第八章是结论与展望。通过对本研究进行总结,并深刻领会中国共产党第二十次全国代表大会精神,指出在中国奋进新征程,全面建设社会主义现代化国家的进程中,促进农村电子商务可持续发展仍旧是必要的也是必需的,故乡村振兴战略背景下中国农村电子商务可持续发展研究仍将是新时期重要的研究课题。

第五节　研究意义及创新点

本研究的主要目标在于通过对乡村振兴战略背景下中国农村电子商务可

持续发展内涵的界定,构建相应的评价指标体系,对中国农村电子商务可持续发展状况进行动态评价,并结合案例分析,明确影响中国农村电子商务可持续发展的重要因素,并提出相应措施,以充分挖掘中国农村电子商务的巨大潜力,缓解社会主要矛盾,加快推进乡村振兴战略的实施。从整体研究内容来看,本研究的研究意义突出,创新点明确。

一、研究意义

(一) 学术价值

虽然中国涉足农村电子商务较早,但其真正起步并迅速发展的时间并不长。尽管学者们对各地农村电子商务发展模式不断探索、总结,但是由于缺乏时间的积淀,已有研究多数是对成功模式的分析,而对这些模式是否可移植、目前的成功模式在未来发展中是否会出现瓶颈、是否需要随着经济及社会的发展进行必要的转型以及如何转型等问题分析相对较少。而这些问题恰是中国农村电子商务可持续发展的关键所在。本研究在对农村电子商务、可持续发展等相关概念进行研究的基础上,基于新发展理念,界定了农村电子商务可持续发展的内涵,探究了其具体表现,为农村电子商务研究明确了方向。同时深入剖析了农村电子商务发展的机理及动力源,并在乡村振兴战略的背景下,基于中国农村电子商务可持续发展的原则,探索其评价方法并进行动态评价,为中国农村电子商务可持续发展研究提供了新的研究视角。

(二) 应用价值

发展农村电子商务对搞活农村商品流通、增加农民收入、解决农村劳动力就业、促进农村产业结构升级等均具有积极的推动作用,而这些正是新时代振兴乡村经济的具体要求。因此,本研究通过对中国农村电子商务的发展现状进行分析,明确农村电子商务可持续发展对乡村振兴战略的重要意义,并通过模型分析和案例分析对现阶段中国农村电子商务可持续发展状况进行评价,根据评价结果提出针对性的建议。研究内容对推动乡村振兴战略的实施、促进城乡和谐、缓解新时代社会主要矛盾均具有重要的应用价值。

二、创新点

本研究通过在乡村振兴战略背景下对中国农村电子商务可持续发展进行深入、系统的分析,在研究视角、研究内容和研究方法等方面进行了系列创新。

一是本研究根据可持续发展的概念和内涵,围绕农村电子商务的行业特征,以新发展理念为引领,对农村电子商务可持续发展的内涵进行了界定,探究了其具体表现及发展原则,不仅为本研究明确了研究范围,而且为农村电子商务可持续发展开拓了新的研究方向。

二是鉴于已有文献对中国农村电子商务可持续发展的研究以定性分析为主,定量分析相对较少,尚缺乏一套科学合理的评价指标体系及评价方法,本研究在充分考虑农村电子商务可持续发展的动态特征的基础上,通过构建评价指标体系并建立综合评价模型,对乡村振兴战略背景下中国农村电子商务可持续发展状况进行了动态评价,结果显示,中国农村电子商务可持续发展接近中等水平,整体呈现波动上升的状态。进一步分析可知,在中国农村电子商务可持续发展中,呈现“协调发展>创新发展>共享发展>绿色发展>开放发展”的状况,且这五个维度对中国农村电子商务可持续发展的年均障碍度依次递减。研究结论为进一步促进中国农村电子商务可持续发展提供了新思路。

本章小结

本章结合中国经济发展的现实情况,提出促进农村电子商务可持续发展对缓解“三农”问题、实现乡村振兴、促进中国经济发展的重要意义,从而引出了本研究的主题。围绕研究主题,为明确研究范围和研究对象,首先通过对涉农电子商务、农业电子商务、农产品电子商务、农村电子商务四个概念进行辨析,界定了农村电子商务的研究范畴;其次对可持续发展的概念、原则进行阐述;然后结合农村电子商务的特征,从其自身发展状态、市场范围、创新能力、与其他产业协调发展的能力、推动农村经济发展的能力、满足城乡消费者需求的能力等几个方面,以新发展理念为指引,对农村电子商务可持续发展的内涵进行了界定。在此基础上,从农村电子商务的发展模式、影响因素、发展水平、可持续发展以及农村电子商务与乡村振兴的关系五个方面对相关文献进行了梳理和评价,为本研究的顺利展开提供了前期研究基础。随后对整体研究框架进行了简单介绍,展现了本研究的逻辑思路及研究重点,并据此提出本研究的研究意义和创新点。

第一章　农村电子商务的发展机理及动力源

中国农村电子商务的产生源于市场经济的作用,其发展得力于政府的推动。目前,农村电子商务的发展已然成为中国农村经济发展的重要组成部分,在乡村振兴战略背景下推动农村电子商务可持续发展具有重要的现实意义和时代价值。农村电子商务可持续发展是在农村电子商务产生与发展的基础上实现的,因此,为使本研究能够在一定的理论基础之上展开,需要对农村电子商务发展的机理进行深入探析,同时,还需要进一步剖析农村电子商务发展的动力源,以为本研究提供现实支持。

第一节　农村电子商务发展的机理

根据古典经济学的观点,生产的专业化与分工的发展决定了产业的发展水平。生产的专业化分工涉及生产的各方面,其中生产流程的专业化分工既促进了产业的细分,又带来各自产业链的变长。分工提高劳动生产率水平,进而增加商品资源总量,提升购买力水平,拓宽市场交易规模;与此同时分工也增加了交易费用。农村电子商务正是在解决分工深化与交易费用增长这一矛盾过程中发展的。

从地域维度看，农村电子商务是在农村利用信息网络技术为手段，进行以商品交换为中心的商务活动，它是“互联网+”与农村农业相融合的一种具体形式，是以电子交易方式进行交易活动和相关服务活动的一种商业模式。农村电子商务在我国农村市场的形成与发展，是农村商品交易效率提升规律性的体现。考察交易效率可从交易费用和流通效益角度分析。

一、交易费用节省视角下农村电子商务的发展

（一）农村商品交易中存在的交易费用

1. 交易费用的一般解释

交易费用是指交易双方在交易前后所产生的各种与此次交易相关的费用。科斯最早在其论文《企业的性质》中提出该概念，用于分析企业的起源和规模，科斯指出交易费用就是利用价格机制的费用。

威廉姆森从协议的角度将交易费用分为事前交易费用和事后交易费用，由于起草、谈判、保证落实某种协约所必须付出的成本为事前交易费用；交易已经发生之后的成本为事后交易费用，包括的形式有：(1)为确保交易关系长期化和持续性所必须付出的费用；(2)交易当事人力图修正事后偏差而出现纠纷的费用；(3)交易当事人为政府解决交易各方冲突所付出的费用；(4)交易当事人想退出某种契约关系所必须支付的费用。交易费用是在人与人之间的市场交易活动过程中产生的，受制于人们交往活动中的行为规范和秩序规则（通称为制度），由于人们的理性程度和利益各不相同，因逐利而产生的理性行为和非理性行为在市场交易活动中交织并存，致使交易活动具有很大的复杂性和不确定性，产生的交易费用变动性极大，难于精准测定及计算。威廉姆森认为要对交易费用进行经济分析，可从以下三个维度：资产专用性、交易不确定性和交易频率来进行。资产的专用性越强，事后机会主义的概率越高，交易费用越高；交易越不确定，意味风险越大，交易费用越高；交易频率越高，

交易双方越有可能设立某种治理机构,机构的设立和运行的费用会增加,但交易频率高亦产生规模效应,可相互抵冲。

新兴古典主义经济学派杨小凯区分了外生交易费用和内生交易费用。外生交易费用是指在交易过程中直接或间接发生的费用,它在决策的交互作用发生之前就可预见,外生交易费用不是由于决策者利益冲突导致的资源、时间及精力的损耗,而是制度模型外的因素决定的实体费用;内生交易费用主要来源于承诺的不可信,交易方在交易中为了争夺分工的好处产生道德风险和机会主义行为,各方为了争取到比对方更多的利益,不惜以牺牲对方利益为代价,由此造成损耗而产生费用。机会主义策略行为所引起的协调失败造成的损失都可视为内生交易费用。外生交易费用在决策之前就能看到,有时就指事前交易费用,内生交易费用则与事后交易费用密切相关。

2. 农村商品市场中交易费用的构成

交易是源于劳动分工而产生的人与人之间的交往活动。经济活动中深度分工与专业细化提升了劳动生产率,商品资源总量增加,交易愈加频繁,市场化程度逐步加深。自改革开放以来,我国农业农村市场化水平持续提升,农民进入市场,市场化引领着农业农村现代化发展。交易费用普遍存在于农村商品市场活动中,伴随农村经济活动市场化水平提升,农民之间以及农民与外界之间市场交易活动增多,涉及到的交易对象范围扩大。在对农产品交易的实际研究中,威廉姆森(Williamson,1985)将交易费用分为信息成本、谈判成本、执行成本的分类方法运用最为广泛①,但考虑到不同的交易对象涉及到的交易费用各不相同,农村商品市场交易活动中的交易费用进一步可以细化为以下内容构成:

(1)信息搜寻费用。农村居民参与到农村商品市场中,无论作为买方还

---

① Williamson, O., *The Economic Institutions of Capitalism: Firms, Markets, Relational Contracting*, New York: The Free Press, 1985.

是卖方，均需获取市场交易所需的各类信息，为此所耗费的费用即为信息搜寻费用。具体而言，农民为实现自身利益的最大化，需要充分占有相关信息，并通过筛选、分类和处理，找到合适的交易对象，由此产生的费用耗费。

(2)吸引交易对象的费用。在市场竞争中，农村居民作为交易的一方，为使交易达成，变潜在交易对象为现实交易对象，需要采取各种方式，花费必要的人力和物力，例如，在农产品销售过程中，农民通过树立起自身及产品的良好形象，引起对方注意、兴趣和好感，由此达成交易所产生的费用。

(3)交易谈判费用。在农村商品市场中交易各方为达成交易，需要对交易各具体条款如成交商品数量、质量、价格、服务、成交方式、交接条件等进行磋商，从而要经历讨价还价、争执，最后妥协乃至订立契约的过程，期间所耗费的时间和精力就形成了交易谈判费用。

(4)交易执行费用。订立契约后买卖各方依据契约规定履行职责而付出的交易费用。比如，卖方需按照契约规定的期限，生产或采购交易的商品资源，并按约定运抵交货地点，按质按量如期交货；买方需筹措资金，按时交付货款。为此，交易各方与其他社会及经济组织交往而产生的交易费用就构成了交易执行费用。

(5)交易性物流费用。农村商品市场上的商品如果涉及在同一时间同一地域多次转手倒卖，由此产生迂回运输发生的费用或者投机性囤积费用可视为交易性物流费用。

(6)交易风险费用。农村商品市场上交易往往存在各种不确定性，由此带来交易风险，如商品品质风险、实际价格变化风险、违约风险等，为此交易各方需经常保持一定的流动或半流动资金贮存，以应对潜在的损失，由此带来资源使用效率的降低而产生的交易费用即为交易风险费用。

以上前五项交易费用属于外生交易费用，第六项交易风险费用则是构成内生交易费用的主要部分。

（二）农村传统流通形式中农户参与交易的交易费用偏高

新中国成立至今，我国农业的产业化经营能力不断提高，农村市场化的程度在不断加深，农村与外部的各类商品交易的品种增多，交易范围扩大，交易频率上升，必然带来外生的交易费用增加。“买难”和“卖难”曾经是困扰农村商品交易的重要问题，是“小生产”与“大市场”矛盾的真实写照。“买难”“卖难”现象背后的经济实质，是农村传统流通模式下农户参与商品交易的交易费用居高。我国农业生产一直以个体“小农生产”为主，第三次农业普查数据显示，我国小农户数量占农业经营主体数量的份额超过98%，小农户从业人员占农业从业人员的90%，小农户经营耕地面积占总耕地面积的70%。① 农业普查数据还显示，68.1%的乡镇有商品交易市场②，商品交易市场是我国小农户与大市场对接的重要渠道。农户作为交易主体，依据其在交易中的角色可以将农村商品的交易分成两大类：一是农户作为需求方，获取生活消费品和生产资料而产生的交易；二是农户作为供给方，销售自己的产品和服务（主要是农产品）而产生的交易。

1. 农村生活消费品及农资传统流通模式中的交易费用

我国农村生活消费品流通模式呈现多样化，典型的传统流通模式有个体零售流通模式、集贸市场流通模式和新型连锁经营流通模式。个体零售流通模式中，农户从农村个体零售户获取生活消费品和服务，个体零售户经营规模小、网点分散，商品种类有限、商品质量难以保障，农户获取消费品的交易费用高。集贸市场流通模式中，农户在集贸市场与商户交易，商品种类繁多、价格透明，这在一定程度上降低了农户获取消费品的交易费用，但是集贸市场交易

① 新华社：《全国98%以上的农业经营主体仍是小农户》，2019年3月1日，见https://www.gov.cn/xinwen/2019-03/01/content_5369755.htm。

② 国家统计局：《第三次全国农业普查主要数据公报（第三号）》，2017年12月15日，见https://www.stats.gov.cn/sj/tjgb/nypcgb/qgnypcgb/202302/t20230206_1902103.html。

方的流动性大、商品质量不好保障、缺乏专业化和特色化，这些方面又增加了农户的交易费用。新型连锁经营流通模式是在2005年商务部"万村千乡市场工程"启动后，推动一批现代流通企业进入农村市场建立连锁经营的"农家店"，使农村市场上消费品种类更加丰富，同时，这些连锁农家店在经营上实施的统一采购、统一价格、统一服务的模式，降低了农户获取商品信息的搜寻成本。尽管"万村千乡市场工程"，初步形成了农村消费品市、乡镇、村的流通网络，提升了农村消费品的流通效率，但是广大农村商业网点少、布局零散、物流配送规模小、配送中心到各网点距离远，统一配送率低的现实难以改变，导致多数地区农民日常消费品主要还是通过集贸市场获取，集贸市场功能弱的地区农民则需要到附近村镇甚至县城镇购买消费品，这导致农民获取消费品的交易费用较高。

传统农资流通模式主要有以农资生产商为主导的流通模式和以连锁经营农资经营商（批发商或零售商）为主导的流通模式。农资生产商主导的农资流通模式中，生产商建立自己的分公司（或区域分销中心），通过县级批发商、终端零售商分销或者在县级销售市场上选择"联营商"将农资销售给农户。一方面，此类模式中涉及到的中间商数量多、销售网点分散会推高市场的交易费用。另一方面，农资流通以生产商为主导，农户需从不同的经营点获取全部农资，从而引发交易次数的增加，这也会增加交易费用。连锁农资经营商主导的农资流通模式中，大型农资经营企业设立连锁网点，利用统一采购、统一配送、统一价格等经营模式为农户提供服务，此类模式在一定程度上可以减少农户获取信息的交易费用，但是农资需求固有的季节性、地域性、分散性以及技术依赖性特征，使连锁农资经营商的经营效益提升较困难，农村连锁网点的布局也难以展开，农户获取农资的便利性并不明显，市场交易的费用依然较高。

2. 农产品传统流通模式中的交易费用

农户在经营上呈现小规模甚至超小规模，农产品从农户生产者到达消费者手中，中间经过的环节众多，经历的交易环节和交易次数增多必然导致多次的相互协调,交易费用不断增高。长期以来,多环节、长链条的"农户—收购商(批发商)—零售商—消费者"模式是我国农产品主要的流通渠道形式。近些年随着经济的发展,也产生了一些短链条的农产品流通渠道形式,如"农超对接"模式等。从农户作为交易主体参与的交易节点层面来分析,有五种典型的模式:农户自产自销、农户+经纪人、农户+批发商、农户+龙头企业、农户+超市。

在"农户自产自销"模式中,市场上供给方和需求方高度分散,市场的不确定性高。小农户既是生产者又是流通者,经营时间和精力分散,市场范围与交易半径小,农产品"卖难"的问题极易发生。农户在市场交易中的非专业性带来较高的信息搜寻费用、吸引交易对象的费用、交易谈判的费用、交易性物流费用。同时,有限的交易范围同样蕴藏较高的交易风险费用。

在"农户+经纪人"模式中,农户通过经纪人进入市场销售农产品,经纪人承担了农产品信息集聚和沟通功能,在一定程度上能降低农户进入市场的交易费用。但是,一方面,由于农户与经纪人之间的契约关系松散,导致交易执行费用较高。另一方面,经纪人一般规模小,组织化程度低,易陷入无序竞争,再加上实力不足,个人素质偏低,难于准确把握市场态势以及交易信息获取有限,经营上的投机性常有发生,这些都增加了农产品交易中的风险费用。

在"农户+批发商"模式中,批发商在农产品产区收购农产品经由批发市场销往各地,批发市场发挥农产品集散功能。如果某地农产品种植达到一定规模而形成产地批发市场,农户可以低成本进入批发市场与批发商交易,但是一则农产品生产的季节性带来交易方联系的间断性,二则批发市场近似于完全竞争的态势使得农户相互之间的替代性极强,农户与批发商之间的交易关系难以长期稳定。如果农产品种植规模小,农产品收购则由小商贩承担,再通过批发市场转售给批发商,小商贩的收购地域范围窄且固定,农户与小商贩交易并获取交易信息,双方的关系较为稳定。这种模式是我国农产品流通的主要模式,涉及的交易环节及交易主体众多,各环节主体的专业化水平及组织化程度并不高，农产品的交易次数多，重复地发生信息收集、吸引交易对象、交易谈判、执行、物流、结算等活动，从而导致了交易费用的提高，并且由于批发商与农户交易关系松散以及批发商相对于农户的优势地位，使得批发商可以轻易转嫁交易风险，提高了农户的交易风险费用。

在“农户+龙头企业”模式中，农户与龙头企业之间签订明确双方权责的销售契约，农户按契约组织生产，龙头企业按契约收购农产品。农户可以避开市场风险，龙头企业能减少交易费用。但是如果要保证契约具有强约束力，双方就需要将进行交易的农产品等级质量、数量、结算方式、收购条件等项目进行细致的磋商，签约前获取信息的费用会高；如果契约的约束力不强，则需加强契约执行的监督，交易执行费用会上升。

在“农户+超市”模式中，超市利用自身组织化经营和直接连接消费者的优势，前向参与到农产品生产、加工、流通的过程中去，为农户提供信息、物流、技术等方面的支持。农产品流通的中间环节减少，分散的农户通过与超市对接，使其承担的信息搜寻费用、交易谈判费用、交易执行费用、物流费用、风险费用等交易费用明显降低。但是，一方面超市作为农产品零售终端在我国农产品销售中占比较低；另一方面成为超市直供的农户需要具备一定的条件，此模式无法普惠到广大农户，大多数农户吸引交易对象的费用仍较高。

综上，在农村消费品和农资市场交易中，传统的流通模式使得农户缺乏对交易信息的充分掌握。而在农产品交易中，现阶段的农业生产对自然环境的依赖强，物产销售的区域性和季节性明显，农户作为交易一方，获取信息的渠道少，信息的搜集、处理、发布能力不足，并且农户受限于自身规模而易处于交易劣势，市场上供求信息的交换容易滞后，信息失真、产销错配时而发生，交易过程中的内生交易费用和外生交易费用均较高。

（三）农村电子商务促进交易费用的节省

农村电子商务模式中，互联网技术的使用和普及促进了农村商品流通，各种资源通过网络链接服务于农村商品市场,交易各方顺畅地进行信息交流与沟通,大幅度降低了信息不对称所产生的各类交易费用。

1. 农村电子商务平台带来的交易费用的节省

农村电子商务运作平台通常有各类网商平台和为涉农主体提供服务的网站。首先,网商平台或涉农服务网站利用现代网络信息技术将农村商品交易各方集中在同一个平台空间进行交易,一方面,交易的商品信息以文字、图像、声音及视频的形式呈现,方便购买者搜寻浏览,既节约供给方吸引客户的费用,又节约需求方搜寻信息的费用;另一方面,涉及的每一笔交易都能为同种商品交易提供参考,意味着网商平台或涉农服务网站提供近似完全竞争的环境,买卖双方成为价格的接受者,无需通过采取策略性行为就能达成交易,市场均衡时价格长期处于平均成本的最低点。网商平台或涉农服务网站使得商品的市场交易双方不必和各类买主(卖主)面对面接触、谈判就能确定有利的交易价格,这会大大降低信息搜寻和交易谈判的费用。

其次,在网商平台和涉农服务网站上,交易双方的每一笔交易都是公开可见的,信息的不对称性降低,有利于避免交易方的机会主义行为。一是网商平台及涉农服务网站上聚集大量同类商品,具有完全竞争的属性,提供大量真实完整的市场供求信息,交易方获取便利,在一定程度上可以抑制交易者的机会主义行为,减少交易风险费用。二是网商平台和涉农服务网站上供需方需要注册,具备相对明确的资信,各卖家经营的网络商铺较为稳定,加上平台企业或网站制定了较为规范的交易规则,保证了交易长期性和稳定性的实现。交易由单次博弈变为长期重复博弈,交易双方之间能够达成共赢的契约,从而节省吸引交易对象的费用、谈判费用和执行费用。交易的长期重复博弈还有利于化解交易各方的机会主义倾向,节约交易风险费用。三是网商平台和涉农服务网站保障交易双向互动,有利于销售的实现,供给方根据即时信息了解把握需求的变化,从而降低供给方受需求偏好变动及需求量不确定而产生的风险费用。

最后，网商平台和涉农服务网站产生的外部经济推动交易费用的节约。电子商务能聚集大量信息，产生信息聚集效应，网商平台和涉农服务网站上交易方之间互相学习，降低新进入交易方的学习成本，促进整个平台交易效率的提高。同时，平台上交易时间和空间约束的突破能有效促进产销无缝对接，既为供货商实现零库存经营提供了可能，又为生产商节约了仓储成本，减少生产上的浪费和限制。

2. 农户参与农村电子商务交易过程中的费用节约

具有商品交易需要的农户及销售商是农村电子商务的参与主体。农村中商品交易的“卖难”“买难”现象揭示了农户承担的交易费用过高，农村电子商务的发展在一定程度上能解决这一难题。以农产品网上交易为例，从交易的整个过程来分析，农户作为农村电子商务的参与主体，在交易搜寻阶段，借助于信息通信技术的支持，不需要进行实际的人或物的跨空间流动，就可以实现有效信息的高速传输反馈，直接从网上就能获取大量的交易客户信息。并且随着农村电子商务平台数据资源的丰富和市场分析能力的提升，农户搜寻获得的交易信息具有极强的供需匹配性，极大地降低了搜寻成本，缩短了搜寻过程。在交易的磋商阶段，农户能运用农村电子商务打破交易时间和交易空间上的限制，具有更广阔的市场空间的交易对象，交易达成效率更高。并且与交易对象直接在线上进行业务谈判，不需进行实际会面，从而节约大量的时间和成本。在交易的实施阶段，农村电子商务对数据的处理和分析能力提升，能有效促进农户生产或经营的农产品准确匹配交易对象的需求，缩短农产品在流通过程中的滞留时间，降低库存从而节省库存成本，实现交易费用的节约。在交易的支付阶段，通过采用各种网上支付的形式，农户可以避免不能及时收款的风险，在一定程度上降低交易费用。在交易的售后阶段，如果交易后出现问题，农户可以通过与交易对象进行线上联系，交流并解决较为简单的问题，进而节约交易费用。

由上可见，农村电子商务的普及和发展，商品交易从信息搜集、沟通协商到交易达成均线上完成,农户能够摆脱地理空间的限制,在更广阔的范围内实现农产品的销售,同时,能够方便地买到所需要的各类日用工业品,从而充分获取线上交易促成的交易费用节约。

二、流通效益增加视角下农村电子商务的发展

马克思认为社会再生产过程包括生产、分配、交换、消费四个环节,在商品经济条件下,流通连接着生产和消费,是保障社会再生产顺利进行的重要中间环节。流通具有自身特有社会经济职能,从流通效益视角看,农村商品交易效益的提升是农村电子商务发展的另一内生变量。①

(一)农村电子商务促进农村商品的市场实现

农村流通的本质是农村商品的市场实现,即通过流通使得生产的产品获得价值和实物补偿。社会生产以消费为目的,意味着产品的实现只有在消费中才能得到完成。在市场经济形态中,社会分工决定了生产的性质是社会化大生产,由生产领域产出的产品,只有进入流通领域,通过市场上商品与货币的交换才能进入到消费领域。农村电子商务对农村商品的市场实现提供了有效的帮助。

首先,农村电子商务中数字技术或数字化手段的运用从技术层面提供农村商品消费需求的解决方案。农村电子商务为农村商品售卖者和消费者之间直接联系提供平台,使卖者更好地了解消费需求,并进一步传递给生产者。借助于农村电子商务渠道,生产者销售产品获得货币,购买生产资料和生活资料,为下一轮生产提供物质条件。同时生产者通过农村电子商务渠道及时了解消费信息,决策下一轮产品种类、数量、类型等要素。

其次,农村电子商务推动农村商品流通的专业化、细分化。农村电子商务

---

① 此处"农村商品"指的是农村地区生产的商品。

的发展，带动农村商品经营上的分工深化，农村商品经营主体多样性扩展，农村商品交易的内涵和外延不断突破，体现为交易数量、价格、质量、时间、空间等限制农村商品流通的要素不断根据消费需求进行优化和调整，促进和改进农村商品的市场实现。一方面，从农村商品价值实现来看，商品价值形态的变化表现为农村商品和货币的交换，对应着商品所有权的让渡，体现为商流。农村商品本身要与消费需求相符，农村商品价格也要合理确定，商品价格是否为消费者接受关系到商流的畅通。农村电子商务对数字化手段的运用为生产者充分了解消费者的商品喜好，把握消费者购买行为的规律性，探究出消费趋势创造了条件，进而可以针对消费群体偏好的不同制定差异化价格以达成交易，完成农村商品的价值补偿。另一方面，从农村商品实物补偿来看，物流的畅通情况影响农村商品的市场实现。农村电子商务发展可以对农村商品物流进行集约化、数字化处理，促进农村商品跨越时间、空间达成交易。

最后，农村电子商务密切农村商品生产与流通及消费之间的联系。一方面，农村电子商务为农村商品交易提供渠道的同时，也存储、处理生产者和消费者大量商品交换数据和信息，通过更进一步的数据运用与挖掘，极大地促进了农村商品的生产、流通、消费各类主体及时准确地了解生产及消费信息，并不断协调生产与消费的联系。另一方面，农村电子商务中数字技术手段的运用，可以突破农村商品只在区域市场流通的局限而进入全国市场甚至世界市场，意味着农村商品在更大市场范围进行供需匹配。市场的扩张促进流通内部的分化、消费的细化、生产分工的深化，流通与生产的融合加深。

（二）农村电子商务促进农村商品交易方的效用实现

商品交易的效用实现是指商品交易本身给交易主体带来效用满足。农村电子商务具有互联网环境下平台商业模式的特征，其经济时空内涵与外延向更广的时空拓展能提高商品交易主体的总体效用。在农村产品上行过程中，农村商品交易的购买方，借助电商平台交易，不仅购买农村商品，更是购买体验、购买商品交易中的服务以及商品的使用价值;农村商品交易的出卖方,则不仅仅出售商品,更是销售服务,销售生活方式。农村电子商务作为交易制度的模式之一或者交易业态的形态之一,为交易者提供多样化的"体验感",满足使用主体多种效用诉求。

首先,农村电子商务便利了农村商品交易各方偏好信息的获取,创造商品经营效用。商品经营效用体现在两个方面:一是挑选效用。挑选过程关系到消费者偏好的满足,市场上经营的商品结构越是趋于广而深,意味着可供选择的空间越大,挑选效用就大;二是提前摄入效用。互联网环境下时间价值是一个关键的因素,如果一条流通渠道的新品率比其他流通渠道高,消费者从此流通渠道获取同质商品的新品早于其他流通渠道,则该渠道为消费者提供提前摄入效用。在农村商品交易过程中,对交易对方偏好信息的掌握是商品交易完成的前提条件。一方面,农村商品需求方需要搜寻诸如店铺分布、价格幅度等市场特征以及农村商品的产地、质量、数量等产品特征;另一方面,农村商品供给方需要在了解需求信息条件下安排商品的价格结构、品类、库存等。农村电子商务使农村商品流通具备了数据化、网络化、信息化特征,商品特征在虚拟空间就可进行详尽描述和生动展示,消费者通过数字化平台的各种形式(比如关键词搜索、顾客评价、直播互动等)就可获取商品特征,搜索效率提高。与此同时,农村电子商务线上交易方式使得消费需求大数据信息存储及处理更加便利,农村商品的生产者及经营者能直接获取有关需求偏好信息,精准识别自己的市场需求,即使是小众消费也可以满足,长尾商品的销售成为可能。并且无论是商品需求的变动还是商品供给的变动,都能准确被交易方及时捕捉到,以此作出决策。

其次,农村电子商务为农村商品交易实现过程提供多样性,产生更优的服务效用。在农村商品交易过程中,农村电子商务的数字化平台和以此为基础建立的各类交易模式,为交易各方表达自身偏好信息创造多种渠道形式,便利了农村商品交易双方交流和分享。借助农村电子商务开放性的数字化交易平台，农村商品交易各方参与交易活动的主动性增强，尤其是各类消费者可能自发形成虚拟的社群，类似于自动生成各类细分市场。结合农村电子商务数字化手段对消费行为大数据的挖掘与分析，农村商品经营者能准确识别异质性消费偏好的分布特征，为其进行精准差异化经营提供了更大的可能，有针对性提升售前服务、售中服务和售后服务，极大满足购买主体的偏好。

最后，农村电子商务拓展延伸服务效用。从商品交换的组织形式角度来看，农村电子商务吸引大量消费者和农村商品经营者加入，建立起一个互联网虚拟空间的动态市场，通过数字化技术支持商品交易的完成。商品的使用价值顺向传到消费领域，需求偏好、消费倾向等信号逆向传递至上游各流通环节直至到生产领域，由此引发流通环节和生产环节作出调整，带动生产结构、技术结构演化甚至产生新的产业，为消费者和商家创造价值。

综上，在农村商品流通中作为一种商品交换的新制度形式，农村电子商务正是应农村商品交易费用节省、农村商品流通效益增加而形成并发展的。

第二节　农村电子商务发展的动力源

农村电子商务发展是多种力量共同作用的结果，厘清其发展的动力源，明确促进其发展的主要因素，将有助于推动农村电子商务持续、健康、有序发展。从构成要素来看，农村电子商务发展的动力源有内生动力和外源动力，其中内生动力主要来自各类电商主体对经济利益的追求，市场需求、技术进步、经济环境与产业竞争则是商业模式创新的外在动力。

一、农村电子商务主体追求经济利益产生的内在驱动力

具有活力的电商交易主体是农村电子商务形成与发展的基础。从商业生态成员构成视角考虑，农村电子商务会涉及三类主体：一是以电商平台企业为主的核心主体；二是各类涉农生产生活资料的生产商、中间商及消费者等参与

农村电子商务的交易主体;三是为优化农村电子商务顺畅运行以及提供网络交易增值服务的各类支持主体,诸如快递物流公司、网络通信服务商、在线支付机构、农村电子商务咨询服务商、网点设计商、营销推广机构等。农村电子商务涉及的各利益主体对于经济效益的追求驱动了农村电子商务的形成与发展。

(一)电商平台企业入驻农村市场成为农村电子商务的核心主体

从经济学视角看,企业商业模式创新行为的内外驱动力是获得企业经济租金。电商平台企业为互联网交易双方提供交易平台和各种辅助服务,其本身不买卖商品,不参与交易,企业获利来源于用户的价值。电商平台企业创造了双边市场,具有交叉网络外部性特征。根据双边市场理论,电商平台企业供给端商户数量越多,需求端购买者获取的效用水平就越高,带来需求端的购买者数量增多,网络的外部性发生。同样的,随着需求端购买者聚集,个性化、差异化的需求汇集成一定的规模,供给端商户就可以根据自己的能力与条件提供多样化的产品,供给端商户就会产生范围经济的利益。这种供需两端用户的规模经济和范围经济的良性互动,使得电商平台企业通过做大供需两端的用户基数来获取经济利益。电商平台企业布局农村,既可扩大供给端的用户数量,也可吸引更多需求端的用户。

从居民购买频次来看,农产品消费大多满足居民日常生活所需,虽然居民每次购买量少但购买次数频繁,购买惯性较强,传统交易对购买者的时空限制较强。线上交易手段能破除交易上的时空约束,推动电商平台企业获取需求端的用户。伴随我国农业生产效率的提高以及农村经济的发展,农产品的供给能力大幅上升,带来农产品供应的极大丰富。电商平台企业进入农村市场,在供给端可以获取多样化的源头供应商用户,进而提升需求端的用户效用,吸引更多的购买者使用该电商平台进行交易,促进电商平台企业的需求端用户基数扩张。而且农户成为电商平台企业供给端的源头供应商用户，了解线上交易的便捷性和低成本性，掌握线上交易的技能，农户同时也会通过该电商平台购买工业消费品，成为电商平台企业的需求端用户。根据2020年全国人口普查数据显示，全国人口中农村人口数占比达到36.11%①，如此大的农村人口基数能够进一步扩大电商平台企业需求端用户数目，吸引工业消费品供应商接入供给端，促进电商平台企业的流量增长，扩大电商平台企业的市场份额。

从2014年我国开展电子商务进农村的综合示范起，电商平台企业借助"工业品下乡"的国家发展策略，快速布局农村市场，形成了以大型互联网平台企业为核心的具有特色的农村电子商务平台模式，并不断完善和补充。各电商平台企业进入农村市场，意味着社会资源流入农村电子商务产业中，促进了农村电子商务的发展。

（二）农户参与农村电子商务活动成为农村电子商务的关键主体

农村电子商务畅通了农村市场的循环，推动农村流通体系的重构。农户作为农村电子商务的主要参与者，无论是作为供给者还是作为购买者，均能从农村电子商务发展中受益，经营收益增加和消费质量改善是农户参与农村电子商务的根本动力。

1. 农村电子商务促进农户利益的提升

首先，农村电子商务能有效减少农产品流通环节，提高农户获取市场交易信息的能力，降低其进入市场的风险，改善农户在交易中的不利处境。作为农产品的供给者，农户能够从农产品网上自销中获取经济利益。

其次，农村电子商务的线上交易方式能降低商品流通成本。利用电商平台进行的线上交易方式相比较于传统交易可节约实际场地租金，免除因商品

---

① 国家统计局：《第七次全国人口普查公报（第七号）》，2021年5月11日，见https://www.stats.gov.cn/sj/tjgb/rkpcgb/qgrkpcgb/202302/t20230206_1902007.html。

陈列而产生的成本,并且因流通环节的缩减,避免多次的物流和仓储发生,既能降低物流仓储成本,还能有效降低损耗费用。无论是农产品的上行还是工业品的下行,随着农村电子商务平台发生的交易量上升,交易价格降低。农户作为农产品的供给方能因交易量的上升增加销售收入,作为工业消费品的需求方能以较低的价格获取更多工业消费品,其效用水平提高。

再次,农村电子商务扩大农民交易的市场规模。购买者的购买行为会受到搜寻成本的制约,购买者距离市场或商家越远,其搜寻成本就越高。线下市场的地理位置所产生的空间距离增大了搜寻成本,导致交易价格较高,会将部分购买者挤出市场。农村电子商务打破了交易的时空限制,购买者只需花费很短时间就能进行比较并确定目标商品,搜寻成本大幅降低,同时交易价格较低,吸引了大量购买者。农户面向更广泛的消费者群销售商品、从更多供货渠道获取工业消费品,市场范围的拓宽分散了农户进入市场的风险。

最后,农村电子商务的发展使得充足的竞争条件下形成的市场价格能传递供求的真实信息。一方面,农户在市场价格信号的引导下开展生产经营,产出品的市场价值不会因不匹配社会需求而被低估,农户的经济利益得以实现;另一方面,农户的消费需求也能反映在市场价格上,竞争引导下的均衡亦能保证农户的效用获得最大化。

2. 农户参与农村电子商务存在地域扩散效应

在农村电子商务发展中,农户感受并意识农村电子商务带来收益的程度不同,掌握电子商务知识的能力各异,参与农村电子商务的意愿与行为也是不一致的。农村地区最早参与电子商务的农户富有创业精神,具备一定的电商知识,拥有相对丰富的市场经验及较敏锐的商业意识,这些优势引导他们最先参与到农村电子商务中去,在一定程度上催化了农村电子商务的发展。农户电商创业的成功能通过农村社会的邻里或社交圈示范效应被周边农民所模仿,带动更多农村居民参与到农村电子商务中。一方面,现代农业的发展、农村土地制度的改革以及城镇化的推进使得农村地区存在一批剩余劳动力,需要寻求从农业生产转向非农业生产的出路，一些农户通过农村电子商务创业成功的经验和做法为其提供了新的发展途径。而农村社会存在的紧密而稳定的社会网络促进了这种仿效的传播，产生明显的扩散效应。另一方面，政府在农村地区进行农村电子商务概念的宣传及电商技术的示范、培训、推广等政策引导也在一定程度上推动了农村电子商务知识和信息在农村居民中传播和流动。参与农村电子商务的获利吸引力在农村地区扩散，驱动更多的农户参与到农村电子商务中。

（三）协同完成电商运营的各类服务性组织成为农村电子商务的支持主体

农村电子商务作为高度综合的商业活动，各类参与主体之间既存在有序分工，又存在通力合作关系，在利益上存在共生性。围绕农村电子商务的运营，电商交易主体的资金获取、交易活动中涉及的货币支付、交易商品的物流与配送、交易信息的传送、为吸引交易方进行的各项营销活动等，形成了农村电子商务活动的服务需求，为满足这些需求，各类服务性组织进入农村电子商务市场提供相应的服务。

一方面，服务性组织的协同推动农村电子商务市场的增值。农村电子商务市场上各类参与主体既竞争又合作，推动农村电子商务活动的完成。物流快递企业、金融机构、信息服务企业、行业协会等服务性组织或机构的加入，为农村市场提供科技、信息、金融、人才培训等多方面的服务支持，构建起联结物流服务、信息服务、电商平台服务及人才服务等多层面的立体化农村电子商务市场结构，促使农村电子商务市场在空间聚集的基础上破除地域限制，进一步扩展规模经济和范围经济效应、强化网络辐射效应。农村电子商务整体价值因技术创新、平台扩容、空间拓展、时间延长而增长，各类主体既可以从增值中获得现期利益，还能通过与其他企业开放式互动获得组织长期成长的机会。

另一方面，合作模式不同产生的利益不同。农村电子商务运营中各行业的企业组织在合作中建立起利益联结与共享的机制，差异化的合作关系影响参与主体的经济利益实现，且分配亦存在差异。其一，较低层次的合作是服务型组织或机构与电商平台企业或电商交易参与者因合作对各方有利，为实现自身利益，通过平等协商产生的合作关系。服务性组织或机构以独立、平等的身份参与合作，与合作企业不存在任何主导或从属关系。其二，服务型组织或机构可与电商平台企业或电商交易主体通过组建战略联盟建立合作关系，即实力相当的各方由于具有共同的战略利益和目标，相互依存、互相信任，进而签订协议确立长期合作关系，联盟各方之间承诺信息共享、资源互补。在合作中服务型组织机构可以充分利用合作资源建立自身竞争优势，增长财务收益，促进组织长期发展。其三，包含服务型组织在内的多家企业基于共同合作目标形成相互信任和承诺的社会网络，网络中企业进行专业化分工与协作，企业间交换资源、共享信息，建立起持久稳定的合作关系。服务型组织居于社会网络的结点，以自身资源共享而获取更多的资源及信息，在频繁与其他结点企业交流互动中提升自身的能力与无形资产。其四，分属不同行业的服务型组织与农村电子商务平台企业及农村电子商务交易者结成富有流动性和灵活性的商业生态共同体。为了更好地适应或改善环境，共同体内各企业是生态系统合作关系，各企业存在互补关系，企业间联结松散，各企业可自由决定进入或退出系统，领导企业主导协调商业生态系统的运转。商业生态系统中服务型组织与其他成员动态合作，实现资源共享、共同演化，为相关客户创造并提升价值。

综上，电商平台企业、农户及其他农村电子商务交易者、服务型企业组织与机构三类主体建立起各种不同的协作组织形式驱动了我国农村电子商务的发展。农村电子商务系统中各类主体相辅相成，适应农村市场环境，依靠信息化技术和智慧化发展要求，对系统内资源进行优化，协调各成员的利益，在满足市场需求基础上提升农村电子商务整体效益，实现农村电子商务各参与主体的互惠共赢。

二、技术进步的催化力

信息网络技术的成熟与运用催生了电子商务这种商业模式。我国农村电子商务的形成以现代信息技术为技术支撑，借助于农村产业生产和流通的信息化普及得到发展。技术进步与创新对农村电子商务发展的催化力体现在两个方面。第一，技术进步与创新提升农业产出率，催化农村产业市场化发展，扩大农产品供给的广度与深度，为农村电子商务发展提供丰富的货源。第二，技术进步和创新直接诱发农产品流通方式的变革，建立在信息网络技术支撑下的农村电子商务模式能降低农户参与市场的交易费用、提升农产品流通效率。因此，电子商务能快速在农村地区普及并发展。

（一）技术提升农村产业的产出效率

现代信息技术向农村地区扩散，能促进生产要素流入农村，优化农业生产要素的配置，改造农村传统产业尤其是农业，提升农村产业的产出效率，进而推动农村电子商务发展。

伴随“互联网+现代农业”模式的提出与实践，诸如遥感技术、卫星定位技术、农业地理信息系统、农业专家系统、农业数据信息平台、多媒体技术等信息技术进入农村产业生产经营的各环节，形成智能化农村产业，最终带来生产效率的提高。信息技术对农村产业技术的改造，其一表现为农村产业经营设施和装备的信息化。比如，农田建设的高水平标准化、农业生产的准确监测以及农产品加工、运输设施的自动化智能化。其二表现为农村市场的信息化。通过构建农村产业市场信息平台，运用现代信息技术搜集整理农村市场信息，并及时发布给农村市场主体，农户可以据此提高生产经营决策的准确性，进而提高生产效率。其三表现为农业生产经营过程的信息化。农村产业以农业为重，农业的育种、生产、病虫害防治以及农产品加工等技术体系的信息化，既能保证最新农业技术的有效传播推广，又可在农业生产过程中，针对生产系统的土、水、气、温、肥等要素的变化,依托农业专家系统等平台给出有效的解决方案,推动分散和经验化的传统农业技术变革为集成和科学化的现代农业技术。

同时,伴随生物技术、工业技术向农村地区扩散,高新技术渗透入农业,极大地改变农业生产方式。一则,农业在产前及生产阶段运用现代生物技术,形成新型育种、疫苗、饲料、化肥,提升农业生产投入要素的科技含量。二则,生物技术中酶工程及发酵技术能有效改善农产品加工技术。三则,现代工业的生产方法和组织方式融合进入农业,推动农产品生产的自动化,弱化了农业生产的自然条件约束,实现农业全天候反季节生产。

可见,技术在农业生产上的渗入,使得农业产出无论是在数量上还是在类别上抑或在品质上都更加符合商品化、市场化的要求。技术进步和创新为农村电子商务的发展提供了丰富的、高质量的产品供给支撑。

(二)技术提升农产品流通的效率

现代信息技术向农村商品流通领域的渗透,改变了农产品的经营与交易方式,提升了投入产出效率,节约了流通成本、扩大了流通规模。尤其信息技术的运用加速了信息传递,破除了信息不对称带来的农产品销售阻滞之类问题,极大程度地提升了农产品流通效率,推动农村电子商务的发展。

从商流角度看,现代信息技术推动农村商品流通组织的重构。对于农产品,由于其生产的季节性、地域性特征明显,加上我国城乡二元经济结构,其流通市场滞后问题突出,现代信息技术的运用打破了农村商品交易的时空限制,实现了农产品流通与互联网技术的融合。借助于互联网大数据提供的市场信息,农户获取信息的效率和精准程度提升,农产品的定制化成为可能。电子商务交易模式有效减少了流通的中间环节,农产品网络零售组织主导的供应链网络承担起农产品流通的主要职责。在农产品大量需求订单基础上,农产品网络零售组织沿供应链进行逆向整合,既能最大限度满足消费者个性化需求,又能大幅扩大组织规模,农产品流通效率得以提升。

从物流角度看，现代信息技术融合于农村商品流通中，形成以信息技术为支撑、多种业务集成一体化的农村商品物流信息系统，以农村商品物流信息化来提升农村商品的物流效率。农产品特别是生鲜农产品，物流技术要求高，信息基础技术、信息采集技术、信息交换技术以及地理分析与动态跟踪技术广泛运用于农产品物流中，既能创建农产品物流信息的共享平台，减少农产品物流环节，降低物流过程中的损耗，节约物流成本，还能实现农产品在物流过程中的增值。其一，农产品物流链上各主体通过物流信息平台沟通、传递、共享信息，从整体上协调货物与运力，整合各自物流服务，提供农产品物流一站式服务，实现物流的精准性、便捷性和多样性。物流信息平台还可避免农产品物流中因涉及环节多、流程杂造成的信息遗漏或失真，提高物流信息的处理能力，减少无效物流环节，降低物流成本，同时缩短物流时间，提高物流效率。其二，农村商品物流智能化保障农产品配送质量。一方面，运用数据实现对农产品物流的实时调控，避免农产品物流各环节因衔接不当产生损耗，提高包装、存储的有效性。另一方面，物流过程中对农产品质量进行跟踪维护，及时应对因为外部环境变化造成的农产品质量损耗。

从信息流角度看，伴随大数据、云计算等现代信息技术的发展，农产品交易数据信息的采集、存储、分析技术不断深化，农产品流通信息得以迅速采集并及时传递给各信息需求方，极大缩短了农产品流通的时间和成本，提高了农产品流通效率。一方面，农产品生产者通过数据收集和分析预测来进行生产决策，降低农产品生产的市场风险；另一方面，各供应商通过互联网平台将自己捕捉的市场信息共享，分享给消费者，形成相互竞争又相互补充的统一流通生态环境，打破地域限制，避免信息的不对称引发供需不衔接，既扩大市场范围又提升市场活力。

从资金流角度看，现代信息技术与金融服务的融合，为交易提供了极大的便利，农产品流通可以以更便捷的支付方式进行结算。支付模式的变革完善了金融交易功能，提高了支付效率，保障了农产品流通资金的顺畅流动。在信息技术支撑下的第三方支付平台为农产品交易提供的网络支付方式为交易对方带来了资金上的保全和便利,降低了资金风险,优化了交易支付体验。这类电子支付手段降低了市场交易成本,提高了支付效率,促进了农产品流通效率的提升。

综合以上,技术进步与创新在农村领域的渗入,改变了农业生产方式,提高了农业生产效率,优化了农产品加工流程,促进了农产品流通模式的创新,催化了农村电子商务的发展。

三、市场需求升级的拉动力

消费是经济活动的起点和落脚点,随着一国经济的不断发展,消费需求对经济发展的拉动作用愈加凸显,尤其是在我国经济由高速增长阶段转变为高质量发展阶段,居民高质量消费的实现就成为经济发展的重要前提。高质量消费反映了人民对美好生活的追求,通过市场实现时表现为需求的满足更加注重质量和效益。从商品交易角度看,就是市场需求的不断升级。不断升级的市场需求促使交易制度进行变革。无论是居民消费需求规模的不断扩大,还是居民需求结构及消费理念、方式、体验的逐步提升,都大力拉动了农村电子商务的发展。

(一)城乡居民消费需求量的扩张拉动城乡流通方式的变革

市场需求的升级首先是居民消费需求的规模扩大。我国经济的发展带来城乡居民收入水平的稳步提升,收入的上升既促进城镇居民对农产品的需求增加,又激发了农村居民对生活消费品的需求增加。

首先,分析城镇居民对农产品的需求。由于城镇居民人口的区域聚集度高,对农产品的消费总量大,同时农产品属于生存型的消费品,需求弹性小,城镇居民的区域消费集中度低,商品购买的批量小,因而城镇居民对农产品的需求具有目标区域消费者的总量大、区域消费集中度低、购买批量小的特征。需求总量大但购买频繁、客单量低所产生的单位商品交易费用较高,需要精简交易环节来降低交易费用,同时城镇居民对农产品交易的透明度要求高,商品交易时的完全竞争机制就尤为重要。传统的农村商品流通渠道形式往往难以同时兼顾短渠道和竞争性的要求。城镇居民对农产品需求量越大,对交易费用的节约及交易竞争机制的需要越迫切,推动农村商品交易形式变革的力量就越大,这成为拉动农村电子商务发展的动力之一。

其次,分析农村居民对生活消费品的需求。农村地域广泛,相对城镇居民而言,农村居民消费分散性特征明显。一则农村居民居住分散,二则作为消费者的农村居民消费需求集中度低,购买消费品的批量少。分散性的消费需求造成农村消费品流通渠道相对单一,农村消费市场发展缓慢,农村居民消费需求的满足程度偏低。随着农村居民消费需求量的增加,创新流通方式、建立城乡互动的双向流通系统、推进"互联网+"在流通领域的应用是降低农村消费品流通成本、提高流通效率的首要选择,电子商务这一形式在农村得以运用。

农村电子商务的发展既能引导日用消费品借助互联网尤其是移动互联网走进农村,又能便利农产品借助互联网走进城镇,从而促使城乡居民不断扩张的消费需求得到满足。

(二)城乡居民消费需求质的升级驱动农村电子商务发展

城乡居民消费需求质的提升表现在多个方面,譬如强调消费商品的品质、重视消费品种的多样性、追求消费偏好的个性化、讲究消费过程的便利性,这些均体现了居民越来越注重满足消费需求的内容、方式、过程和体验。

第一,消费者需求优良品质的商品,尤其是在食品消费上,更加重视质量和安全,关注营养全面和健康。一方面,消费者对商品品质的需求不局限于通过本地市场的产品来满足,尤其是在农产品的消费上,对不同地域优质、特色农产品的需求需要破除传统交易方式的空间障碍才能实现。线上交易很好地解决了交易上的空间限制,不同地域的商品通过电子商务聚集展示,便于消费者根据自己的需求进行商品选择。更进一步,消费者对于远距离商品品质需要有针对性的感知激发了直播电商这种电商新形式的发展,直播直观地引导消费者对商品品质的感知,保证了对消费商品品质需求的满足。另一方面,对商品品质的需求也反映在消费者更加关注商品的质量安全,这倒逼经营商提供质优安全的商品,并提升自己的诚信。消费品产生质量安全问题的根源在于经营者与消费者的信息不对称产生的逆向选择,出现“劣质商品驱逐优质商品”现象,特别是农产品,商品的标准化程度低,消费者在消费前难以判定其质量,信息验证的滞后性导致农产品质量安全风险高,交易效率较低。市场交易双方为获得优质农产品的收益,需要花费高额的交易费用,生产者或供给商需要更高昂的成本生产和经营高质量农产品,需求者需要花费大量时间、精力收集信息,学习辨识高质量农产品,导致高成本阻碍农产品质量的提升,不利于实现消费者高质量消费需求的满足。农村电子商务沟通了上游农产品生产加工者和下游消费者,具备了进行农产品质量安全风险控制的能力。首先,农村电子商务可解决农产品销售问题,促进农产品生产扩大规模,在提高农民收入的同时减少农产品产销之间的信息不对称,在一定程度上减少因为信息不对称产生的逆向选择;其次,农村电子商务的发展能缩短农产品流通环节,减少农产品在流通中的损耗,并为农产品质量安全可追溯提供信息支持;最后,农村电子商务能助推农产品标准化、品牌化生产,有效降低农产品质量安全风险的发生率。因此,消费者对商品品质的需求拉动了农村电子商务发展。

第二,消费需求上的多样性一方面是消费者所需求的商品种类多样,另一方面则是不同收入水平的消费者在商品质量及价格层面上的选择多样。传统交易渠道提供给消费者的选择机会有限,且会花费消费者大量时间、精力去做出购买决策,交易费用高阻碍了消费者的消费质量提升。比如,一些具有地域特色但产量规模小、市场普及率低的农产品,既可以丰富居民的消费品种,又能够提供更高质量的消费满足,但受限于空间条件及信息不对称,采取传统交易渠道经营意味着这些产品进入市场交易的费用较高,一些经销商基于经济性考虑往往会放弃经营此类农产品，致使其难以顺利经过流通进入消费环节。在需求升级的驱动下，需要创新交易渠道，低成本地打破供需之间的时空界限，多层面满足消费者商品种类需求的多样性，农村电子商务顺应这种社会需求而发展起来。农村电子商务提供了一种新的交易制度方式，实现了广大农村商品供应商与终端需求者直接联系，便于商品供需信息的快速传递与有效沟通。互联网购物平台供应种类丰富、地域宽广、品质齐全、价格各异的商品，为消费者提供多样化的选择，提升了其消费质量。

第三，消费升级中所体现出来的需求个性化偏好使得消费者需求分散程度高，消费市场的碎片化特征明显，数目众多但规模小的细分市场难以通过传统交易渠道去满足，异质性的需求催生了个性化和定制化的消费解决方案。特别是农产品，其品质和标准化程度差异性大，普通农产品满足大众化的需求，绿色优质特色农产品需要解决供求不对称才能更好地满足消费者的个性化需求偏好。通过发展农村电子商务，消费者在消费之前能够积极主动地了解农产品特点并进行类似农产品比较分析，在比较分析中提升消费者的消费欲望、强化需求偏好。并且消费者还可以通过电子商务直接参与生产和流通环节，进行个性化的定制，既有助于提升消费者的满足感，又有助于生产者及供应商降低市场不确定性带来的风险。

第四，消费升级中消费者重视消费的整体感受，围绕消费实现的过程，商品交易的便利性和平等性越来越被看重。消费者希望获取公开透明的商品交易信息来保证购买决策优化，缩短交易商品到手时间以适应快节奏的生活方式，降低交易费用来提升消费带来的心理满足感。越是人口规模小的偏远地区，越需要借助电子商务的发展来打破地域间消费的差异，获取消费上的便利性。在我国广大的农村地区，农村电子商务的发展促使物流服务下沉到农村市场，大量的消费品流向农村，降低农村居民生活消费成本的同时实现农村居民的消费升级，这意味着消费需求的满足越来越依赖信息化。

因此，城乡居民消费需求的高质量变化是农村电子商务发展的重要动力，农村电子商务作为交易形式、交易工具的创新，是为了更好地满足城乡居民高质量消费的需求而产生及发展的。

四、政府的支持力

农村电子商务能大力推动乡村经济的发展，是实现乡村振兴的重要手段之一，其社会职能与经济职能并重。作为一个复杂的系统工程，政府在农村电子商务发展的各个阶段，都进行了引导和支持，无论是初期的信息服务阶段还是随后的在线交易阶段，以及当前的电商产业体系建设阶段，政府的支持为农村电子商务的发展提供了强有力的保障。

（一）政府对农村电子商务发展的支持体现

1. 进行宏观调控，引导资源进入农村电子商务产业

我国农村电子商务发展迅速，很大程度上在于中央政府和地方政府的大力引导和推进。首先，中央政府对农村电子商务发展进行顶层规划和政策引导。自 2004 年以来，中央一号文件一直以“三农”为主题，近几年发布的一号文件则直接关注农村电子商务的建设，并明确当年农村电子商务的建设与发展重心。这些专门针对农村电子商务的政策凸显了中央政府对农村电子商务发展的战略性顶层设计，为农村电子商务发展提供了制度与政策引导。

其次，相关部委发布的农村电子商务政策配套措施落实发展农村电子商务的顶层战略设计。商务部、农业农村部、国家发展改革委、工信部及中央群团组织等围绕发展农村电子商务的战略部署给出具体的政策措施，运用经济、行政等手段为农村电子商务发展给予具体的支持。

最后，各地方政府因地制宜，出台系列符合本地实情的地方农村电子商务发展规划及政策体系，带动本地农村电子商务产业发展。

中央和地方政府所形成的政策合力，既引导劳动力、土地、信息、技术、资金等生产要素进入农村电子商务相关产业，又培育了农村电子商务相关的各

类主体，如：平台型电子商务主体、农村电子商务交易主体、支持农村电子商务运营的各种主体以及农村电子商务发展衍生的各类主体。这些主体的政策需求通过农村电子商务发展政策体系获得满足，从而得到快速发展与完善。

2. 提供公共产品和服务

农村电子商务的发展需要破解物流成本高、人才缺乏等困境，诸如，农村交通道路的修建、宽带网络设施的铺设、物流仓储的建设、电商服务网点的设立等硬件基础设施，具有公共物品的性质，无法完全通过市场实现供给。至于农村电子商务所需的运营管理及大数据管理服务、农村电子商务的市场营销、电商人才培训等软性设施方面，存在较大的外部性，市场的供给往往是不足的。这就需要政府在硬件基础设施及软性服务等公共产品与服务上提供支撑。为克服市场提供农村电子商务发展所需的基础设施不足以及电商人才短缺、电商公共服务费用高等问题，政府相应承担了公益性强的农村电子商务硬件环境和软性环境的构建和创造。

首先，政府主导的高效的农村电子商务物流配送系统的建设为农村电子商务发展提供支持。政府运用政策优惠、财政补贴等手段，完善农村道路基础设施建设，改善农村交通运输条件，提高其便利性；构建县乡村三级农村物流体系，改造提升农村寄递物流基础设施，形成农产品冷链物流、冷冻仓储、冷链配送综合体系，快速聚集农产品，以专业化的物流配送体系层层交互送达最终客户手中，从而降低农村电子商务的物流配送成本。

其次，电子商务运作的实现依赖互联网信息技术手段，农村电子商务的发展需以农村信息化基础设施为支撑。政府通过加大农村地区通信基础设施建设，扶持农村地区的光纤建设，提高农村地区的网络覆盖率，推进了农村信息化水平。

再次，为深度扶持农村电子商务的进一步发展，政府推动了农村电子商务多元化的社会公共服务体系建设。在服务层面上形成中央政府部署、地方各级政府在推广实践中构建县、乡、村三级电商公共服务体系，构成遍布农村地区的层级关系网络。在服务模式上地方政府主导建立服务于全产业链的“平台+服务+数据”的综合型农村电子商务公共服务模式,从生产到销售,从仓储到物流,均涵盖在服务的范围内,提供诸如电商基本技能培训、特色产品产业打造、品牌宣传、市场维护、数字化营销、产能引导、仓储资源配置、第三方物流服务对接、区域内物流配送等项目的服务。政府的公共服务体系助力农村电子商务打通进一步发展的瓶颈,实现高质量发展。

最后,政府在解决农村电子商务人才缺乏问题上能发挥关键作用。无论是引进人才还是内部培养,政府均进行了政策引导和管理。一方面,面对农村地区人口老龄化、空心化带来农村电子商务人才转化效率低的现实,地方政府通过制定有针对性的人才优惠政策,给予财政补贴或奖励,提供住房、教育、医疗上的便利,以此吸引外地专业电商人才入驻,鼓励本地电商人才回流,进而缓解农村电子商务人才培养落后于农村电子商务快速发展的内在矛盾。与此同时,政府还牵头搭建人才供需平台,推进农村电子商务人才招聘的信息化和常态化。另一方面,政府通过调动社会资源,构建多层面全方位的电商人才培养体系。譬如与电商企业、高校、社会培训机构联手,对基层农村干部培训信息技术、电商知识及技能,使其具备带动工作地农村电子商务发展的能力;对具有创业精神的普通农民、农村新型职业农民进行电商实际操作技术及商务沟通技巧的专项培训,并牵头解决贷款难题,帮助其拓宽创业融资渠道,进行创业扶持,推动其学习成为农村电子商务经营主体;指导社会从业人员从事网络运营、推广等方面的业务,并给予电商培训资质认证,培养一批专业化的电商服务团队。

3. 实施市场监管

规范、公平、有序的农村电子商务市场是农村电子商务发展的基础。但是在非实体化的电商市场上,交易双方信息的不完全程度更高,由此产生较高的交易风险,这种市场缺陷和市场失灵需要政府的弥补和纠正。健全的政府监管机制为农村电子商务的发展提供了保障。首先,政府通过推进农村电子商务各个监管部门与平台电商企业合作，既规范了农村电子商务交易主体的市场准入资格，又建立了电子商务主体资格确认制度，以此促使农村电子商务主体合法经营，达到降低农村电子商务市场交易主体的机会主义行为的目的。其次，在政府主导下建立农村市场交易信息体系，利用政府公信力对交易主体资质、交易客体质量进行背书，可在一定程度上破除电商市场交易双方信息不对称的局面。如农业农村部公告的农产品地理标志登记产品名单为农村电子商务交易的产品品牌、质量提供了认证，再如商务部的农村电子商务综合示范县称号意味着获取称号的区域农村电子商务的产品、物流、质量安全追溯等信息较完整。交易者决策时仅需查验政府的认证，无需更多获取全面的信息，既节省获取信息的费用，又有效规避交易风险。再次，政府通过制定生产和销售的国家标准，引导经济主体按标准进行生产和销售，保证了农村电子商务交易商品的质量，为农村电子商务的良性运行提供保障。此外，政府通过与电商平台、消费者联防联控，在融合多端大数据的基础上进行动态预警监测，保证农村市场的平稳与公平竞争，为农村电子商务的发展提供坚实的市场基础。

（二）政府政策的支持重心因农村电子商务发展阶段而异

农村电子商务发展的不同阶段，需要克服的障碍是不同的，政府给予的政策支持重点也相应地进行调整。在发展初期，障碍往往来自于农村电子商务各潜在主体难以接受电商模式、农村基础设施落后、电商人才短缺等方面。政府政策的扶持重点相应落在引导农村产业布局、协助电商平台企业建设、提供农村基础设施建设、支持各类人才培训上；在迅速发展阶段，农村电子商务发展的瓶颈更多是激烈的竞争诱发市场主体的机会主义行为。政府支持农村电子商务发展的职能主要作用于规范生产和流通、保护和引导创建品牌上；在发展趋于成熟的阶段，农村电子商务产业体系逐步建立，形成围绕农村电子商务发展的产业集聚和完整的产业链条，农村电子商务的辐射功能不断加强。政府的政策支持重心则放在引导产业升级、统筹区域电商发展、发挥比较优势、提供产业发展的基础设施条件上。

以上政府的公共决策为农村电子商务平台、交易主体、物流等各个层面的经济活动提供了激励和规制。从供给角度看，政府以人才培养、资金投入、信息支持等方面的公共政策推动农村电子商务发展；从需求角度看，政府通过扶持产业发展、防控市场风险来增加农村电子商务的市场需求，为农村电子商务发展提供助力；从环境角度看，政府通过实施目标规划、推进基础设施建设、提供金融支持、给予税收优惠等手段，改进和完善农村电子商务发展的软硬件生态环境，间接促进农村电子商务的培育。政府公共决策上的系统性和前瞻性有效抑制了农村电子商务发展中高风险性。

本章小结

本章探讨了农村电子商务发展的机理及动力源。首先，农村电子商务发展的机理体现为，农村电子商务的形成与发展实现了对农村市场交易中交易效率的提升。随着农村经济活动的市场化程度加深，在传统的商品流通模式下，我国农村居民进行交易的范围及频率扩大，交易费用也随之增加。农村电子商务的形成及发展，能促进农村市场上商品的市场实现，大幅度降低信息不对称所产生的各类交易费用，给农村市场上商品交易各方带来了效用。其次，农村电子商务的发展源自多方力量的共同推动，既有内生动力，又有外源动力。其中内生动力主要体现为各类农村电子商务主体对经济利益的追求，具体包括，电商平台企业作为农村电子商务的核心主体追求交易量的提升、农户作为农村电子商务的关键主体努力探寻新的增收途径、协同完成电商运营的各类服务性组织作为农村电子商务的支持主体积极拓展各自的利润空间。农村电子商务各类参与主体既分工又合作，驱动了农村电子商务的发展。外源动力主要表现为三个方面，一是技术进步的催化力。技术进步与创新提升了农村产业生产和流通的信息化普及率，农村电子商务以现代信息技术在农村市场上的运用为条件得以形成。二是市场需求升级的拉动力。在我国经济高质量发展的背景下,城乡居民高质量消费带来市场需求的升级,拉动交易制度变革,对农村电子商务的发展产生拉动力。三是政府的支持力。政府履行公共职能为农村电子商务的发展提供了支持力。中央和地方政府一方面制定政策引导资源进入农村电子商务,另一方面为农村电子商务运营提供公共产品和服务,并且政府通过规范、监管农村市场以纠正可能发生的市场失灵,激励和规范了农村电子商务活动,保障了农村电子商务的发展。

第二章　中国农村电子商务发展的历程及现实考察

中国农村电子商务从孕育、产生到不断发展、壮大，虽然经历的时间不长，但是却成为中国农村经济发展的新生动力，尤其是近几年来农村电子商务的迅速发展，为缓解“三农”问题作出了突出的贡献。随着乡村振兴战略的提出及实施，中国农村电子商务的发展备受关注，如何合理把握中国农村电子商务的发展方向、发展路径，以助力乡村振兴，成为摆在我们面前的一个重要问题。要解决这一问题，需要在详细了解中国农村电子商务发展历程的前提下，对当前中国农村电子商务的发展情况作出客观评价。

第一节　中国农村电子商务的发展历程

研究中国农村电子商务的发展历程，可结合其发展特点，参照产业生命周期理论对其进行阶段性划分。因农村电子商务是伴随着信息技术的发展，在中国农村经济体系中出现的新生事物，其从诞生到发展至今尚未经历一个完整的生命周期，因此，按照时间顺序，可将其大致分为萌芽阶段、形成阶段、迅速发展阶段三个阶段。

一、萌芽阶段（1995—2004年）

中国农村电子商务始于1995年对粮食网上流通的探索。1995年第一家涉农电子商务网站——集诚现货网成立，郑州商品交易所尝试在网上销售粮食，并于1998年12月在网上完成了第一笔粮食交易，2000年集诚现货网更名为中华粮网。1998年中国政府决定成立全国棉花交易市场，1999年10月全国棉花交易市场正式运行，并于2002年12月推出了商品棉电子撮合交易业务。在这一阶段，中国农村电子商务处于萌芽期，网上交易主要集中在粮食、棉花等易储备的大宗农产品上，且相关网站大多是在政府部门的指导下建立的，但由于技术不成熟，网上交易理念尚未被广泛接受，因此，这一时期，农产品网上交易的比例非常低，发展非常缓慢。另外，虽然在这一时期农产品网上交易已萌生，但是这种交易基本上都是由机构组织的大批量交易，并未深入农村地区，农民也未介入，不同于今天我们所说的农村电子商务。

二、形成阶段（2005—2013年）

2005年10月11日，党的十六届五中全会通过《中共中央关于制定国民经济和社会发展第十一个五年规划的建议》，提出了"建设社会主义新农村"的重大战略，强调了乡村道路建设、发展农村通信等内容，为农村电子商务的发展奠定了基础。在这一时期，农村电子商务的发展沿着两条不同的轨道同时进行。

一是，前一阶段由政府部门组织建立的用于农产品交易的网站继续运行，随着网站功能的不断完善，业务量不断增加。与此同时，一些以经营农产品为主的涉农网站开始出现，其中生鲜电商平台发展迅速，例如，2005年中国第一家生鲜电商平台"易果网"成立，随后又出现了"和乐康""沱沱工社"等生鲜电商平台。据统计，2012年阿里平台涉农网店数量达到163.26万个。[①] 这些

① 中国供销合作网：《阿里巴巴涉农电子商务快速增长》，2013年1月10日，见https://www.chinacoop.gov.cn/HTML/2013/01/10/82904.html。

网站尽管以交易农产品为主,但是其经营仅是做到了“涉农”,并未“惠农”。

二是,随着农村信息化建设的推进,在一些农村地区出现了完全由市场驱动的自下而上的电子商务模式,即一些较早接触互联网的农民在网络应用过程中看到了商机,开始自发地利用淘宝网进行产品销售,并很快赚到了第一桶金,农民创业的成功在靠亲缘、人缘、地缘关系维系的农村地区迅速被效仿,于是淘宝村出现。2009 年,阿里研究院公布了中国最早出现的 3 个淘宝村,分别是浙江省义乌市江东街道青岩刘村、江苏省徐州市睢宁县沙集镇东风村和河北省邢台市清河县杨二庄镇东高庄村。这三个淘宝村的出现意味着一种新的经济现象得以形成,具有重要意义。淘宝村的成功在全国产生了明显的示范效应,在之后的几年各地淘宝村不断涌现,截至 2013 年年底,全国淘宝村的数量达到 20 个①,尽管这一阶段由于内外部条件的限制,淘宝村数量增长缓慢,但是淘宝村的出现与发展使电子商务真正开始在农村落地生根,为当地农民带来切实的利益。

三、迅速发展阶段(2014 年至今)

随着淘宝村的成功,国家政府部门意识到在农村地区发展电子商务的重要性。2014 年 1 月 20 日中央一号文件发布,提出加强农产品电子商务平台建设。2014 年 7 月 14 日,中国财政部办公厅和商务部办公厅联合发布《关于开展电子商务进农村综合示范的通知》,强调发挥市场与政府合力推进农村电子商务发展。这一通知的发布从政府层面上对发展农村电子商务给予了肯定。随后,关于电子商务进农村的各类政策陆续出台,农村电子商务的发展迎来了第一个高潮。截至 2014 年年底,中国淘宝村的数量迅速上升到 212 个,并形成了 19 个淘宝镇②,政策效果明显。在这一时期,各种类型的农村电子

① 阿里研究院:《中国淘宝村研究报告:淘宝村十年历程》,2019 年 9 月 18 日,见 https://www.sohu.com/a/341630160_99900352。

② 《中国淘宝村研究报告(2014)》,阿里研究院 2014 年版,第 5 页。

商务均获得了较快的发展。

一是市场推动的“自下而上”的农村电子商务模式呈现爆发式增长趋势。起源于农民自发行为的淘宝村是这种模式的典型代表。在本阶段,淘宝村的数量迅速增长,并且出现了集群发展的趋势。虽然淘宝村的产生源于市场驱动,但是在本阶段淘宝村的发展受到了各级政府部门的关注,并得到了相关部门的大力支持,正是在市场和政府的双重作用下,淘宝村建设进入了发展的快车道。近几年,随着抖音、快手等短视频平台的兴起,一些农民在娱乐的同时又抓住了新的商机,开始通过录制短视频或直播的形式销售农产品,农村网红不断涌现,尤其是2020年初新冠疫情暴发后,农村直播电商受到热捧,农民参与度不断提高,直播带货数量迅速上升,随之这种交易形式受到政府部门的关注,一些市长、县长纷纷走进直播间,助力农产品销售。

二是政府主导的“自上而下”的农村电子商务模式稳步推进,并初见成效。2015年2月中央一号文件发布,提出开展电商进农村综合示范点。2015年5月4日,国务院发布《关于大力发展电子商务加快培育经济新动力的意见》,明确提出要积极发展农村电子商务。2015年8月21日,商务部等19部门联合制定了《关于加快发展农村电子商务的意见》,提出了促进农村电子商务发展的主要措施。2015年12月,中央农村工作会议召开,再次强调要大力促进农村电子商务发展,我国农村电子商务迎来重大发展机遇。各地政府积极响应中央号召,制定了相应的农村电子商务推进政策。一方面,根据各地实际情况,设立村级电子商务服务站点,配备相应设施,给予相应补贴,并对服务站站长进行遴选和培训;另一方面,完善县乡村三级物流配送体系及相应的配套服务体系;第三方面,鼓励第三方电子商务服务平台建设,以服务于“农产品上行”和“工业品下行”。

尽管有些地区在落实中央政策时存在急于求成的现象,因未统筹规划导致了一些农村电子商务服务站点设立不合理,甚至没有业务量,但不可否认的是这一政策的贯彻推进了我国精准扶贫战略的实施。截至2019年年底,我国已经实现农村电子商务对全国832个贫困县全覆盖,832个贫困县网络零售额达1076.1亿元,同比增长31.2%,其中农产品网络零售额为190.8亿元,同比增长23.9%。① 2020年1月1日在财政部、农业农村部、国家乡村振兴局、中华全国供销合作总社四部门指导下成立的、致力于脱贫地区农副产品网络销售的“832”平台正式上线运营,截至2022年年底,已有2万多家脱贫地区供应商入驻“832”平台,实现交易额超过136.5亿元。②

三是大型综合电子商务平台通过渠道下沉开拓农村市场。2014年以来,随着国家层面对农村电子商务的重视,以阿里巴巴、苏宁、京东为代表的大型电子商务企业意识到农村市场蕴含的巨大商机,及时抓住政策红利,竞相到农村刷墙,开始布局农村市场。阿里巴巴率先启动农村市场计划,于2014年10月宣布启动“千县万村计划”战略,计划在3至5年内投资100亿元,建立1000个县级服务中心和10万个村级服务站③,并随即在杭州市桐庐县渡济村开出农村淘宝的第一个站点,之后通过农村淘宝合伙人制度在全国各省市的农村地区迅速布点。同期,京东发布“星火试点”计划,探索适合中国农村电商发展的京东模式。2014年11月全国首家大家电“京东帮服务店”在河北省赵县开设,以方便农民通过京东商城购买大家电。为进一步开拓农村市场,2015年年初京东又制定全年十万乡村推广员的招募计划。与此同时,苏宁易购利用2014年“双11”“双12”促销活动之际,对原来的数百家乡镇服务点进行改造升级,并于2015年1月提出未来5年的乡村服务计划,即建设1万家苏宁易购服务站,覆盖中国1/4的乡镇。这些电商巨头在开拓农村市场的过程中选择与当地政府合作的形式,顺利推进,取得了较好的业绩。各级政府部

① 朱琳慧:《一文带你了解2020年全国县域电子商务市场现状与发展趋势分析电商扶贫效果显著》,2020年5月18日,见https://www.qianzhan.com/analyst/detail/220/200518-64b21996.html。

② 《中国数字乡村发展报告(2022年)》,2023年3月1日农业农村部信息中心,第8页。

③ 人民网:《阿里巴巴发力农村电商启动千县万村计划》,2014年10月14日,见http://it.people.com.cn/n/2014/1014/c1009-25828565.html。

门也通过与大型综合电商平台签订协议，积极推进精准扶贫战略，例如，2015年9月，国务院扶贫办与苏宁云商签署全国农村电商扶贫战略合作框架协议。2016年1月，国务院扶贫办与京东集团签署电商精准扶贫战略合作协议。2017年12月，阿里巴巴集团正式启动“阿里巴巴脱贫基金”，并与不同省市签订电商扶贫战略合作协议。2017年5月，社交电商平台云集积极响应党中央“精准扶贫”的号召，发起“百县千品”项目，计划用3年时间培育孵化100个地理标志农产品品牌。2018年，拼多多投入100个亿用于开展电商扶贫工作。这一阶段，电商巨头通过渠道下沉带动了农村经济的发展，截至2020年9月30日，京东集团实现扶贫销售额超1000亿元。① 随着我国脱贫攻坚战取得全面胜利，“十四五”时期“三农”工作的重点转向全方位推进乡村振兴，大型综合电子商务平台加快布局农村市场，启动乡村振兴战略。例如，2020年10月京东开启乡村振兴“奔富计划”，截至2022年10月份已带动农村实现产值约7000亿元。② 2023年9月20日，京东发布“奔富计划”五大行动，其中前三项行动重点强调了通过品牌打造、基础设施下沉、产业链延伸等举措，助力农产品上行，充分发挥电子商务对农村市场的撬动作用。

第二节　中国农村电子商务的主要模式

对中国农村电了商务模式的研究始于农村电子商务作为一种新兴事物出现之时。目前，虽然关于农村电子商务模式的研究较多，但是由于研究者关注的视角不同，故而会选择不同的切入点对农村电子商务模式进行分类，这就导致在不同的分类标准下，农村电子商务模式具有不同的表现。因此，中国农村

① 京东：《从脱贫到奔富　京东五年电商精准扶贫交出千亿成绩单》，2020年10月17日，见 https://baijiahao.baidu.com/s? id=1680778048580739609&wfr=spider&for=pc。

② 砍柴网：《京东发布2022年度财报　乡村振兴京东奔富计划已带动7000亿元产值》，2023年3月9日，见 https://baijiahao.baidu.com/s? id=1759892148483330348&wfr=spider&for=pc。

电子商务的主要模式包括几种,具体是什么,并无统一的标准。关于农村电子商务模式的文献综述在绪论部分已进行了详细的梳理。本研究在已有文献的基础上,结合具体研究的需要,根据农村电子商务依托的平台不同进行分类,并探索在这种分类标准下中国农村电子商务的主要模式。

一、依托大型综合电商平台的模式

这种模式是农村电子商务发展初期最主要的模式,也是农村电子商务发展过程中应用范围最广、最具代表性的模式。阿里巴巴、京东、苏宁作为最早涉足农村电子商务的综合电商平台在农村电子商务的发展过程中发挥了重要的支撑作用。这种模式最典型的特征是农产品上行及工业品下行都是借助于大型综合电子商务平台完成交易的。从工业品下行来看,在这种模式下的交易相对简单,基本上都是农民根据需要在综合电平台上直接购买或者委托农村电子商务服务站代买各种生活用品及农资,既可以选择购买这些综合电商平台上入驻商户的商品,也可以选择这些平台自营的商品。从农产品上行来看,情况则比较复杂,根据交易主体及交易环节又可将这一模式进行详细分类,具体可分为以下几种类型:

一是农户直接在综合电商平台上开设网店,销售本地特色农副产品。在农村电子商务发展初期,一部分有远见、对网络较为熟悉的农村能人开始尝试通过这一途径拓展当地农副产品的销路。销路打开后,当地其他农户开始和成功开设网店的农民建立联系,或者通过交纳一定佣金委托其代为销售自己的农副产品,或者直接与其进行交易。随着这种交易方式的成功,越来越多的农民纷纷效仿这种做法,通过自行开设网店进行农副产品销售。这一时期,农民主要是以在淘宝网上开设网店为主,出现了大量的淘宝村、淘宝镇。

二是以农民专业合作社为主体入驻综合电商平台,通过开设店铺在网上销售特色农副产品。这种模式在我国脱贫攻坚战略实施过程中发挥了积极作用,是精准扶贫的主要模式之一。大型综合电商平台渠道下沉以及农民专业合作社开拓销售渠道的迫切需求为这一模式的诞生创造了条件。农民专业合作社在对自身发展进行全面规范的同时,与以阿里巴巴为代表的综合电子商务平台签订合约,进驻平台开设网店,派专门人员负责农产品的网上销售,并与入社农户签订长期的供货协议,由农户根据协议的技术要求负责生产。同时,在线下设立农产品展厅,建设电子商务服务点和物流点,逐步完善物流配送体系。例如,辽宁省丹东市圣野浆果专业合作社在天猫超市开设了圣野果源水果旗舰店,以销售合作社草莓为主,兼营其他种类的水果。北京市平谷区绿养道合作社与拼多多达成合作,在拼多多平台开设了绿养道旗舰店,为平谷大桃打开了销路。据不完全统计,截至 2019 年年初,在淘宝、天猫和 1688 等网站,经营主体注册为专业合作社的商家就超过 11000 家。①

三是以农业企业为主体入驻综合电商平台,将本企业经营的农产品通过网络进行销售。随着农村电子商务的不断推进,一些农业企业也逐渐改变了传统的产品销售模式,开始构建其网上销售渠道。在农业企业涉网初期,借助于大型综合电商平台实现产品销售模式的创新是风险最低、成本最少、最易操作的途径。以天猫为例,在天猫平台上经营农特产品的商家中有相当一部分是具有一定资质的农业企业,一部分企业根据农产品的特征或种类对其天猫店进行命名,在其店铺中销售相应农产品;一部分企业根据所在地理位置对其天猫店进行命名,集中推出当地特色农产品;一部分企业将地域特征和特色农产品结合起来对其天猫店进行命名,充分展现地域特色品牌;等等。近几年,涉农国企或央企也纷纷与综合电商平台展开合作,例如,2019 年 7 月,北大荒农垦集团与阿里达成合作,双方在数字农业、大数据、电子商务、云计算等领域开展深入合作,探索"数字+产业+商品"合作模式,推动北大荒农垦集团线上

① 蓝鲸财经:《这个农民合作社,曾问鼎淘宝"水果王",又两夺全国大奖》,2019 年 1 月 3 日,见 https://baijiahao.baidu.com/s? id=1621619094565153024&wfr=spider&for=pc。

销售实现大幅增长。2022 年 7 月 28 日,北大荒完达山乳业与京东集团达成战略合作意向。

四是在政府部门扶持下,当地电子商务综合服务商与大型综合电子商务平台合作建立地方特色馆,为地方特色农产品及旅游资源开辟网络销售渠道,推动农村电子商务发展。自 2013 年 1 月全国首家“特色中国 · 遂昌馆”在淘宝上线后,各地政府部门纷纷与淘宝、京东、苏宁等大型综合电商平台签订战略合作项目,涌现出大量的地方特色馆、特产馆、地方馆。2015 年 11 月 29 日,《中共中央　国务院关于打赢脱贫攻坚战的决定》对电商扶贫作出明确部署,依托于各大综合电商平台及中国社会扶贫网等专业扶贫线上平台的扶贫特产馆、特色扶贫馆进入快速发展期。截至 2020 年 9 月初,中华特色馆作为苏宁易购消费扶贫主渠道,覆盖县市 1082 个,其中国家级贫困县 384 个。① 截至 2020 年 8 月,京东平台共建立 288 家扶贫特产馆,覆盖全国 31 个以上的省级区域,已成为推广和销售地方农产品的重要渠道。② 在 2020 年京东提出乡村振兴“奔富计划”计划之后,与各地政府及相关机构共建商品标准、联合打造地理标志产品品牌,在平台上设立中华优选地理标志产品旗舰店。2023 年 11 月,京东首家村级特产馆——京东 · 中国特产十八洞村馆上线运营,这也是中国在互联网平台上开设的第一家村级特产馆。截至 2023 年 11 月,京东超市已累计开设 2000 多家政府授权特色馆,覆盖了全国 31 省、240 市、670 县。③

---

① 央广网:《2020 年全国消费扶贫月活动启动　苏宁全力推进助农助销工作》,2020 年 9 月 2 日,见 http://tech.cnr.cn/techph/20200902/t20200902_525237868.shtml。

② 中新经纬:《从跑步鸡到跑山猪——京东助农“造星”记》,2020 年 8 月 26 日,见https://www.hbskw.com/p/47656.html。

③ 金融界:《京东超市上线首家村级特产馆　携手地方政府累计开通超 2000 家特产馆　覆盖 31 省、240 市、670 县》,2023 年 11 月 8 日,见 https://baijiahao.baidu.com/s? id=1781975655894204425&wfr=spider&for=pc。

二、依托区域性或专业性农村电商平台的模式

随着农村电子商务的发展,各地政府及各类经营主体为拓宽网上销售渠道、促进当地农特产品销售额增长,积极推进区域性或专业性农村电商平台建设,一些依托区域性或专业性农村电商平台的经营模式应运而生。

一是各类经营主体依托区域性电子商务平台进行农特产品的销售。在电子商务进农村综合示范项目的实施过程中,在各地政府部门的支持下,一些区域性电子商务平台获得迅速发展,例如,山西的“乐村淘”、深圳的“淘实惠”、浙江的“赶街网”、福建的“世纪之村”、湖南的“惠农网”、西藏的“A部生活”、贵州的“贵农网”等。这些电子商务平台由当地电子商务公司或信息科技有限公司建立,在其起步时期大多以服务当地农村经济为主,既为当地农民提供网上购买日用品、农资提供了便利,又为当地农产品销售开辟了新的渠道。由于网络具有跨越时空的特征,随着农村电子商务的发展,这些区域性农村电商平台很快就突破了地域界限,迅速向全国各地广大农村地区渗透,其中,山西的“乐村淘”、深圳的“淘实惠”最具代表性。

二是各类经营主体依托专业性农村电子商务平台进行农特产品的销售。专业性农村电商平台包括两类:一类是专门经营某类农产品的电商平台,例如,以大大果园、喵鲜生、许鲜网、易果生鲜等为代表的,以经营生鲜农产品为主的电商平台;以沱沱工社为代表的,以经营天然、有机、高品质农产品为主的电商平台;以绿谷网为代表的,以经营大宗农产品为主的电商平台;等等。另一类是供销合作社、中国邮政系统利用其遍布城乡的网点优势,通过整合线下资源,积极打造的“供销e家”和“村邮乐购”线上交易平台,以为农民网购、网销提供方便。从经营商品的种类来看,这两大平台具有明显的综合性特征;从所属机构及服务性质来看,这两大平台的专业性特征非常突出。以“供销e家”为例,该平台是隶属于全国供销合作社且专门服务于“三农”的电子商务平台。

三、依托社交平台的模式

随着互联网经济的发展,传统电商红利日渐流失,社交电商作为电子商务的衍生模式迅速崛起,其依托各类社交平台,利用社交关系链将众多用户联结在一起,最终实现商品销量的增加。目前,社交电商已成为促进农村电子商务发展的主要模式之一,2015 年 9 月成立的拼多多既是综合电商平台,又是最具代表性的农村社交电商平台,该平台采用“社交+电商”的运营模式,将目标顾客群体集中于三四线城市及农村市场,抓住顾客想以更低价格获得商品的心理,为顾客提供优惠的团购价格,鼓励顾客利用社交关系向亲朋好友及其他人发送链接进行拼团,从而促进平台的推广及商品的销售,助力“工业品下行”和“农产品上行”。与此同时,许多农民借助于微信平台覆盖面广、应用简单的优势,开始通过微信朋友圈销售农产品,为农产品销售拓宽了渠道。2020 年受新冠疫情的影响,社区团购在全民居家隔离的背景下获得了迅速发展的机遇,其利用微信群、小程序或 APP 等网络平台,借助团长的社交关系,采取“团购+自提”的模式,不仅创新了生鲜农产品的销售方式,推进疫情期间的民生保障工作,而且在零售业态落后的农村地区,因其购物便捷、成本较低、商品质量较好的优势,得到了广大农民的认可。社区团购的迅速发展,不仅促进了一些专业社区电商服务平台的发展,例如,食享会,而且使得以阿里巴巴、美团、拼多多为代表的综合电子商务平台及社交电商平台开始推出社区团购小程序,同时,各地大型商超也纷纷涉足社区团购,社区团购平台呈现出多样化特征。

四、依托自媒体平台的模式

自媒体平台是为消费者大众提供网络途径对外发布个人信息及新闻资料等的平台,因此自媒体平台发布的信息具有平民化、普泛化、自主化的特征。按照服务方式及内容的不同,自媒体平台可以分为许多类型,就农村电子商务的发展而言,目前主要是借助于抖音、西瓜视频等短视频类自媒体平台以及快手等直播类自媒体平台促进农产品销售。近几年，借助于这些自媒体平台，在农村有一些网红通过拍摄短视频、直播带货等形式带动了农产品销售，网红经济在农村大放异彩，电商直播也已成为农村电子商务的主要形式之一。

第三节　中国农村电子商务的发展现状

中国农村电子商务的发展历史虽然不长，但对农村经济发展的意义重大，已成为实施乡村振兴战略的重要举措。因此，有必要在了解中国农村电子商务发展历程及主要模式的基础上，从不同角度对其发展状况进行分析，以对其发展现状进行全面把控，并作出客观判断。

一、基于整体发展的分析

分析中国农村电子商务的发展状况，应首先从国家层面通过指标设定及模型建立，对农村电子商务整体发展状况进行测度。

（一）建立评价指标体系

本研究借鉴李宏兵等（2021）、徐延军等（2022）等多位国内学者的研究，并考虑到指标的合理性及数据资料的可得性，从农村网络零售额、农产品网络零售额、淘宝村数量和电子商务进农村综合示范县数量等几个方面构建评价指标体系①②，具体指标如表 2-1 所示。为消除量纲影响，对原始数据均进行标准化处理，利用熵值法计算 2014—2022 年中国农村电子商务的整体发展水平综合得分。

---

① 李宏兵、王爽、赵春明：《农村电子商务发展的收入分配效应研究——来自“淘宝村”的经验证据》，《经济经纬》2021 年第 1 期。

② 徐延军、刘党社：《河南省县域农村电子商务发展指数评价研究》，《统计理论与实践》2022 年第 2 期。

表 2-1　中国农村电子商务评价指标体系

一级指标	二级指标	符号	属性
中国农村电子商务	农村网络零售额(亿元)	A1	+
	农产品网络零售额(亿元)	A2	+
	淘宝村数量(个)	A3	+
	电子商务进农村综合示范县(县次)	A4	+

(二)评价指标分析

1. 农村网络零售额

农村网络零售额的变化可直接反映近年来中国农村电子商务发展的总体情况,目前这一指标广泛出现在各种描述中国农村电子商务发展的报告及论文中,因此,本研究也将这一指标作为主要分析对象,通过分析其不同年份的具体变化,对中国农村电子商务的发展趋势进行评价。因从 2014 年开始,国家各级政府部门开始大力推进电子商务进农村工作,故本研究选取 2014 年至 2022 的数据进行重点分析。

表 2-2　2014—2022 年中国农村网络零售额

年份	农村网络零售额(亿元)	同比增长率(%)	全国网络零售额(亿元)	农村网络零售额在全国网络零售额中的占比(%)
2014	1800. 0	63. 64	27900	6. 45
2015	3530. 0	96. 11	38800	9. 10
2016	8945. 4	153. 41	51600	17. 34
2017	12448. 8	39. 16	71800	17. 34
2018	13679. 4	9. 89	90100	15. 18
2019	17082. 8	24. 88	106300	16. 07
2020	17945. 9	5. 05	117601	15. 26

续表

年份	农村网络零售额(亿元)	同比增长率(%)	全国网络零售额(亿元)	农村网络零售额在全国网络零售额中的占比(%)
2021	20500.0	14.23	130884	15.66
2022	21700.0	5.85	137900	15.74

数据来源:商务部电子商务和信息化司发布的 2014—2022 年《中国电子商务报告》。

图 2-1　2014—2022 年中国农村网络零售额的变化

由表 2-2 和图 2-1 可以看出,2014 年以来中国农村网络零售额的绝对数呈现逐年上升的趋势,说明中国农村电子商务一直处于不断发展中。这是市场需求拉动与政府政策推动的共同结果。

从中国农村网络零售额历年同比增长率来看,在经历了 2015 年和 2016 年迅速上升之后,2017 年出现断崖式下跌,之后虽有波动,但整体呈现下降趋势,说明中国农村电子商务在 2017 年之后发展速度逐渐放缓,尤其是 2020 年同比增长率仅为 5.05%。主要原因在于,2014 年以来,农村电子商务在我国政策的大力支持下取得了飞速发展,但发展到一定程度,一些弊端逐渐暴露出来,一些瓶颈问题急需突破,这导致了 2017 年、2018 年农村网络零售额同比增长率的持续下降。意识到这一问题之后,国家主管部门、各大电商平台及农村电子商务从业者共同发力,通过多方位创新推进农村电子商务发展,2019年初见成效,农村网络零售额同比增长率出现回升,但是2020年受到新冠疫情影响,这一指标又出现明显回落。随着2021年疫情好转,该项指标开始上升。2022年居民消费意愿降低,消费理性增强,又使这一指标出现下降。

从农村网络零售额在全国网络零售额中的占比来看,在经历了2014年至2016年的迅速上升之后,2017年以来虽然有的年份有波动,但是整体呈现平稳发展的状态。主要原因在于,电子商务行业的整体发展和农村电子商务的发展情况类似,在经历了快速发展之后,进入瓶颈期,尽管全国网络零售额的绝对数在逐年上升,但是其同比增长率也出现了下降趋势,因此,在发展趋势基本一致的情况下,农村网络零售额在全国网络零售额中的占比呈现基本稳定的趋势就可以在一定程度上得到解释。

同时,从2014年至2022年农村网络零售额在全国网络零售额中占比的具体数字来看,整体偏低,即使在2016年和2017年,这一数值最高,也仅为17.34%,说明农村电子商务的发展远远落后于城市电子商务的发展情况。现阶段,启动农村市场是我国扩大内需的关键,虽然电子商务在挖掘农村市场潜力方面发挥了积极的作用,但是目前农村电子商务的发展与预期还存在较大差距,总体来说,我国农村电子商务的发展还不充分。

2. 农产品网络零售额

实现农民增收既是破解“三农”问题的核心,又是实现乡村振兴的着力点,而实现农民增收的重要途径之一就是从根本上解决困扰农民多年的“卖难”问题。推进“工业品下行”和“农产品上行”,缓解农民的“买难”“卖难”问题是农村电子商务的发展使命,实践证明,农村电子商务的发展不仅为农产品销售提供了新的销售渠道,开辟了广阔的市场,而且在带动农村产业发展,增加农民就业机会等方面发挥了积极作用。因此,可以用农产品网络零售额的变化情况来反映农村电子商务的发展状况。

表 2-3　2014—2022 年中国农产品网络零售额

年份	农产品网络零售额（亿元）	农林牧渔业总产值（亿元）	农产品网络零售额占农林牧渔业总产值的比例（%）
2014	1000. 0	97822. 5	1. 02
2015	1370. 0	101893. 5	1. 34
2016	1589. 0	106478. 7	1. 49
2017	2436. 6	109331. 7	2. 23
2018	2305. 0	113579. 5	2. 03
2019	3975. 0	123967. 9	3. 21
2020	4158. 9	137782. 8	3. 02
2021	4221. 0	147013. 0	2. 87
2022	5313. 8	156100. 0	3. 40

数据来源：农产品网络零售额来源于 2014—2022 年《中国电子商务报告》；农林牧渔业总产值 2014—2021 年来源于《2022 中国统计年鉴》，2022 年为国家统计局公布的数据。

由表 2-3 可以看出，2014 年以来中国农产品网络零售额呈现不断上升的趋势，由 2014 年的 1000 亿元上升至 2022 年的 5313. 8 亿元，这一指标的变化不仅说明了农村电子商务的发展对促进农产品销售的贡献非常明显，而且显示了农村电子商务不断发展的趋势。

从农产品网络零售额占农林牧渔业总产值的比例来看，一方面，这一比例基本呈逐年上升趋势，仅 2018 年、2020 年和 2021 年稍有回落，说明农产品网上流通渠道在农产品交易中发挥的作用日益明显；另一方面，这一比例仍旧处于一个较低的水平，说明在中国农村地区，传统流通渠道仍旧是农产品流通的主渠道，农产品网上销售还存在发展不充分的问题，其发展潜力有待进一步挖掘。

3. 淘宝村数量

淘宝村是中国农村电子商务发展过程中最具代表性的形式，最初是在市场引导下形成的区域范围内电子商务活动集群，于 2009 年被首次发现，但因当时未被充分重视，发展相对缓慢，根据统计资料显示，2009 年全国出现了3个淘宝村,历经4年时间,到2013年全国淘宝村的数量仅增至20个。从2014年开始,从中央到地方各级政府及主管部门开始大力推动电子商务进农村工作,在政策推动与市场拉动双重力量作用下,淘宝村进入了迅速发展时期,2014年全国范围内淘宝村的数量增至212个,较2013年增长了960%。[①] 之后,淘宝村一直保持较快的发展速度,到2022年全国淘宝村的数量已达到7780个。

4. 电子商务综合示范县数量

电子商务进农村综合示范县建设是反映中国农村电子商务发展的又一重要指标,虽然其建设数量与淘宝村数量的变化均反映了电子商务在中国农村的发展情况,但是二者发展的动力机制不同,在淘宝村的发展过程中,初期市场机制的作用更为明晰,而后是在市场引领、政府推动的作用下取得迅速发展,电子商务进农村综合示范县则是在2014年全国范围展开电子商务进农村工作时,由政府主导并积极推进的,因此,第一批电子商务进农村综合示范县出现在2014年,之后随着国家政府对农村电子商务的高度关注,每年都会建设一批电子商务进农村综合示范县,到2021年全国电子商务进农村综合示范县的数量已经达到1672县次。

由表2-4可以看出,2014年以来淘宝村建设与电子商务进农村综合示范县建设均取得了明显的成效,扩大了电子商务在农村的覆盖面,加快了农业及农村数字化发展,为推进数字乡村建设发挥了积极作用。

表2-4　2014—2022年淘宝村和电子商务进农村综合示范县数量

年份	淘宝村数量(个)	电子商务进农村综合示范县数量(县次)
2014	212	56

① 阿里研究院:《中国淘宝村研究报告:淘宝村十年历程》,2019年9月18日,见https://www.sohu.com/a/341630160_99900352。

续表

年份	淘宝村数量(个)	电子商务进农村综合示范县数量(县次)
2015	780	256
2016	1311	496
2017	2118	756
2018	3202	1016
2019	4310	1231
2020	5425	1466
2021	7023	1672
2022	7780	—

数据来源:淘宝村数量 2014—2021 年数据来源于阿里研究院发布的《中国淘宝村研究报告》,2022 年数据来源于阿里研究院发布的公告;电子商务进农村综合示范县数量 2014—2020(第一批)年数据来源于商务部市场体系建设司公告,2020(第二批)—2021 年数据来源于商务部流通发展司公告。

(三)构建评价模型

借鉴曾建丽等(2021)、李冬青(2021)、李文辉(2022)的研究成果,使用熵值法计算各个指标权重,测度中国农村电子商务发展综合得分。①②③ 一般认为,熵值法能够深刻地反映出指标信息熵值的效用价值。"熵"作为对不确定性的一种度量,熵越小不确定性就越小,得到的结果误差就越小;熵越大不确定性就越大,所得到的结果误差就越大。假设有 m 个对象,n 个评价指标,用 ij 表示第 i 个对象的第 j 项指标值,测算步骤如下:

第一,数据标准化。由于在分析的过程中,每一个指标所代表的含义不

① 曾建丽、赵玉帛、李淑琪:《京津冀城市群新型城镇化水平时空格局演变及驱动因素研究》,《生态经济》2021 年第 11 期。

② 李冬青:《河北省新型城镇化水平综合评价及预测》,河北工程大学 2021 年硕士学位论文。

③ 李文辉:《辽宁省新型城镇化高质量发展综合评价及动力机制研究》,吉林财经大学 2022 年硕士学位论文。

同,所以为了避免指标不同量纲出现冲突,或者指标含义存在正向和负向的差异,对研究产生一定的影响,需要对各指标进行标准化处理,也就是无量纲化处理。

正向指标(指标数值越大越有利于评估系统)

$$y_{ij} = \frac{x_{ij} - \min x_{ij}}{\max x_{ij} - \min x_{ij}} (\mathrm{i} \in \mathrm{B}) \tag{2-1}$$

负向指标(指标数值越小越有利于评估系统)

$$y_{ij} = \frac{\max x_{ij} - x_{ij}}{\max x_{ij} - \min x_{ij}} (\mathrm{i} \in \mathrm{C}) \tag{2-2}$$

固定型

$$y_{ij} = \frac{1 - | x_{ij} - r_i |}{\max | x_{ij} - r |} (\mathrm{i} \in \mathrm{F}) \tag{2-3}$$

第二,计算第 i 个指标值在 j 项指标之下所占权重。

$$Y_{\mathrm{ij}} = \frac{y_{ij}}{\sum_{j=1}^{n} y_{ij}} \tag{2-4}$$

第三,计算 j 项指标的信息熵值。

$$e_i = -\frac{1}{In_m} \sum_{i=1}^{m} Y_{ij} In Y_{ij} \tag{2-5}$$

第四,计算第 j 项指标的差异性系数。

$$d_i = 1 - e_i \tag{2-6}$$

第五,计算第 j 项指标的权重。

$$W_{\mathrm{i}} = \frac{d_i}{\sum_{i=1}^{m} d_i} \tag{2-7}$$

第六,计算各评价指标的综合得分。

$$F = \sum w_i y_{ij} \tag{2-8}$$

式(2-8)中, y_{ij} 为经过无量纲化处理的第 i 个年份的第 j 个评价指标, x_{ij}

为第 i 个年份的第 j 个指标的原始值。$max\ x_{ij}$ 、$min\ x_{ij}$ 分别指的是所有年份中第 j 个评价指标的最大值和最小值，e 代表熵值，d 代表差异系数，w_i 表示指标权重，F 为中国农村电子商务发展综合指数得分。

（四）中国农村电子商务整体发展水平测度结果

通过 stata16.0 软件计算出 2014—2022 年中国农村电子商务发展综合指数，结果如图 2-2 所示。

由图 2-2 可知，中国农村电子商务的整体发展水平在 2014—2022 年不断上升，与前面对四个指标发展趋势的分析一致，其中 2022 年中国农村电子商务整体发展综合指数得分为 1，与 2014 年相比涨幅为 100%。由此可见，2014—2022 年，中国农村电子商务整体发展态势良好，且发展速度较快。但是，对农村网络零售额和农产品网络零售额这两个指标的具体分析，显示出中国农村电子商务发展尚不充分，还有较大的发展空间。

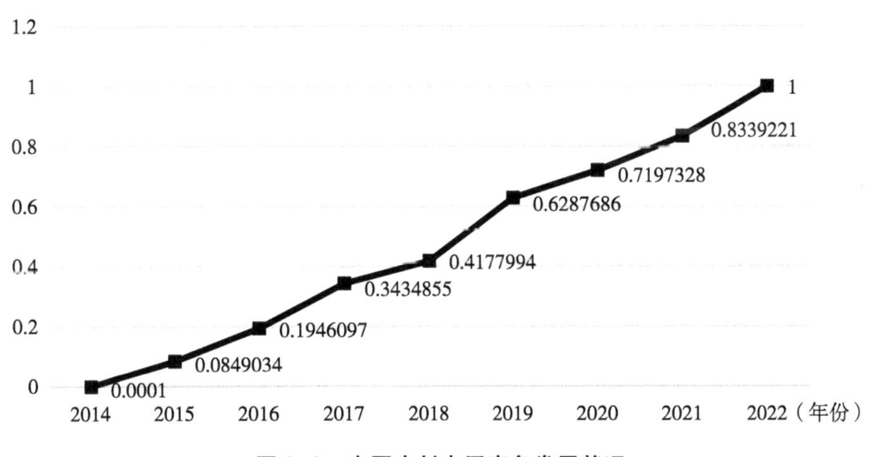

图 2-2　中国农村电子商务发展状况

二、基于不同区域、不同省份的分析

由以上分析可以看出，中国农村电子商务整体上呈现不断发展的状态，但这仍然不能对中国农村电子商务发展状况作出全面解释，还需要对不同区域、不同省份农村电子商务的发展状况进行进一步分析。国家统计局将我国经济区域划分为东部、中部、西部和东北部四大地区，本研究依据这种划分方式，选择了 2021 年不同省份的农村网络零售额、淘宝村数量和电子商务综合示范县数量进行分析。

表 2-5　2021 年不同区域、不同省份农村电子商务发展情况①

地区	省份	淘宝村数量（个）	淘宝村数量在全国的排名	电子商务进农村综合示范县数量（县次）	电子商务进村综合示范县数量在全国的排名	农村网络零售额占全国农村网络零售额的比例（%）
东部地区	北京市	127	8	0	29	78.7
	天津市	52	12	0	29	
	河北省	638	5	83	5	
	上海市	78	9	0	29	
	江苏省	745	4	39	20	
	浙江省	2203	1	34	22	
	福建省	571	6	41	19	
	山东省	801	3	35	21	
	广东省	1322	2	34	22	
	海南省	1	27	14	28	

① 因 2022 年“电子商务进农村综合示范县数量”未公布，故此表选用 2021 年数据。

续表

地区	省份	淘宝村数量(个)	淘宝村数量在全国的排名	电子商务进农村综合示范县数量(县次)	电子商务进村综合示范县数量在全国的排名	农村网络零售额占全国农村网络零售额的比例(%)
中部地区	山西省	10	20	63	12	13.0
	安徽省	39	13	54	16	
	江西省	57	10	58	14	
	河南省	188	7	81	6	
	湖北省	54	11	55	15	
	湖南省	17	16	79	8	
西部地区	内蒙古自治区	0	29	63	12	6.5
	广西壮族自治区	17	17	74	9	
	重庆市	13	19	33	25	
	四川省	22	15	127	1	
	贵州省	4	22	89	4	
	云南省	8	21	121	2	
	西藏自治区	0	29	74	10	
	陕西省	26	14	96	3	
	甘肃省	2	26	80	7	
	青海省	0	29	48	17	
	宁夏回族自治区	1	27	23	27	
	新疆维吾尔自治区	3	24	71	11	

续表

地区	省份	淘宝村数量(个)	淘宝村数量在全国的排名	电子商务进农村综合示范县数量(县次)	电子商务进村综合示范县数量在全国的排名	农村网络零售额占全国农村网络零售额的比例(%)
东北地区	辽宁省	17	17	24	26	1.8
	吉林省	4	22	34	22	
	黑龙江省	3	25	45	18	

注:1. 本表中统计的各省份淘宝村数量和电子商务进农村综合示范县数量均为 2021 年年底的累计数量;2021 年各地区农村网络零售额占全国农村网络零售额的比例来源于《中国农村电子商务发展报告(2021—2022)》。

2. 2021 年电子商务进农村综合示范县在西藏自治区全区推进,故表中西藏电子商务进农村综合示范县的统计数据为西藏自治区包含的 74 个县级行政区划单位。

3. 本表中关于电子商务进农村综合示范县的统计未将新疆生产建设兵团包括在内。

4. 因相关数据资料缺乏,本表格未统计中国台湾、中国香港、中国澳门的数据资料。

由表 2-5 的数据可以看出,截至 2021 年年底,无论是淘宝村建设还是电子商务进农村综合示范县建设均覆盖了中国绝大多数省份,但是不同地区、不同省份的发展情况存在差异。从淘宝村的发展情况来看,对 2021 年不同省份淘宝村数量进行排名,位于前 10 位的省份中,有 8 个省份属于东部地区,其中浙江省淘宝村数量达到 2203 个,占当年淘宝村总数的 31. 37%,很显然东部地区淘宝村的发展走在了全国前列。这与东部地区经济较发达,农民市场意识相对超前,涉足淘宝村较早,且早期淘宝村的成功激发了周边农民的创业热情,使这一经营模式迅速被效仿有关,再加上 2014 年之后,政府层面对电子商务进农村的大力支持,淘宝村开始在各地迅速扩散,进一步推动了东部地区淘宝村的发展,故在东部地区淘宝村建设已成为农村经济发展中一道亮丽的风景。中部地区淘宝村的发展状况也较好,其中河南省和江西省两个省份在 2021 年不同省份淘宝村数量排名中位于前 10 名,尤其河南省淘宝村的发展最为突出,2021 年淘宝村数量达到 188 个,领跑整个中部地区。同时,中部地区其他省份淘宝村的数量也均位于该排名的前 20 位。西部地区淘宝村发展明显落后于东部和中部地区，其中陕西省是该地区淘宝村发展最快的省份，但是 2021 年陕西省仅有 26 个淘宝村，其他省份淘宝村的发展更为缓慢，有些省份淘宝村的数量仅为个位数字，甚至还有一些省份尚未实现零的突破，例如，内蒙古自治区、西藏自治区、青海省。造成这一现象的主要原因在于西部地区经济欠发达，农村居民市场观念淡薄，且地广人稀，基础设施建设滞后，缺乏淘宝村产生与发展所需的完备的主客观条件。东北地区淘宝村发展也相对落后，发展状况和西部地区类似，该区域仅包括辽宁省、吉林省和黑龙江省三个省份，东北三省近年来人口持续呈现负增长趋势，农村地区人口外迁现象较为严重，村镇人口以中老年人和儿童居多，空心村现象突出，这一现实状况直接导致淘宝村不能在这一区域获得较快发展。

从电子商务进农村综合示范县建设情况来看，国家出台相关政策积极推进农村电子商务发展的主要目标之一就是为了振兴乡村经济，因此，电子商务进农村综合示范县的建设是政府部门在遵循市场规律的前提下积极推进的，这就使得在电子商务进农村综合示范县建设中，欠发达地区成为了重点扶持对象。由表 2-5 可以看出，西部地区电子商务进农村综合示范县建设情况最好，对 2021 年不同省份电子商务进农村综合示范县数量进行排名，位于前 10 位的省份中，有 7 个省份位于西部地区，其中云南省和四川省电子商务进农村综合示范县数量均已过百，四川省电子商务进农村综合示范县数量达到 127 县次，居全国首位；云南省电子商务进农村综合示范县数量达到 121 县次，居全国第二。虽然该地区大部分省份电子商务进农村综合示范县建设成效显著，但是重庆市和宁夏回族自治区电子商务进农村综合示范县数量较少，排名较靠后。中部地区电子商务进农村综合示范县建设情况较好，所有省份电子商务进农村综合示范县数量排名均在 16 名以前，其中河南省和湖南省电子商务进农村综合示范县数量进入全国排名前 10 位，分别位于第 6 位和第 8 位。东部地区电子商务进农村综合示范县建设整体上落后于西部地区和中部地区，这与国家相关政策的总体目标与导向以及各省市政府的具体政策有关。虽然东部地区大部分省份电子商务进农村综合示范县数量排名在20名之后，但河北省电子商务进农村综合示范县建设速度较快，在全国排名位于前列，这源自2014年商务部、财政部联合启动电子商务进农村综合示范工作后，河北省人民政府办公厅于2015年12月21日发布《关于推进农村电子商务全覆盖的实施意见》，全面启动河北省农村电子商务建设。东北地区电子商务进农村综合示范县建设的大体情况和东部地区差不多。

各地区淘宝村发展情况和电子商务进农村综合示范县建设情况仅能从不同侧面反映农村电子商务的发展状况，而要综合反映农村电子商务的发展情况，各地区各省市的农村网络零售额则更有说服力、更具代表性，但是由于无法获得一些省份2021年农村网络零售额的具体数据，因此，不能对各省市农村网络零售额进行直接比较。基于数据的可得性，本研究只能通过比较东部地区、中部地区、西部地区和东北地区的农村网络零售额占全国农村网络零售额的比例来反映不同地区农村电子商务的发展情况。由表2-5可以看出，2021年东部、中部、西部和东北地区农村网络零售额分别占全国农村网络零售额的78.7%、13.0%、6.5%和1.8%，中国农村电子商务发展的区域差距较大，东部地区农村电子商务的发展较快，同时，2021年农村网络零售额排名前六的省份——浙江省、江苏省、福建省、河北省、山东省和广东省，均位于东部地区，且这六个省份的农村网络零售额合计占全国农村网络零售额比重为78.6%①，可见，东部地区大多数省份的农村网络零售额明显高于其他地区的省份。中部地区的六个省份中有四个省份位于2021年全国农村网络零售额排名前十位，即河南省、江西省、安徽省和湖南省的农村网络零售额分别位居2021年全国农村网络零售额排名的第七至第十位，但是这四个省份的农村网络零售额合计仅占全国农村网络零售额比重的11.3%②，可见，中部地区农村

① 根据中华人民共和国商务部发布的《中国电子商务报告（2021）》中相关数据计算得到。
② 根据中华人民共和国商务部发布的《中国电子商务报告（2021）》中相关数据计算得到。

电子商务发展情况虽然在全国居于中等水平，但是与东部地区存在明显差距。西部地区大多数省份农村网络零售额在2021年全国农村网络零售额排名中较为偏后，但是有些省份农村网络零售额的增长速度较快，例如，宁夏回族自治区和新疆维吾尔自治区在2021年度的农村网络零售额同比增速均在20%以上，位列全国第二和第四。① 另外，还有些省份近两年农村电子商务发展势头也较好，例如，四川省和云南省。东北地区三个省份的农村网络零售额均偏低，基本上都处于全国排名的中下游。

由以上分析可以看出，中国农村电子商务发展中存在发展不平衡的问题，在淘宝村的发展中，东部地区明显优于其他地区，中部地区居中，西部地区和东北地区相对落后；在电子商务进农村综合示范县建设中，则是西部地区领先一步，中部地区紧跟其后，东部地区和东北地区相对滞后；从各地区整体发展情况来看，东部地区大多数省份实现的农村网络零售额明显高于其他省份，中部地区各省份实现的农村网络零售额大致处于中游水平，西部地区和东北地区相对落后。

三、基于“工业品下行”和“农产品上行”双向流通渠道的分析

“工业品下行”和“农产品上行”是构成当前农村电子商务的方向相反、特征鲜明的两条流通渠道，评价农村电子商务发展状况还需要对其双向流通渠道进行综合分析。随着农村电子商务的发展，“工业品下行”和“农产品上行”均取得了一定成效，但是目前统计部门尚未对外公开发布各年度“工业品下行”交易额，这就给我们的研究带来了一定难度。为了对农村电子商务的双向流通渠道进行比较，本研究用农产品网络零售额代表“农产品上行”的情况，用农村网络零售额代表农村电子商务发展的整体情况。由表2-6可以看出，2014—2022年农村网络零售额和农产品网络零售额均

---

① 《中国电子商务报告(2021)》，2022年11月16日，中华人民共和国商务部，第51页。

呈现逐年上升趋势，进一步对各年度二者的绝对数值进行比较，可以看出农村网络交易额远高于农产品网络零售额，2014—2022年期间二者差距逐年增大。

对农产品网络零售额在农村网络零售额中的占比进行分析，可以看出2014—2022年期间，这一指标呈现先下降，再小幅波动上升，后略有下降，2022年又有明显上升的变化趋势，这一变化反映了二者发展状况的差异。从具体数值来看，2016年之前，农村网络零售额的增长速度快于农产品网络零售额的增长速度，这与农村电子商务发展初期，农村网民数量增加，网购热情高涨的状况相吻合；2016年之后，随着农村各类服务设施的逐渐完善，消费者对网购农产品方式的逐步认可且需求日益增加，除2018年外，农产品网络零售额增长速度加快，使得农产品网络零售额在农村网络零售额中的占比出现小幅波动上升；从2020年开始因受新冠疫情影响，网络经济获得快速发展，尽管农产品网上销售模式不断创新，尤其是以直播带货为代表的新型交易方式大大推动了农产品网络零售额的增长，但是随着网购逐渐成为城乡居民的一种消费习惯，特别是疫情期间越来越多的农民通过网购满足其日常生活需求，这就在一定程度上解释了2020年至2021年农产品网络零售额在农村网络零售额中的占比出现下降的原因。2022年因农产品网络零售额同比增长率较上年度大幅上升，而农村网络零售额同比增长率较上年度大幅下降，导致该年度农产品网络零售额在农村网络零售额中的占比出现明显上升。

进一步分析可知，近年来在农村网络零售额中，农产品网络零售额占比整体较低，农村居民网购对农村网络零售额的贡献较大，到2022年为止，农村网络零售额仍旧是农产品网络零售额的4.08倍，二者差距明显。

因此，从整体来看，现阶段中国农村电子商务双向流通渠道发展不平衡，“工业品下行”的发展状况明显优于“农产品上行”的发展状况。

表 2-6　2014—2022 年中国农产品网络零售额、农村网络零售额对比

年份	农产品网络零售额（亿元）	农村网络零售额（亿元）	农产品网络零售额在农村网络零售额中的占比（%）
2014	1000.0	1800.0	55.56
2015	1370.0	3530.0	38.81
2016	1589.0	8945.4	17.76
2017	2436.6	12448.8	19.57
2018	2305.0	13679.4	16.85
2019	3975.0	17082.8	23.27
2020	4158.9	17945.9	23.17
2021	4221.0	20500.0	20.59
2022	5313.8	21700.0	24.49

数据来源：商务部电子商务和信息化司发布的 2014—2022 年《中国电子商务报告》。

四、基于不同种类商品网络交易规模的分析

随着农村电子商务的发展，在“工业品下行”和“农产品上行”过程中涉及的商品种类越来越多，交易规模越来越大，交易范围越来越广。就经营商品的种类而言，通过“工业品下行”，农村消费者几乎可以买到日常生活中所需要的各种商品；而在“农产品上行”中，不同种类的产品网络零售额差异较为明显，电子商务为农村传统轻工业、手工业及特色农业的发展创造了条件。2022 年农村网络零售额排在前五位的商品分别为服装鞋帽针纺织品、日用品、粮油食品、家用电器及音像器材、家具，分别占农村实物商品网络零售额的 27.6%、18.3%、8.5%、7.4%和 7.2%①，这五类商品在农村实物商品网络零售额中的占比达到 69%。相对于工业品而言，农产品在农村实物商品网络零售额中的占比相对较低，2022 年全国农产品网络零售额为 5313.8 亿元，仅占全

① 《中国电子商务报告（2022）》，中华人民共和国商务部，第 47 页。

国农村实物商品网络零售额的 26.70%，但增速明显，2022 年同比增长达到 25.88%。① 从通过网络销售的农产品品类来看，2022 年网络零售额位于前五位的农产品分别是休闲食品、粮油、滋补食品、茶叶和奶类，分别占该年度农产品网络零售额的 17.3%、15.7%、11.9%、10.4%和 9.4%②，这五类商品在农产品网络零售额中的占比达到 64.7%。③ 可见，在全国农村实物商品网络销售额中，工业制成品的网络销售额明显高于农产品，同时，在农产品的网络销售中，生鲜农产品占全国农产品网络零售额的比例偏低，现阶段通过网络销售的农产品主要是经过加工的农产品，虽然部分生鲜农产品的网络销售额近两年有了明显提升，例如奶类、肉禽蛋、水果和水产品，但是因生鲜农产品易腐易损的性质及冷链物流发展的限制，生鲜农产品网上交易规模依旧相对较小，2022 年生鲜农产品网络零售额在农产品网络零售额中的占比仅为 36%。④

综合以上分析可以看出，现阶段中国农村电子商务发展整体向好，但是其发展尚不充分，一是农村网络零售额在全国网络零售额中占比较低，线下消费仍旧是中国农村地区主要的消费方式；二是农产品网络零售额在农产品市场销售总额中的占比亦偏低，农产品销售仍旧主要依靠传统流通渠道。同时，农村电子商务发展不平衡的问题比较突出，具体表现为区域发展不平衡、双向流通渠道发展不平衡及不同种类商品网络销售规模不平衡。这些现象的存在会导致中国农村电子商务的巨大发展潜力难以充分发挥，亟须进一步探析导致这些问题的深层次原因。

---

① 根据 2021 年和 2022 年中国农产品网络零售额计算得出。

② 《中国电子商务报告（2022）》，中华人民共和国商务部，第 49 页。

③ 根据《中国电子商务报告（2022）》中公布的相关数据计算得到，中华人民共和国商务部。

④ 根据《中国电子商务报告（2022）》中公布的相关数据计算得到，中华人民共和国商务部。

第四节　当前中国农村电子商务发展的瓶颈因素及突破

党的十九大报告指出，中国特色社会主义进入新时代，我国社会主要矛盾已经转化为人民日益增长的美好生活需要和不平衡不充分的发展之间的矛盾。对新时代社会主要矛盾的分析既要基于宏观视角，立足整个社会，作出整体判断，又要具体到特定行业，结合行业特征，进行具体分析。从当前中国经济的发展状况来看，现阶段中国社会发展中最大的不充分是农村经济发展的不充分，最大的不平衡是城乡经济发展的不平衡。农村电子商务的发展无疑为满足城乡人民对美好生活的需求、促进农村经济发展、缩小城乡差距创造了条件，故促进农村电子商务发展对中国社会及经济发展具有深远意义。具体到农村电子商务这一特定行业而言，由第三节的分析可以看出，目前在其发展中，不平衡不充分的问题也比较突出，这一现象不利于农村电子商务发挥缓解我国现阶段社会主要矛盾的作用。因此，需要结合现阶段中国农村电子商务发展的现状，剖析制约其发展的瓶颈因素，寻求破解思路。

一、导致现阶段中国农村电子商务发展不充分的瓶颈因素

由上节分析可知，目前在中国农村电了商务发展中，农村网络零售额还有较大提升空间，农产品上行的潜力还有待挖掘，导致这一现象的原因可以归结为以下几个方面。

（一）农民消费观念仍有待转变

随着农村电子商务的发展及农民收入水平的逐步提升，农民的消费观念出现了明显转变，逐渐由过去只注重价格转向更加关注性价比，农村中一些年轻人的品牌意识开始增强，传统的小卖部及集市已经难以满足这部分消费者

对产品质量、种类、时尚、个性等元素的综合追求，因此，这一变化直接拉动了农村网络零售额的上升。但是，中国农村经济发展的一个典型特征是大多数农村中人口平均年龄偏大，消费意识超前的年轻人占比很低，占据农村人口绝大多数的中老年农民消费观念陈旧，其消费重点放在住房、子女教育和婚丧嫁娶等方面，在用于自身吃穿用方面的生活消费则奉行节俭，价格仍旧是影响其购买的主要因素，加之文化水平有限，未掌握网上购物技能，村中小卖部及定期集市仍旧是这部分农民消费的首选。因此，提升农村网络零售额还需要转变这部分农民的消费观念，提升其消费意识，激发其网络购物的热情。

（二）部分经营主体缺少长远考虑

中国农村电子商务在推进“农产品上行”过程中，网络经营主体包括农业企业、农村专业合作社、农业大户及小农户等不同类型，这些主体从事电子商务的初衷和目的基本上是一致的，即提高盈利水平。因此，一些经营主体在从事电子商务活动时，难免急功近利，出现重销量不重质量的短视行为，例如，夸大宣传、以次充好、不守诚信，等等。目前仅有部分农村电子商务经营主体开始从健全质量追溯体系、打造品牌、创新经营模式等方面实现产品溢价及市场拓展，还有相当多的农村电子商务经营主体仍停留在对成功模式的模仿阶段，并沉浸于网络销售为其带来的阶段性好处中，尚未对农村电子商务经营的未来发展进行深入思考和系统规划，尤其是大量从事农村电商经营的小农户因经营规模和资金限制更是着重眼前利益，不做长远考虑。这些现象就导致了一些淘宝村在经历了初期的迅速发展之后，发展速度下降，同时，也因一些经营者对短期利益的追求，导致一些网络平台上农产品销售情况与预期有很大差距。

（三）地方政府部门推进工作还有待完善

从 2014 年开始，由商务部牵头、多部门联合出台了一系列促进农村电子商务加快发展的政策，各地政府部门积极响应中央号召，全力推进电子商务进农村，农村电子商务也呈现出遍地开花的趋势，但是经过几年的发展，由政府主导的农村电子商务站点建设出现了两极分化的现象，一部分农村地区的电子商务服务站真正发挥了便民利民的作用，已融入当地农村经济发展体系，成为当地农村居民生活的重要组成部分；而另一部分地区的农村电子商务服务站点却只有招牌没有生意，政府补贴的建站资金成为沉没成本。出现这种现象的原因在于部分地方政府在农村电子商务发展中急于求成，在未对各个村落的实际情况进行全面了解的情况下，盲目推进电子商务服务站建设，且在站点建成后，又缺乏对其经营的合理引导，导致其未发挥出应有的作用。这是在农村电子商务这一新生事物发展中，政府部门在推进创新时难以避免的现象。针对这种情况，一些地区的政府部门已开始结合实际情况制定新的发展规划。由以上分析可以看出，农村电子商务的发展还有待引导，其发展潜力还有待挖掘。

（四）农村电子商务生态系统尚需健全

农村电子商务生态系统主要由各类农村电子商务交易平台、农村电子商务供应链各环节的参与者以及为农村电子商务经营提供支持的服务体系构成。伴随着农村电子商务的不断发展，各地农村电子商务生态系统趋于形成，但仍存在一些问题，急需完善和健全。从构成农村电子商务生态系统的三人类要素进行剖析，首先，各类网络交易平台虽然积极助力农村电子商务发展，但在经营主体资格审核、经营活动监管方面还存在一些漏洞和不足，从而影响了农村电子商务的健康发展。其次，农村电子商务供应链体系有待完善，供应链不同环节的经营者之间尚未建立高效的协作机制，一些环节的经营者过度追求自身利益，导致与其他环节对接时冲突时有发生，还有一些环节的建设明显滞后于其他环节，这些现象均对供应链的整体运行效率造成了不利影响。最后，农村电子商务服务体系不完善，服务主体缺位、服务质量差、服务内容不全等问题普遍存在,尚不能为农村电子商务运营提供高效、高质、全面的服务支撑。由此可见,现阶段中国农村电子商务生态系统存在的一系列问题,使其尚不能为农村电子商务的发展提供全面的保障,以充分挖掘农村电子商务的巨大潜力。

(五)“行业发展—农民增收—消费升级”的良性循环尚未完全形成

从理论上讲,发展农村电子商务可为农产品销售开辟新的渠道,通过农产品上行带动农民增收,农民收入增加将转变其消费观念,实现消费升级,进而扩大工业品下行的规模,工业品下行规模的扩大将带动农村电子商务服务体系的完善,为农村电子商务进一步发展创造更为优越的条件,这又将拉动农产品上行,实现农民收入的进一步增加……这一良性循环是农村电子商务发展的理想状态,也是各地农村电子商务的发展目标。但从目前农村电子商务运行的实际来看,许多地区与这一理想状态还存在差距,农村电子商务还有较大的发展空间。

二、导致现阶段中国农村电子商务发展不平衡的瓶颈因素

(一)地区经济发展不平衡

目前中国农村电子商务发展中呈现出的区域发展不平衡特征是中国经济地区发展不平衡的具体反映。中国东部地区经济发达,尤其是沿海省份,农业现代化水平较高,农村加工工业发展较成熟,农民收入水平位于全国前列,农民消费意识及经营意识相对超前,且头脑灵活,容易接受新鲜事物,优越的外部环境是淘宝村最早诞生于东部沿海地区的必要条件。早期淘宝村的成功,使得这一新兴经营模式在东部地区具备条件的省份迅速蔓延。虽然淘宝村随之也开始逐渐向中西部及东北部地区扩散,但是这些地区的农村受地理区位、

经济发展状况、产业基础、网络覆盖率及普及率、经营主体意识等多因素影响，淘宝村数量增长速度相对缓慢，其整体发展状况与中国经济发展梯度高度一致。

2014 年开始，国家及各地政府对发展农村电子商务大力支持，实施了精准扶贫战略，积极推进电子商务进农村综合示范县建设，且在西部地区推进力度最大，也取得了明显成效。但是西部地区经济欠发达、人口较少、居住地点分散，这些因素导致其农村电子商务的发展整体滞后于东部和中部地区，但并不排除个别省份因政府支持力度较大，其农村电子商务发展较快，农村网络零售额位于全国前列的情况。东部地区尽管电子商务进农村综合示范县建设整体落后于西部地区，但是其较高的经济发展水平为该地区农村电子商务发展创造了较大的市场规模，使其农村电子商务的市场体量遥遥领先。中部地区无论是经济发展水平、人口数量，还是创新意识均处于中游，这就导致了其无论是淘宝村的数量，还是电子商务进农村综合示范县的数量均处于中等状态，农村电子商务的整体发展状况居中。东北地区近年来经济不断衰退，未能为农村电子商务发展创造较好的外部条件，使农村电子商务的发展落后于其他地区。

（二）不同类别商品网络销售适宜性存在差异

中国农村电子商务在发展中出现双向流通渠道不平衡及不同种类商品网络销售情况不平衡的主要原因在于不同类别的商品网络销售适宜性存在差异。具体而言，工业品相对于农产品而言，具有标准化程度高、产品性质稳定、品牌效应较强等特征，且在物流配送中对物流设施很少有特殊要求，因此，随着农村网络普及率的逐渐提高、智能手机的广泛应用及农村物流设施的逐渐完善，一些大型电子商务平台开始布局农村市场，农民在购买日用消费品和工业品时有了更多的选择，“工业品下行”渠道被顺利打开。与此同时，虽然各级政府部门及各类电子商务平台也在积极推进“农产品上行”，但是因农产品普遍存在标准化程度低、区域品牌影响力弱、追溯机制不完善等问题，且初级农产品易腐易烂等特征对物流配送设施要求较高，这就导致“农产品上行”的难度要明显高于“工业品下行”，致使现阶段在全国农村实物商品网络销售额中，工业制成品的网络销售额明显高于农产品的网络销售额。具体到“农产品上行”而言，经过加工的农产品保质期相对较长、性质相对稳定，标准化程度得到提升，且有产品品牌加持，能够做到消费者买到的商品与网上宣传基本一致，故消费者在网上购买此类农产品时不会有太多疑虑，而在购买生鲜农产品时，则应更多地考虑新鲜度、品相、品质、时间等因素，往往会优先选择实体店铺购买。

三、中国农村电子商务发展困境的破局——可持续发展

通过对现阶段中国农村电子商务发展中存在的不平衡不充分问题进行原因剖析可知，因受到一些固有的、短期内难以改变的因素影响，中国农村电子商务发展的区域不平衡问题将会在相当长的一段时间内持续存在，因此，应客观、科学地看待这一现象，并清晰地认识到，虽然全国各地都在大力发展农村电子商务，但是短期内将中国各地的农村电子商务拉到同一个水平线上是不可能，也是没有必要的，应该尊重客观现实，正视农村电子商务发展的区域差距，在此基础上充分挖掘各地农村电子商务发展的潜力，促进各地农村电子商务充分发展，进而逐步减少农村电子商务发展中的各种不平衡现象。基于这一思路，可持续发展将成为中国农村电子商务发展的方向。

围绕着农村电子商务可持续发展的方向，结合农村电子商务可持续发展的概念，进一步对中国农村电子商务可持续发展应展现的具体特征进行探析，可概括为以下几个方面。

一是发展理念的可持续性。推动中国农村电子商务可持续发展，首先需要建立可持续发展的理念。本研究在绪论部分对农村电子商务可持续发展的内涵进行界定时，指出以新发展理念引领中国农村电子商务的发展，新发展理

念的五个方面恰好涵盖了农村电子商务可持续发展具体要求。因此,这既是中国农村电子商务可持续发展的重心,也是指导其发展的总体理念。

二是发展模式的可持续性。在可持续发展理念的指引下,中国农村电子商务可持续发展还要落实到具体发展模式上,实现发展模式的可持续性,即发展模式一定要与时俱进,根据市场需求的变动、经营观念的变化及新技术的出现,不断调整,及时创新,使农村电子商务的发展始终保持较好的发展态势,不断推动农村经济发展。

三是发展机制的可持续性。中国农村电子商务可持续发展理念的落实、可持续发展模式的实施均需要可持续发展机制保驾护航,可见,发展机制的可持续性是实现农村电子商务可持续发展的重要保障。因此,为促进中国农村电子商务的可持续发展,应全面思考可持续发展机制包含的内容,其中重点要思考为避免各种短视行为建立长效发展机制,同时根据内外环境的变化健全动态调整机制,尤其要完善及时纠错机制。

四是发展技术的可持续性。电子商务产业是技术依托型产业,其从产生到发展的每一个阶段,运作的每一个环节,甚至是为其运营提供服务的相关行业都需要各类技术作为支撑。因此,实现农村电子商务的可持续发展,还需要强调相关技术的可持续性,即实现软技术及硬技术可持续发展,尤其是软技术的适时更新。

由以上分析可以看出,这四个方面相辅相成,可持续发展理念明确了中国农村电子商务可持续发展的方向,其具体内容则通过可持续发展模式、机制和技术得到体现。

本章小结

本章首先按照时间顺序将中国农村电子商务的发展历程进行阶段划分,并对各个阶段的情况进行简单介绍,展现了中国农村电子商务的演化过程。

在此基础上,根据农村电子商务依托的平台不同对中国农村电子商务的经营模式进行分类,并介绍了主要经营模式。为进一步了解中国农村电子商务的发展现状,本章从四个角度进行了分析,即基于整体发展趋势的分析、基于不同区域及不同省份的分析、基于“工业品下行”和“农产品上行”双向流通渠道的分析、基于不同种类商品网络交易规模的分析。通过分析得出,现阶段中国农村电子商务整体发展呈不断增长态势,但发展不平衡不充分的问题较为突出,其中发展不充分主要表现为农村网络零售额在全国网络零售额中占比较低及农产品网络零售额在农产品市场销售总额中占比偏低;发展不平衡主要表现为区域发展不平衡、双向流通渠道发展不平衡及不同种类商品网络交易规模不平衡。针对这一现状,进一步对导致中国农村电子商务发展不平衡不充分的瓶颈因素进行剖析,根据分析结果,指出中国农村电子商务的发展方向——可持续发展。在此基础上,进一步提出了促进中国农村电子商务可持续发展应有的具体表现,包括发展理念的可持续性、发展模式的可持续性、发展机制的可持续性及发展技术的可持续性,其中发展理念的可持续性是核心,统领其他几个方面,而其他几个方面则是发展理念的具体展现。

第三章　乡村振兴战略背景下中国农村电子商务可持续发展的必要性

实现乡村振兴，从根本上解决“三农”问题，推进城乡一体化进程，需要从多角度同时发力，其中推进农村电子商务可持续发展就是一个重要的发力点。实现农村电子商务可持续发展不仅有助于繁荣乡村经济、提高城乡消费者福祉，直接助力乡村振兴，而且有助于推进现代商品流通体系的建立，发挥流通对乡村振兴的引领作用，还有助于促进以国内大循环为主体、国内国际双循环相互促进的新发展格局的形成，为乡村振兴提供良好的环境。

第一节　农村电子商务可持续发展有助于推动乡村振兴战略的实施

自从党的十九大报告首次明确提出实施乡村振兴战略，并将其列为决胜全面建成小康社会的重要战略之一之后，接下来几年的中央一号文件均以乡村振兴为主题进行工作部署。乡村振兴战略已成为解决新时代社会主要矛盾的关键，该战略的提出不仅是对新时代城乡关系的深刻认识，更是对其发展方向的明确指引。围绕“产业兴旺、生态宜居、乡风文明、治理有效、生活富裕”

的二十字方针，我国的乡村振兴战略已全面展开。针对如何经济、高效、无偏地实施乡村振兴战略，若干实现路径成为社会各界关注、探讨的热点，其中，农村电子商务作为解决“三农”问题的重要举措，从2014年开始连续在每年的中央一号文件及各类涉农文件中高频出现，并在全国各地掀起了农村电子商务发展的高潮，其在搞活农村商品流通、增加农民收入、解决农村劳动力就业、促进农村产业结构升级等方面的积极作用日渐凸显。因此，在新时代背景下，应结合各地农村电子商务发展的现状，继续挖掘农村电子商务的发展潜力，实现其可持续发展，以助力乡村振兴战略的实施。

一、农村电子商务可持续发展有助于促进产业兴旺

“产业兴旺”既是乡村振兴的源头、基础和前提，又是乡村振兴的关键，其具体内容可以归纳为三个方面：利用先进的科学技术打造现代化的农业生产体系；发挥市场的调节作用实现农业生产资源的优化配置；结合各地的资源优势实现农村一二三产业的融合发展。进入21世纪，我国在持续关注“三农”问题的过程中，对前两个方面已做了大量工作，并取得了阶段性进展，而促进农村三次产业的融合发展也早在2015年12月30日国务院办公厅印发的《关于推进农村一二三产业融合发展的指导意见》中进行了部署，并取得了一定成效。党的十九大报告提出中国特色社会主义进入新时代，在新的历史方位上，农村一二三产业的融合发展又成为2018年中央一号文件乡村振兴战略的重要任务。为构建农村一二三产业融合发展体系，2018年中央一号文件明确提出“大力建设具有广泛性的促进农村电子商务发展的基础设施，鼓励支持各类市场主体创新发展基于互联网的新型农业产业模式，深入实施电子商务进农村综合示范，加快推进农村流通现代化”。由此肯定了发展农村电子商务对实现乡村“产业兴旺”的重要意义。随后几年的中央一号文件持续强调这一问题。2021年11月17日，《农业农村部关于拓展农业多种功能　促进乡村产业高质量发展的指导意见》明确指出，以发展农村电商为重点拓宽商

贸流通渠道，促进产业、科技交互联动，引导农业全产业链上中下游各类主体，共建共享大数据平台信息，实现产业数字化、数字产业化。

只有推进农村电子商务可持续发展，其才能对农村产业兴旺产生持久的、稳定的促进作用。

（一）赋能农业供给侧结构性改革

随着社会经济的发展，我国农业生产中总量不足的现象已成为历史，取而代之的是一些农产品阶段性供过于求和供给不足并存，结构性矛盾成为现阶段农业生产的主要矛盾，农业供给侧结构性改革成为“三农”工作的重点。结合我国农业生产经营的实际情况进行剖析，生产信息和消费信息不对称、流通渠道不畅、仓储物流能力不足、加工能力落后等是导致农业结构性矛盾的主要原因。

推动农村电子商务的可持续发展，秉承其“协调”发展理念，促进小生产与大市场的有效对接，推进城乡流通一体化进程，可缓解因以上原因导致的结构性矛盾。一方面，通过各类农村电子商务平台的建设，广大农民能借助电商平台了解各类农产品的市场需求及价格信息，并借助于网络将其农产品销往有需求的地方，减少因缺乏销路导致菜烂田中、果挂枝头的现象发生。另一方面，广大农民借助于网络可及时了解消费者需求变动的趋势，并据此对其生产经营进行调整，减少盲日生产带来的损失。例如，随着收入水平的提高，消费者对农产品的需求已经出现了由“量”到“质”的转变，加之近年来食品安全事件频发，城市消费者对无公害、绿色、有机农产品的购买意愿越来越强。在发展农村电子商务的过程中，许多地区的农民已经意识到了这种转变，因此，在增加安全农产品种植面积的同时，利用网络向消费者传递其安全生产过程，以增加消费者的信赖，从而促进农产品销售、增加农民收入。第三方面，发展农村电子商务可促使供需双方有机结合，实现农产品的定制生产。农民通过网络与需求方签订协议，根据需求方的要求进行生产经营，收获季节按照协议进行农产品交易。在这种交易模式下,不仅农产品“卖难”的问题可以得到彻底解决,而且购买方的需求也可以得到最大程度的满足,实现交易双方共赢。

(二)整合农业产业链

农业产业链是产业链概念在农业生产经营领域的延伸,是将农产品生产、加工、运输、销售等诸多环节联结在一起构成的首尾衔接的链条。相对于欧美等西方发达国家而言,我国农业生产的碎片化、分散化经营特征及农村经济欠发达的现实状况,直接导致了农业产业链链条短、效率低。近年来,整个世界范围内的竞争格局呈现出由产品竞争向产业链竞争的转变,我国农业产业链的整合优化也迫在眉睫。随着电子商务企业纷纷入驻农村地区,加之各级政府部门对农村电子商务支持政策渐次落地,农产品上行获得了新的机遇与途径。在此背景下,可借助电子商务的力量对农业产业链进行优化。

农村电子商务可持续发展的“创新”理念将通过观念创新、技术创新、模式创新,整合已有的农业产业链,改变了其短链、断链的现状,实现产业链的延长。一方面,农村电子商务的发展可倒逼农业产业链向上游延伸。农村电子商务的出现使得市场需求信息可以借助于电子商务平台向生产领域传递,农民可依据这些市场信息指导其生产经营,使农业生产与销售紧密衔接起来,解决困扰农村经济发展多年的生产与销售之间的产业链断点问题。在这一过程中,由于网络带来的市场范围的扩大以及农产品需求量的增加,农户逐渐意识到一家一户单打独斗式的分散经营模式已经不再适合电子商务时代对农业生产的要求,规模化的生产经营成为必然的发展趋势,因此,农户加入专业合作社的热情被再度激发,农业生产的组织化程度不断提高。农户在农民专业合作社的组织下进行统一生产,并根据合作社的要求,统一进行种子、农具、农药、肥料等生产资料的采购,这就促使农业产业链又向上游延伸到农业生产资料领域,其产业链条具体表现为:“农业生产资料供应→(农户)农民专业合作社→借助于电子商务平台的网上销售”。在这一产业链条中,通过农民专业合作社直接销售的农产品大多是原始状态的农产品或是经过简单包装的农产品,还有一些农民专业合作社为提高农产品的附加值,根据市场需求对农产品进行深加工,然后通过网络销售。与此同时,农村电子商务的发展也为农产品加工型的乡镇企业带来了新的发展机遇,这些加工企业根据市场需求与农民专业合作社建立联系,农民专业合作社为保证能够按照加工企业的具体要求进行生产,又与上游农业生产资料供应企业建立联系,其产业链条具体表现为:“农业生产资料供应→(农户)农民专业合作社→农产品加工企业→借助于电子商务平台的网上销售”。

另一方面,农村电子商务的发展可推动农业产业链向下游延伸。农村电子商务的发展倒逼农业产业链向上游延伸,形成了表面看似完整的产业链条,似乎借助于电子商务平台进行网上销售已是产业链的最终环节。但事实并非如此,农村电子商务经过几年发展的实践表明,农产品难以标准化是进行网上销售最大的难点,尤其是鲜活农产品网上销售的难度更大,相当一部分消费者在购买此类农产品时更倾向于看到实物,而不愿意仅凭图片贸然下单。为解决这一问题,农村电子商务在发展过程中不断推动农业产业链向下游延伸。在“新零售”背景下,一些农民专业合作社通过在销售市场新建线下体验店或者加入已有的线下体验中心的形式向消费者展示网销农产品,这些线下体验店或体验中心甚至还可以在店内设置智能化自助终端,消费者可以利用该终端了解所要购买的农产品的生产经营全过程,并可即时下单。此时,农业产业链具体表现为:“农业生产资料供应→(农户)农民专业合作社→农产品加工企业→借助于电子商务平台的网上销售+线下体验”。值得注意的是,从农产品网上销售过程来看,线下体验环节通常在消费者网上下单购买之前,而不是网上销售之后的下一个环节,在这里将其称之为电子商务推动农业产业链向下游延伸主要是出于以下两个原因:一是从产生时间上来讲,农产品体验店或体验中心是农村电子商务发展的产物,其产生于农产品网上销售之后;二是从农业产业链各环节与消费者的距离来看,体验店或体验中心位于消费市场中,无论是与消费者的地理距离还是心理距离均最近。

第三方面,农村电子商务的发展可激发农业产业链向旁侧延伸。电子商务的发展需要一个庞大的支撑体系,因此,发展农村电子商务需要各种各样的配套服务,这些配套服务发展的结果就表现为农业产业链的旁侧延伸。首先,农村电子商务的发展可促进农村地区的物流服务不断完善。线上交易、线下配送是电子商务的基本特征,而物流配送恰是农村流通发展的短板,无论是从覆盖率上,还是从效率及成本上,都与城市物流存在较大差距。近几年,随着农村电子商务的发展,京东、菜鸟物流、邮政快递等大型电子商务企业及物流企业纷纷布局农村市场,农村物流业取得了较快的发展,物流基础设施及配套设施建设不断加强,物流配送模式不断创新、服务水平不断提高。尽管目前农村物流体系仍旧不成熟,但在农村电子商务的带动下,农村物流业的发展必将逐步与农村电子商务的发展相协调。其次,发展农村电子商务,推进农产品上行,需要在各类电子商务平台上以图片、文字及视频形式展示农产品信息,还需要对产品进行网上推广及对客户的咨询作出即时反应,这就需要美工、摄影、视频制作、网络营销、网络客服等一系列配套服务。同时,进行网上交易,还需要与之配套的金融支付体系,等等。因此,农村电子商务的发展必将带动与之相关的配套服务业的发展,逐渐形成完善的农村电子商务生态圈。

(三)优化农村产业结构

相对于城市而言,我国农村地区第三产业发展普遍落后,第一产业及第二产业的发展不能获得全面的服务支撑,这不仅限制了第一产业和第二产业的发展速度,而且影响了其发展质量,故农村产业结构有待优化,而大力发展农村电子商务,实现其可持续发展可扭转这种现状。

第一,发展农村电子商务可促进农村地区第一二三产业融合发展。基于农村电子商务可持续发展的“协调”理念,充分发挥农村电子商务的作用,可推动农村三次产业的融合。通过对农村电子商务可整合优化农业产业链的分析可以看出，一方面，发展农村电子商务可带动与之相关的信息、物流、金融等行业在农村的发展，这些服务行业的发展将给农村中第一产业和第二产业的发展带来便利，从而推动其发展，进而实现农村第一二三产业的共同发展。另一方面，随着农业产业链的整合，农村电子商务将发挥桥梁和纽带的作用，在通过产业链带动第一产业和第二产业按比例协调发展的同时，根据市场需求提高其发展质量及附加值，进而实现农村地区第一二三产业的融合发展。

第二，发展农村电子商务可根据资源禀赋调整原有的产业。在我国农村地区，第一二产业的生产经营都不同程度地受到经营者逐利意识和跟风行为的影响，导致许多地区农业生产结构雷同，第二产业更是一哄而上，重复建设现象严重，最终因资源配置不合理导致生产效率低下，低水平竞争日益激烈。实践证明，农村电子商务可持续发展的“协调”理念，可发挥对农村产业发展的引导作用。具体而言，通过发展农村电子商务，借助于其发达的网络信息系统，农民及加工制造企业可以获得海量的供求信息及其他地区的生产经营情况，这就促使其能够明确自身生产经营的优势和劣势，进而根据各地的资源禀赋调整原有产业，实现农村生产资源的优化配置。

第三，发展农村电子商务可充分利用市场机遇形成新产业。通过发展农村电子商务开阔了农民的视野和思路，一些农民在尝试农村电子商务的过程中，可以敏锐地观察到市场需求的变化并抓住机遇，从而利用自身优势催生新产业。中国农村电子商务发展的典范“沙集模式”的成功很好地说明了这一点。沙集镇以盐碱地为主，农业生产存在明显劣势，在发展电子商务之前，是一个贫穷落后的典型苏北农村。从2006年开始，一名返乡大学生尝试加工并在网上销售简约家具，并一举成功，随后，沙集网商数量及家具加工企业迅速增加，并带动了当地物流业的发展，一条以电商为龙头的新的产业链得以形成。这正是农村电子商务可持续发展“创新”理念的具体体现。

二、农村电子商务可持续发展有助于促进生态宜居

"生态宜居"是乡村振兴战略的重要任务之一,是乡村生态环境建设的关键。在过去相当长的历史时期内,我国农村地区为了追求农业高产,过度使用化肥、农药、地膜等,使土壤、水源、空气遭到不同程度的污染。同时,乡村基础设施落后,缺乏必要的排污设施及污染物处理设备,造成生活垃圾随处可见、养殖业畜禽粪便到处堆积、农用地膜残留严重。由此可见,实现乡村"生态宜居"是一个系统工程,不仅需要政府与农民共同努力,而且需要一些社会力量的积极参与。农村电子商务可持续发展可在一定程度上拉动乡村的生态宜居建设。

(一)推动农业绿色生产模式的形成

从理论上讲,发展农村电子商务,为农产品开辟了新的销售渠道,有助于农产品上行。但是,农村电子商务发展的实践证明,农产品上行并非想象的那么容易,这一过程面临着诸多困难,其中最大的瓶颈就是农村地区借助于网络销售的农产品与目前城市消费者对无公害、绿色、有机农产品的需求存在偏差。这一现象不仅使电子商务对农民增收的促进作用大打折扣,而且不利于农村电子商务的长远发展。通过推进农村电子商务可持续发展,将其"绿色"发展理念渗透到农业生产领域,这一问题会逐步得到缓解。目前,许多地区的农业生产者已意识到绿色生产的重要性,逐渐改变原来的生产观念和生产模式,减少化肥及农药的使用量,积极引进并推广农业生产新技术,并按照质量标准,保证农产品生产全过程的安全性。可见,在推进农村电子商务可持续发展过程中,广大农村地区在为市场提供绿色农产品的同时,也将带来农业生产方式的根本变革,使土壤肥力逐步恢复,水源及空气逐渐净化,乡村环境逐步优化,绿色生产模式得以形成。

（二）推进乡村实现循环经济

发展循环经济是实现乡村“生态宜居”的重要途径，而农村电子商务又成为当前实现乡村循环经济的重要助推力。一些地区在农村电子商务的带动下实现“产业兴旺”的同时，一些问题也相伴而生。尤其是一些以养殖业为特色的乡村，农村电子商务的发展扩大了其禽畜产品的市场及销量，进一步拉动了该产业的发展，但也导致了禽畜粪便增加，乡村环境污染面临加剧的风险，这与我国近几年来的美丽乡村建设、乡村振兴等战略背道而驰。通过推进农村电子商务可持续发展，深入理解其发展理念并付诸于施行，这些问题便可逐步得以解决。例如，一些地区在政府支持下，以实现农村电子商务可持续发展为契机，以提供绿色产品、打造绿色供应链为导向，建立了大规模的有机肥生产基地，引入有机肥生产线及设备，将这些禽畜粪便经过去污加工，转化成为有机肥或生物饲料，然后将这些有机肥及生物饲料用于农作物的种植和养殖业的生产经营，不仅在种植源头为消费者提供绿色产品创造了条件，而且通过使用这些生物饲料，在养殖源头上保证了养殖业产品的安全性。凭借其安全的生产过程，这些绿色农产品及禽畜产品借助于网络又获得了更好的销路，良好的销售情况又对其生产产生了明显的拉动，一条以循环经济为特征的生态产业链得以形成。与此同时，循环经济的实现彻底改变了乡村地区禽畜粪便横流、臭气熏天的现象，优化了乡村的生态环境。

（三）拉动乡村绿色服务业发展

推动农村电子商务可持续发展不仅可以促进农村有形产品的销售，而且可以拉动观光农业、乡村旅游等绿色服务业的发展。观光农业在我国多年前就已出现，农村电子商务的发展为其带来了一个新的发展高潮。一方面，为使网上销售的绿色农产品能够真正获得消费者的信任，满足消费者的需求，最终达到增加销量的目的，一些农村地区建立了绿色农产品生产观光园，并借助各类电子商务平台推介这些观光园，吸引附近的城市消费者前来观光休闲，在向消费者展示农产品安全生产过程的同时，提供就地采摘服务，从而实现农产品销售线上线下相结合。另一方面，一些农村地区抓住城市消费者生活节奏快、压力大等特点以及对农村田园生活的向往，将旅游业的概念融入到农业发展中，大力发展生态观光农业，并借助于电子商务平台进行宣传，吸引大量游客前来体验生活。

与此同时，乡村旅游业也借力农村电子商务获得发展。我国有许多农村依山傍水、风景秀丽，这些原生态的旅游资源因信息闭塞而未得到充分的开发利用，农村电子商务的发展给这些乡村地区带来了发展的新契机，这些地区可借助于各类电子商务平台将其丰富的旅游资源传递出去，从而促进当地旅游业的发展。

无论是观光农业，还是乡村旅游，这些业态的发展均带动了周边地区餐饮业、住宿业、商业、娱乐业等服务业的发展。在农村电子商务可持续发展的带动下，这些服务业也将逐渐朝着绿色方向发展，为推动农村经济、增加农民收入、打造生态宜居环境创造了条件。

三、农村电子商务可持续发展有助于促进乡风文明

实现乡村振兴，不仅要靠经济发展，乡风文明建设发挥着同等重要的作用。“乡风文明”有着丰富的内涵，渗透到乡村生活的方方面面，实现“乡风文明”是一项长期而艰巨的历史任务，需要多力共举。近年来农村电子商务的发展在刺激农村经济、改善民生等方面发挥了积极作用，其对塑造“乡风文明”的作用也不容小觑，但是要保持农村电子商务对乡风文明建设的持久动力，实现农村电子商务可持续发展是前提。

（一）充分传播传统的民俗文化

随着国家对“三农”问题的关注及农村经济的不断发展，农民的文化生活

日益丰富,农家书屋、文体广场等设施的建设为提高农民的文化素养创造了条件,但是与之相伴而生的是一些体现历史传承的民俗文化正在逐渐淡出人们的视野,这显然偏离了新时代农村乡风文明建设的要求。“乡风文明”不仅要将现代文明带入乡村地区,而且要发扬传统文化的精华。农村电子商务逐渐成为民俗文化传播的重要手段和新途径,农村电子商务可持续发展将从不同角度促进民俗文化的传播。

在农村电子商务可持续发展的“创新”理念、“开放”理念和“共享”理念的共同引导下,一些地区将传统的手工艺品、美食等文化产品借助于电子商务平台,通过直播、短视频等方式展示在大众面前,使民俗文化的传播跨越了时空界限。同时,一些地区还通过在电子商务平台上建立乡村文化产业园或举办乡村文化节等方式,促进乡村民俗文化的传播。

农村电子商务的发展为农产品上行创造了条件,而要进一步扩大网销农产品的市场需求还需要多方面的努力,其中品牌建设及推广是使农产品得到消费者认可的重要方式。因此,在农村电子商务可持续发展“创新”理念的推动下,各地掀起了农产品品牌建设的高潮,为体现各自的品牌特色,讲好品牌故事,纷纷挖掘当地传统的民俗文化,将其融入品牌之中,并借助于网络进行品牌宣传。在这一过程中,一些即将消失的传统民俗文化依托农产品品牌建设重新回到消费者的视野范围内,并与农产品品牌建设相得益彰,品牌借助民俗文化的融入而提高吸引力,民俗文化借助品牌的传播而扩大影响范围。

由以上分析可以看出,电子商务可持续发展可在一定程度上推进传统民俗文化的充分传播和顺利传承。同时,农村电子商务可持续发展的“创新、协调、绿色、开放、共享”发展理念,也将为传统民俗文化的发展和重塑创造条件,明确其发展方向,赋予其更丰富的内涵。

(二)改善农村社会风貌

农村电子商务发展对农村社会风貌的影响主要体现在其对商品市场环境

的作用上。农村电子商务对农村商品市场环境建设而言,是一把“双刃剑”,既有促进农村商品市场环境优化的一面,也有不利的一面。

长期以来,农村市场秩序混乱的状况一直存在,假冒伪劣商品充斥市场,消费环境不容乐观。发展农村电子商务可在一定程度上使农村商品市场环境得到优化。一方面,发展农村电子商务,推动工业品下行,可以改善农村市场经营秩序。农村市场上存在大量质次价低商品的原因在于农民消费能力较低,价格是决定其购买的主要因素。电子商务相对于传统的店铺经营而言可明显降低经营成本,相同商品的网销价格要远远低于传统店铺的销售价格。因此,借助于网络实现工业品下行,为广大农民以较低的价格购买有质量保证的商品提供了机会,同时也使假冒伪劣商品在农村市场的生存空间逐渐缩小,市场环境逐渐改善。另一方面,借助于网络实现农产品上行,在以更优惠的价格、更便捷的方式满足城市消费者对各类农产品需求的同时,拓宽了农产品的销售渠道,增加了农民的收入。由此可见,农村电子商务对农村商品市场环境优化具有一定的促进作用。

在本研究前面的分析中已经提到,农村电子商务在经历了初期的快速发展之后,因各种原因导致发展乏力,一是在工业品下行的过程中,一些网络商家看到了农村市场的巨大潜力,同时也意识到广大农民在消费中具有较高的价格敏感性,于是产生了为扩大销量而无视商品质量的短视行为,致使通过网络销往农村的工业品质量不一、良莠不齐。二是在农产品上行的过程中,因部分农产品质量不稳定、标准不统一,再加上农产品网络识别存在一定困难,且消费者网购日趋理性,这些现象均加大了农产品上行的难度。由此可见,农村电子商务在发展过程中又对农村商品市场环境产生了一定的负面效应。这种负面效应会影响农村电子商务的进一步发展。

由以上分析可以看出,在农村电子商务发展过程中,只有不断发现农村电子商务发展中的一些具体问题并及时解决,同时将“创新、协调、绿色、开放、共享”的新发展理念融入农村电子商务发展中,推进农村电子商务可持续发展，才能够不断发挥其对农村商品市场环境的优化作用。例如，农村电子商务在发展中经营理念和经营模式不断创新，一些电商平台在“绿色”发展理念的指引下，对进入平台销售的农产品制定严格的抽检制度，并及时、准确、全面地向农民传递市场需求信息，促使广大农民为迎合城市消费者对农产品安全性及品质等方面的需求，在农产品的生产中开始严格按照安全农产品生产技术要求进行标准化生产，这种由农村电子商务带动的生产方式的转变逐渐成为生产的常态，在农村社会中诚实守信的生产经营环境逐渐形成。同时，在“共享”理念的指引下，广大农民逐渐意识到在农村电子商务发展中，可通过基础设施、物流、技术、服务、文化等资源的共享促进其产品销售，以往以价格战为特征的低水平竞争，不利于农村电子商务的可持续发展，也不利于农民的持续增收，只有利用好共享资源，把控好各自农产品的质量，突出其特色和差异，才能形成竞争有序的农产品网络销售环境。

由此可见，农村电子商务可持续发展可使农村商品市场环境不断优化，农民的思想觉悟逐渐提高，这不仅体现在安全生产、诚信经营等方面，还将逐渐渗透到农村生活的各个方面，从而使整个乡村的风貌得以改观。

（三）促进乡村文化与城市文化的融合

“乡风文明”不仅局限于乡村地区的社会风尚建设，而且在新时代背景下更需要实现乡村文化与城市文化的融合。农村电子商务可持续发展为实现这一目标创造了有利条件，基于其“协调”及“共享”发展理念，一方面，借助于网络实现工业品下行可以逐渐缩小城乡商品差别，提高乡村消费水平，同时以商品为载体可将城市的消费文化带入乡村，并逐渐影响农民的消费意识和消费观念。另外，农民借助于网络还可以获悉城市文化的各个方面，这些信息必然会对乡村文明建设起到潜移默化的影响。另一方面，借助于网络实现农产品上行在将一些富有乡村气息的农产品带入城市的同时，也促进了乡村文化向城市的传播，城市居民在感受到质朴的乡村文化的同时，也会发现乡村文明建设中的一些薄弱环节,并会将这些问题借助于农村电子商务交易反馈给农民,从而间接推动乡村文明建设。

乡村文化与城市文化的融合是多角度的、全方位的,其交融需要循序渐进,深度融合更需要时间的积淀,因此,只有实现农村电子商务可持续发展,才能在一个较长的时期内,发挥农村电子商务对城乡文化融合的持续推动作用,助力乡村文明建设。

四、农村电子商务可持续发展有助于促进治理有效

"治理有效"是乡村振兴战略实施的重要保障,乡村治理必然要渗透到乡村生活的方方面面,通过自治、德治、法治"三治融合"促进乡村规范、有序、和谐发展。从逻辑关系上分析,乡村治理有效可以推动乡村社会及经济健康发展,包括农村电子商务在内的各领域必然受益。同时,乡村社会各领域的发展和创新也会在一定程度上对乡村治理起到正向的推动作用。农村电子商务作为乡村经济发展的新引擎,其可持续发展对乡村振兴的作用必然会在乡村治理方面有所体现。

(一)推动乡村自治建设

村民自治是乡村治理的核心,要实现乡村"治理有效"就必须使村民积极参与治理过程,并在这一过程中发挥能动性,能够自我规范、自我管理、自我服务,这就需要村民具备一定的知识水平和综合素质。农村电子商务可持续发展为实现这一目标提供了契机。

为促进农村电子商务可持续发展,各地政府、主管部门、行业协会及大型电商平台根据需要,通过各种方式持续不断地通过组织农村电子商务培训班,为农村电子商务发展培养各类人才,并适时对各类人才的知识体系进行更新。接受过培训的村民在提升农村电子商务运营知识的同时,相关知识也得以丰富,并且随着知识的积累,这些村民的思维变得更敏捷、视野变得更宽广、格局

变得更宏大。与此同时,在推进农村电子商务可持续发展的过程中,随着各地人才引入制度的完善,各类人才也将源源不断地流入农村地区,充实农村电子商务发展的大军。另外,推进农村电子商务可持续发展,将不断吸引打工在外的村民纷纷回乡创业,这些返乡村民在外打拼多年,阅历丰富,其综合素质及实践能力早已远远高于外出打工前的状态。由此可见,农村电子商务可持续发展可带动村民整体素质的提高,使相当多的村民不仅具备参与乡村自治的能力,而且具有参与乡村自治的积极性。随着参与乡村治理的村民素质不断提高,乡村自治模式将不断创新,乡村治理效能将得到更好的发挥。

同时,在推进农村电子商务可持续发展过程中,各地农民将逐步解了电子商务的交易规则及市场需求,不断规范各自的生产经营行为,严格按照市场标准进行各类农产品的生产管理,彻底摒弃为追求产量而牺牲质量的自利式生产经营方式。这种在生产经营中形成的自我约束意识,会逐步渗透到农民思想意识的各个方面,使得小农意识在农村电子商务可持续发展中逐渐弱化。随着农民素质的提升,使农民在参与乡村发展各项事务时,能够在基层党组织的领导下,充分发挥各自的民主权利及监督作用,积极参与公共事务,抵制不良社会风气。

同时,农村电子商务可持续发展的理念,以及在这一发展过程中出现的先进的经营管理模式,均可为乡村自治提供一定借鉴。

(二)推动乡村德治建设

德治建设是乡村治理的基础,只有通过多种渠道引导乡村居民讲道德、守道德,不断提高其道德素养,并积极参与乡村公共事务治理,在整个乡村社会逐步形成向上、向好、向贤的良好风尚,乡村"治理有效"才具备实现的前提。农村电子商务可持续发展可在一定程度上拉动乡村德治建设。一方面,为实现农村电子商务对农村经济发展持续发力,地方政府部门不断对参与农村电子商务的经营者进行引导,积极推动农村电商诚信经营体系建设,使这些经营者在推进农产品上行的过程中诚实守信，严格把控农产品质量，杜绝出售假冒伪劣产品。与此同时，在农产品网络销售中形成的自我约束、自我规范的行为，会延伸到生产领域，并逐渐演化成为农民进行生产经营的一种自发意识，并且这种自发意识会在农民群体中不断扩大，最终使得重义守信成为农民生产经营的一个道德标杆，农民整体的职业道德素养不断提升。

另一方面，为促进农村电子商务可持续发展，许多农村地区都在致力于打造网销农产品的区域品牌，在这一过程中，农民普遍意识到要为本地农产品开拓更大的市场领域，个人利益必须服从整体利益，局部利益必须服从全局利益，必须保证每个农户提供的网销农产品符合区域品牌的各项具体要求，这样才能扩大区域品牌影响力，提高其市场影响力。因此，这就要求广大农民在进行生产经营时，要相互帮助、通力合作、共享经验，同时主动对各自提供的网销农产品进行严格筛选。这些具有正能量的行为最终将推动乡村德治建设。

（三）推进乡村法治建设

法治建设是实现乡村“治理有效”的保障。从整体来讲，我国乡村地区法治体系不完善，农民守法意识薄弱，法治建设有待加强。随着《中华人民共和国电子商务法》的落地，电子商务的发展逐步规范，网络安全问题、交易安全问题、交易诚信问题等各类风险得到有效防范，这不仅为农村电子商务可持续发展提供了法律支持，而且使得参与农村电子商务交易各方的利益均得到一定程度的保障。虽然目前专门针对农村电子商务的法律法规尚未出台，但农村电子商务可持续发展将加快相关法律法规的建设进程，随着农村电子商务领域法治建设的日益完善及监管的逐步强化，农村电子商务的运行效率将不断提升。在参与农村电子商务交易的过程中，农民会切身体会到法治建设的重要性，农民的风险防范意识及法律意识逐步增强，从而激发其在土地征用、农村市场管理、环境保护、村民纠纷等方面的法治需求。由此可见，法治建设在农村电子商务领域的成效，将会影响农村社会的其他领域，最终将推进乡村整体的法制建设。

五、农村电子商务可持续发展有助于促进生活富裕

“生活富裕”是多年来我国“三农”问题的落脚点,也是新时代我国乡村振兴战略的最终目标。近年来,我国通过实施精准扶贫战略,改变了农村贫穷落后的面貌,乡村“生活富裕”正逐步由梦想转变为现实。推进农村电子商务可持续发展,将在新的历史时期以更高的质量、更快的速度实现乡村物质与精神的双重富裕。

(一)增加就业机会

在电子商务进农村的过程中,随着这种新型流通模式由城市向农村渗透,为农村剩余劳动力转移开辟了新渠道,甚至吸引了大量外出务工人员返乡就业以及大学生回乡创业。与此同时,农村电子商务的发展,还为一些接受过一定程度的教育、但体弱病残不能参与体力劳动的群体创造了实现个人价值的机会,这部分人在系统接受电商培训后就完全可以在农村电子商务服务站从事电子商务交易工作。由此可见,农村电子商务的发展通过提供大量的就业岗位,为农民增收创造了条件。

农村电子商务可持续发展不仅需要与之相关的物流、金融、培训等服务业的支持,而且在其可持续发展理念的指引下,与之相关的更多行业开始在农村地区涌现,进而使农村地区的电子商务生态逐步优化,这将创造更多的就业岗位。由此可见,随着农村电子商务可持续发展的推进,就业机会将不断增加,就业领域将更为广阔,农民将拥有更多的选择,这使得农民能够根据自己的特长和喜好选择就业岗位,进而带来工作效率的提升及收入的增加。

(二)提高农民的销售收入

我国长期以来形成的小农生产模式在与大市场的对接中,存在信息不对

称，而发展农村电子商务，使农民借助于网络将农产品销售信息传递到全国各地，可彻底解决信息不对称的问题，不仅从根本上解决了农产品“卖难”的问题，而且还可以越过中间商，卖出好价格。但是，要实现农村电子商务对农产品销售持久的促进作用，就必须实现农村电子商务的可持续发展。

在农村电子商务可持续发展“创新”理念的指引下，农村电子商务通过技术、模式、服务的不断创新，为农产品网上销售提供更多的销售方式、更优质的服务，为农民销售收入提供更大的增长空间；在“协调”理念的指引下，通过加大对农产品上行的推动力度，缩小双向流通渠道的差距及农产品线上线下销售的差距，增加农民的销售收入；在“绿色”理念的指引下，通过绿色农产品生产及绿色包装、绿色仓储及绿色物流的使用，满足消费者不断升级的消费需求，进而促进农产品网上销售，同时通过加强绿色品牌打造，借助于品牌效应，提高农产品的网上销售价格；在“开放”理念的指引下，农产品销售可以借助于网络突破时空限制，销往更广阔的市场领域，尤其是农产品跨境电商的发展，使得农产品市场需求进一步扩大，销量进一步增加，进而使得农民销售收入呈现更明显的增长。在“共享”理念的指引下，促使农民逐渐改变小农生产意识，逐步形成合作共赢的思想，共享农村电子商务的基础设施、物流体系、发展资金等，实现销售收入的持续增加。

（三）满足农民的消费需求

农民“生活富裕”不仅是指收入水平的提高，还包括因各个方面消费需求得到满足而带来的精神上的富裕，因此，实现乡村“生活富裕”，仅考虑促进农民增收是片面的，还必须考虑在农民增收的同时满足农民的多种消费需求。农村电子商务的发展，一方面旨在推动农产品上行，实现农民增收；另一方面旨在推动工业品下行，挖掘农村的消费潜力，满足农民多样化的需求。近几年，阿里巴巴、京东、苏宁云商等大型电商企业纷纷通过渠道下沉进入农村地区，同时，各级政府部门不断加大对农村电子商务的支持力度，这为满足农民多样化的消费提供了便利，农民“买难”问题基本上得到了解决。但是，这仅是解决了农民的部分物质消费需求，随着农民收入的不断增加，其消费水平也将日渐提升，这就要求农村电子商务也需与时俱进，秉承可持续发展的理念，通过不断创新，采用新技术、新模式及时了解农民需求的变动趋势，在努力满足农民物质需求的同时，通过销售多种产品和服务满足农民的文化需求、情感需求、娱乐需求等精神层面的需求。由此可见，只有推动农村电子商务可持续发展，才能发挥农村电子商务对农民各类消费需求不断满足的作用。

第二节 农村电子商务可持续发展有助于建立现代商品流通体系

实施乡村振兴战略，畅通农村流通渠道是关键。中国农村传统的商品流通体系不完善、流通方式陈旧、流通技术落后、流通效率低下，与城市流通业发展存在一定差距，这不仅阻碍了城乡融合发展的进程，而且不利于乡村振兴战略的推进。因此，构建现代商品流通体系已成为现阶段经济发展的迫切需要。2020 年 9 月 9 日中央财经委员会第八次会议召开，对畅通国民经济循环和现代流通体系建设问题进行了研究，习近平总书记指出，必须把建设现代流通体系作为一项重要战略任务来抓，同时对如何建设现代流通体系进行了解释，即统筹推进现代流通休系硬件和软件建设，发展流通新技术新业态新模式，完善流通领域制度规范和标准，培育壮大具有国际竞争力的现代物流企业。2022 年 1 月 24 日，国家发展改革委发布《“十四五”现代流通体系建设规划》，基于现代流通体系存在的短板，对“十四五”时期现代流通体系建设进行了全面部署，并从战略层面指出建设现代流通体系对构建新发展格局的重要性。

农村电子商务的出现，既体现了网络技术对流通业的影响，又带来了商品流通模式的创新和流通渠道的拓展，其健康、可持续发展必将推动现代商品流通体系的建立。2023 年 8 月 16 日，《中央财办等部门关于推动农村流通高质量发展的指导意见》强调了促进农村流通高质量发展是建设高效顺畅现代流通体系的有力举措,指出通过强化农村流通数字赋能,实施农村电商高质量发展工程,推进“数商兴农”和“互联网+”农产品出村进城工程。

一、现代商品流通体系的构建思路

深入理解习近平总书记提出的现代流通体系的内涵,本研究认为建设现代商品流通体系应该包括三个层面,即顶层设计层面、具体执行层面、最终目标层面,如图 3-1 所示。其中顶层设计层面是指制定流通领域的制度规范和标准;具体执行层面包括培育基于新技术、新理念的流通新业态新模式以及高效的现代化物流支持体系;最终目标层面为通过实现城乡流通一体化推进以国内大循环为主体、国内国际双循环相互促进的新发展格局。

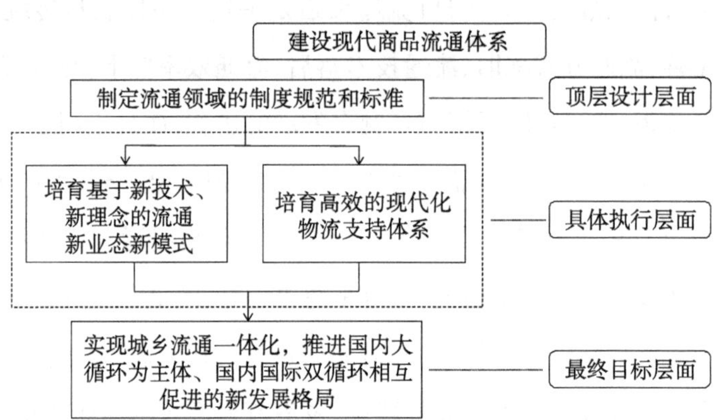

图 3-1 现代商品流通体系的构建思路

由以上思路可以看出,在建设现代商品流通体系的过程中,政府部门要在充分发挥市场调节作用的前提下,明确现代流通体系的建设方向,并通过制定相关的制度规范和标准,以弥补市场调节的局限性,为现代流通体系的建设创造良好的外部环境。在国家大政方针的引导下及各级主管部门的大力支持下,流通领域各类经营主体积极进行流通技术和经营理念的创新,不断推出新业态新模式,同时努力打造高效的现代物流支撑体系,流通经营效率不断提高,行业核心竞争力得以形成。随着流通业现代化水平的提高,城乡流通一体化进程加快,流通业助推社会扩大再生产的能力明显提升,有力推进国内大循环,缓解我国经济发展的不平衡不充分问题,同时实现国内国际双循环相互促进。

二、发展农村电子商务是建设现代商品流通体系的重要组成部分

电子商务的出现及发展是流通业运用新技术、新理念实现的业态创新,是进入21世纪以来流通领域先进生产力的代表,是构建现代商品流通体系的重要推动力。我国电子商务发展初期主要的客户群体是城市消费者,随着城市市场竞争的日益激烈,越来越多的电子商务企业将目标转向农村地区,同时各级政府部门也意识到拓展农村市场是我国启动内需的关键。启动农村消费需求则需要改变农村地区落后的商品流通体系,而改变农村地区落后的商品流通体系可进一步带动农村经济的发展,缩小城乡差距。因此,从2014年开始一直到2024年,中央一号文件连续11年强调发展农村电子商务,各省市政府部门积极响应中央号召,纷纷制定促进本省市农村电子商务发展的相关政策。从2014年开始,阿里、京东、苏宁几大电子商务巨头纷纷下沉农村市场,拉开了农村电子商务发展的帷幕。与此同时,农村电子商务发展也促使一些新生电子商务企业迅速发展壮人。

从建设现代商品流通体系的角度来看,我国农村电子商务从发展之初就肩负着提高农村流通现代化水平的历史使命。例如,早在2015年12月15日,时任国务院副总理汪洋在北京调研全国供销合作总社电子商务发展情况时就指出,加快发展农村电子商务,构建现代农村流通网络。由近几年我国各地农村电子商务的发展情况可以看出,只有发展中不断融入新元素,使其经营理念、经营模式随着科技的进步和消费需求的改变而不断改变,农村电子商务才能具有持久的生命力,即只有农村电子商务实现可持续发展才能真正推进

现代化商品流通体系的建设。

三、农村电子商务可持续发展对建设现代商品流通体系的推动作用

结合现代商品流通体系的构建思路，在顶层设计层面，从2014年至今，我国各级政府及主管部门出台了一系列促进农村电子商务发展的文件，梳理这些文件可以看出，不同时期各级政府和主管部门对农村电子商务发展的关注点在不断变化，发展重心也在不断调整，这充分体现了政府和主管部门在推进农村电子商务发展的过程中已将可持续发展的理念渗透其中。在具体执行层面，农村电子商务可持续发展可从不同角度推进现代商品流通体系的建设，具体表现如下。

（一）促进流通业态和模式的创新

农村电子商务的出现，改变了我国农村地区以定期集市和小卖部为主要交易场所的状态，为农民采购日常生活用品和销售农产品开辟了新渠道，丰富了农村流通业态。一是农村电子商务在发展之初通过充分利用当地资源禀赋优势或结合特色产业，采取了各具特色的经营模式，已初步实现了经营模式多样化。例如，既有在政府推动下、依托本地特色产业形成的浙江遂昌模式、吉林通榆模式、甘肃成县模式、河北清河模式，又有不依托于本地传统产业形成的江苏沙集模式、浙江北山模式，还有基于区位优势和交通优势形成的专注于做网上集散的陕西武功模式，等等。二是农村电子商务在发展过程中，为适应各地消费需求的变化，不断进行创新。近几年，基于各类社交平台和自媒体平台的社交电商和网络直播模式在农村地区迅速发展，尤其是2020年年初新冠疫情暴发后，网络直播作为最新的带货模式受到各地农村电子商务经营者的青睐。2020年下半年，社区团购又开始在许多农村受到消费者的欢迎。目前，在我国广大农村地区不仅形成了多种流通业态共同发展的格局，而且新模

式新业态不断出现。

在农村电子商务发展过程中,经营业态和模式的创新必然需要新理念、新技术来支撑,这就对经营理念和技术创新产生了需求,从而拉动了新理念、新技术的迅速发展,同时新理念、新技术的出现又为经营模式创新提供了条件,加快经营模式创新的速度。在这一循环演进过程,充分体现了农村电子商务的可持续发展的"创新"理念,同时,新发展理念的其他四个方面——协调、绿色、开放、共享,也在流通业态和模式创新中发挥了引导作用,进而推动商品流通体系现代化建设的进程。

(二) 推进现代物流体系建设

中国物流业是伴随着电子商务的发展而迅速崛起的,实践证明,二者存在较为明显的协同效应。农村电子商务的可持续发展将对农村物流运营提出更高的要求,刺激农村地区迅速改变物流技术落后、成本高、效率差的状态,提高农村物流的配送能力,加快农村物流现代化建设的步伐。一方面,农村电子商务可持续发展将全面推动农村物流基础设施网络建设,具体包括:加快农村道路建设,做到公路村村通,村内街道路面全面硬化;合理规划农村配送体系,建立高效的"县—乡—村"三级物流配送体系,缓解农村物流配送"最后一公里"的问题;根据需要逐步在一些农村地区进行冷库和仓储设施建设,加快农产品冷链物流的发展;积极投资农村电子商务物流园区建设,为整体提升农村地区物流水平创造条件。另一方面,农村电子商务可持续发展可提高农村物流的组织化程度,彻底改变以往农村物流分散化的状态,促进了物流配送方案科学化、配送路线合理化。最后一方面,农村电子商务可持续发展可提高农村物流的信息化、自动化程度,不仅推进农村物流公共信息平台的建设,而且促使物联网及卫星定位技术运用到农村物流运营体系中,实现车辆定位及调货配货即时化。例如,在一些经济发达的省份,智能机器人、无人机、无人仓等智慧物流技术已成为农村物流发展的新亮点。例如,2020 年 4 月,我国全国首条智慧物流快线——智运快线在广州市茂名化州市新安镇正式启动。

（三）加快城乡流通一体化进程

建立现代商品流通体系，最终应消除城乡流通差距，实现城乡流通一体化。从目前我国流通业发展的整体情况来看，虽然城乡二元化特征依旧明显，但通过多方努力二者的差距已出现了缩小趋势。农村电子商务可持续发展将为加快实现城乡流通一体化进程发挥积极作用。一方面，农村电子商务可持续发展通过促进农村流通业态和经营模式的创新，可逐步改变城市流通业态多样化与农村流通业态相对单一的对立状态；另一方面，农村电子商务可持续发展可带动农村地区物流体系的建设，使农村物流迅速发展，并通过构建城乡双向物流体系，逐渐打通城乡物流发展的内部循环，实现了城乡物流一体化发展。总之，通过促进农村电子商务可持续发展，推进现代商品流通体系建设，可在一定程度上改变了我国流通业城乡发展不平衡及农村发展不充分的问题，加快城乡流通一体化的进程。

第三节　农村电子商务可持续发展有助于促进新发展格局

2020 年 5 月 14 日，中共中央政治局常委会会议首次提出“深化供给侧结构性改革，充分发挥我国超大规模市场优势和内需潜力，构建国内国际双循环相互促进的新发展格局”。2020 年 5 月下旬两会期间，习近平总书记提出要“逐步形成以国内大循环为主体、国内国际双循环相互促进的新发展格局”，2020 年 7 月 21 日召开的企业家座谈会以及 2020 年 7 月 30 日召开的中共中央政治局会议，均对这一新发展格局进行了强调，党的十九届五中全会又对这一新发展格局进行了重大战略部署。2021 年 3 月 12 日，《中华人民共和国国民经济和社会发展第十四个五年规划和 2035 年远景目标纲要》全文公布，其中畅通国内大循环及促进国内国际双循环是重要内容之一。2022 年 10 月 16 日，习近平总书记在党的二十大报告中指出“着力推动高质量发展，主动构建新发展格局”。由此可见，形成以国内大循环为主体、国内国际双循环相互促进的新发展格局是“十四五”时期我国经济发展的主要方向。

农村电子商务作为实现乡村振兴战略的重要推动力，其可持续发展不仅可通过打通城乡要素流通渠道，实现城乡融合发展，促进国内大循环的形成，而且可通过开展跨境业务赋能国内国际双循环。① 同时，以国内大循环为主体，国内国际双循环相互促进的新发展格局的形成又为乡村振兴带来新机遇。

一、农村电子商务可持续发展有助于推进需求侧改革

2015 年中央经济工作会议提出供给侧结构性改革，之后几年供给侧结构性改革一直是我国经济工作的重心。2020 年 12 月，中央政治局会议强调要扭住供给侧结构性改革这条主线的同时，注重需求侧管理，需求侧改革被首次提及。近几年供给侧结构性改革取得了一定成效，供给结构不断优化，供给质量和效率不断提升，但是我国经济发展仍旧受到消费率偏低、消费市场疲软等问题的羁绊，因此，必须在坚持供给侧结构性改革的同时，推进需求侧改革，激发消费市场的巨大潜力，形成供给和需求的动态平衡机制，畅通国内大循环。农村电子商务作为服务城乡消费的新渠道，其健康、可持续发展，必将有助于不断启动内需，活跃消费市场。

① 2021 年 3 月 12 日，中华人民共和国国民经济和社会发展第十四个五年规划和 2035 年远景目标纲要全文公布，在“第十二章　畅通国内大循环”中提到“强化流通体系的支撑作用”；在“第十三章　促进国内国际双循环”中提到“加快发展跨境电商”。2021 年 5 月 18 日，商务部召开乡村振兴工作领导小组会议，明确提出通过深入推进农产品上行和工业品下行，助力畅通国内大循环。另由本研究前面的分析可知，农村电子商务可持续发展对构建现代商品流通体系具有一定的推动作用，故其对畅通国内大循环必然会产生一定的促进作用。同时，在本研究中，农村电子商务可持续发展是基于新发展理念提出来的，其中“开放发展”主要通过跨境电商来体现，故农村电子商务可持续发展也将赋能国内国际双循环。

（一）挖掘农村消费潜力

和城市市场相比，农村市场蕴藏着更大的消费潜力，2021年1月5日，商务部等12部门联合印发《关于提振大宗消费重点消费促进释放农村消费潜力若干措施的通知》，重点强调了稳定和扩大汽车消费、促进家电家具家装消费、提振餐饮消费、补齐农村消费短板弱项、强化政策保障五个方面。从农村电子商务近几年的发展来看，通过“工业品下行”形式，使农村消费市场得到了一定程度的改观，广大农民纷纷加入到网购大军中，大到家电，小至日常生活用品，都成为网购的对象，农村网络零售额逐年上升，农村电子商务对释放农村消费潜力产生了一定的促进作用。现阶段，为进一步挖掘农村消费潜力，有效启动内需，应及时解决农村电子商务发展中的一些具体问题，实现其可持续发展，以发挥其对农村消费市场持续的刺激和引导作用。

尽管多年来党和国家一直致力于城乡一体化体系建设，但是流通体系的城乡割裂依旧存在，而农村电子商务可持续发展恰恰可以在一定程度上推进城乡流通一体化进程。在一些农村地区，困扰农民生活多年的“买难”问题仍旧存在，由于监管不到位，农村市场中仍旧存在着大量质次价低的假冒伪劣商品，但是随着农村居民收入水平的逐年提高，其消费水平不断提升，广大农民在消费中开始重视商品品牌、质量、安全等因素，农村小卖部及传统集市出售的商品已不能满足农民日益增长的消费需求，农村居民更希望能够买到与城市市场同质的日常生活消费品。由此可见，农村电子商务的发展不仅为农村居民带来了方便，而且推动了扩大内需战略的实施。然而，近几年虽然农村市场的网络销售额处于逐年上升状态，但增长率却出现下降。主要原因之一在于网络监管存在漏洞，农民在网上购买的一些日用品质量得不到保障，这显然违背了部分的农民网上购物初衷，农村电子商务的发展遇到瓶颈。但是这一现象仅是农村电子商务发展过程中的阶段性问题，只要能够及时解决，保证农村电子商务可持续发展，不断提高农民的网购热情，农村电子商务对启动农村市场需求的巨大作用就能持续发挥。针对这一问题，各级政府部门及主管机构基于《中华人民共和国电子商务法》，不断完善相关法律法规，优化网上交易法律环境，同时加强网络监管，净化网络市场，为农村电子商务可持续发展创造了条件。

随着党和国家对农村电子商务的关注及大力推进，农村电子商务发展所必需的基础设施、配套服务等都取得了较快的发展，农民网购将逐渐摆脱农村电子商务发展初期面临的网络、物流配送等问题的制约，网购商品的种类、数量将不断增加。与此同时，农村电子商务新模式不断涌现，为农民提供了更多的网购渠道，使农民网购不拘泥于某种特定的模式，而是可结合所在区域农村电子商务发展的实际情况及个人的习惯和喜好，选择不同的网购平台。这将进一步提升农村网购群体的数量，扩大农村网购规模，展现农村电子商务可持续发展对农村消费潜力的挖掘作用。

（二）提升城市消费活力

扩大内需需要全方位挖掘国内市场潜力，在刺激农村市场消费的同时，要迎合城市市场消费升级的趋势，进一步激发城市消费活力。在近几年城市市场消费增长乏力的状况下，农村电子商务的发展成为城市市场消费增长的新动能。从城市市场的电商消费情况来看，家电类传统耐用消费品及一些快消品市场基本趋于饱和，可挖掘的市场空间有限，但是，随着城市居民收入水平的增加及消费需求的升级，消费重点开始向智能、绿色、健康、安全等方向转变，在日常生活消费中，蔬菜、水果及肉蛋奶的安全性成为其作出购买决策的关键因素，且希望所购买的各类食品能够做到全程可追溯。农村电子商务通过“农产品上行”的形式，不仅为各类农产品开辟了新的销售渠道，在一定程度上解决了农产品的“卖难”问题，而且为城市消费者购买农产品提供了新途径。但是在农村电子商务发展初期，网销农产品并未受到城市居民的热捧，主要原因是网销农产品质量与线下销售的农产品质量并无本质的差别，且考虑到一些农产品易腐易烂的特征及对网上展示的图片与实际商品不符的顾虑，相当一部分城市居民更愿意选择传统购物渠道购买农产品，“农产品上行”效果与预期存在较大差距。

为改变这种状况，只有不断推动农村电子商务转型升级，实现农村电子商务可持续发展，不断满足城市消费者多样化、具体化的需求，才能进一步激发城市居民对网购农产品的热情，真正助力乡村振兴。目前，各级政府部门及各类农村电子商务经营主体均已意识到这一问题的重要性，开始关注网销农产品的质量，加强品牌建设，通过各种方式展现农产品的整个生产过程，向消费者传递安全信息，吸引城市消费者购买。与此同时，一些旅游资源丰富的农村地区将“生态旅游”与美丽乡村建设相结合，并通过打造具有地方特色的旅游名片，抓住城市居民向往原生态及大自然的心理，通过网络进行宣传，吸引城市消费者前往消费。

二、农村电子商务可持续发展有助于推动国内大循环

分析农村电子商务可持续发展对国内大循环的促进作用，应首先明确中国经济的基本特征，即中国市场体量庞大，产业众多，城乡二元经济差异依旧明显，内循环存在一些堵点，因此，要畅通国内大循环需要多方发力。

根据马克思政治经济学的观点，社会再生产包括生产、分配、交换、消费四个环节，其中交换在社会再生产过程中发挥着桥梁和纽带作用，有利于再生产过程的顺畅运行。同时，马克思强调商品流通是一系列无休止的社会性交换行为，因此，在目前我国经济运行过程中，为促进国内大循环，需着力打通社会再生产的四个环节，这就必须充分发挥商品流通的重要作用。现阶段，电子商务已经成为我国重要的商品流通形式，近几年随着城市市场的逐渐饱和，农村电子商务迅速崛起，且已被视为推动我国经济发展的重要举措，频繁出现在党的重要文件中。由此可见，促进农村电子商务发展，保障社会再生产四个环节的有效衔接，将成为畅通国内大循环的有效途径。同时要保证农村电子商务

在发展过程中能随着社会经济的不断变化而适时调整,始终沿着合理的轨道健康发展,持续发挥对经济发展的推动力,即实现农村电子商务的可持续发展。

农村电子商务可持续发展对国内大循环的促进作用,可体现在以下几个方面:一是农村电子商务可通过电商平台向生产者及时传递需求信息,缓解信息不对称问题,实现有效供给,推进供给侧结构性改革。二是农村电子商务可通过"工业品下行"和"农产品上行"双向流通渠道,进一步开拓城乡市场,并通过采取多种模式不断创造新需求,深度挖掘城乡消费潜力,推进需求侧改革。可见,农村电子商务可同时推进供给侧结构性改革和需求侧改革,实现产需衔接。三是农村电子商务可促进城乡资源流动,优化城乡资源配置,例如,农村电子商务的发展为农村居民开辟了新的就业渠道,并吸引大批农民工、大学生返乡创业,同时带动了农村地区相关产业的发展,促进三次产业的融合,实现了产业链的优化,促进了乡村经济的繁荣,增加了农民的收入,而农民收入的增加,又为进一步启动农村市场需求创造了条件。

由此可见,农村电子商务的发展可畅通国内大循环,国内经济大循环的畅通又可进一步促进了农村经济的繁荣,推进乡村振兴战略的实施。但是,需要再次强调的是,在这一过程中,农村电子商务必须保持可持续发展的态势。

三、农村电子商务可持续发展有助于促进国内国际双循环

改革开放以来,我国积极参与国际分工,充分利用国内、国际两个市场,融入国际经济大循环。虽然在改革开放之后相当长的一段时间内,我国在国际分工中处于相对不利的地位,基本上处于全球产业链的中低端,主要从事加工、制造、组装等技术含量和附加价值均较低的生产环节,但是不可否认的是,通过参与国际分工,拉动了我国经济的快速发展,我国成为名副其实的"世界工厂""制造大国"。近些年来,随着我国科技水平的进步和产业结构的升级,我国综合国力不断增强,在全球产业链中的地位不断提升,但是由于世界经济

持续下滑、全球市场需求萎缩、贸易保护主义抬头，我国对外贸易的发展受到一定的影响。尽管目前我国对外贸易开始复苏，但整体形势依旧严峻。正是在这一大背景下，以习近平同志为核心的党中央确定了“加快构建以国内大循环为主体、国内国际双循环相互促进的新发展格局”的发展战略，这一战略虽然突出了以国内大循环为主体，但同时也对国内国际双循环相互促进的新发展格局作出了强调，由此可见，在新的历史时期，在促进国内大循环的同时，应积极推进国内国际双循环相互促进。

从国内循环和国际循环的辩证关系来看，一方面，国内循环越畅通，一国经济就越繁荣，其开放程度就越高，融入全球经济的程度也就越大，最终通过实现全球范围的资源配置，助推国际经济大循环；另一方面，国际经济循环越顺畅，就越有利于构建高效合理的全球产业链、价值链和供应链，从而带动参与国际分工的各个国家的经济发展，推进各国内循环高效运行。以上经过分析已说明，实现农村电子商务的可持续发展可通过引导生产、刺激消费、促进资源的合理配置，有效推进国内大循环。与此同时，随着我国农村电子商务的发展，在“开放发展”理念的推动下，其业务范围不断拓展，跨境电商迅速崛起，一些具有地方特色的农产品借助电子商务平台成功进入国际市场，带动了农产品出口量的增长。为更深入地融入国际大循环，进一步开拓国际市场，提高产品附加值，一些农村地区由开始简单地将本地产品销往国际市场，逐渐过渡到开始注重品牌建设及产品特色打造，以提高借助于各类涉农电子商务平台销往国际市场的产品的吸引力和认可度。同时，为发展跨境电商，农村电子商务原有的经营模式及技术得到拓展，这就需要更多相关产业的支持，因而，必然进一步带动国内循环，最终形成国内国际双循环相互促进的良性模式，充分展现了农村电子商务可持续发展的“创新发展”“协调发展”等新发展理念对国内国际双循环的推动作用。

由此可见，农村经济作为中国经济的重要组成部分，借助于电子商务可持续发展深度融入以国内大循环为主体，国内国际双循环相互促进的新发展格局，并助力了新发展格局的形成，同时，新发展格局又将带动农村经济的发展，加快乡村振兴的进程。

本章小结

本章主要探讨乡村振兴战略背景下中国农村电子商务可持续发展的必要性，分别从三个方面分析了中国农村电子商务可持续发展助力乡村振兴战略的实施。

首先，分析了农村电子商务可持续发展对乡村振兴战略实施的推动作用。围绕乡村振兴战略的"产业兴旺、生态宜居、乡风文明、治理有效、生活富裕"二十字方针，从五个不同的方面展现了农村电商可持续发展在农村产业结构优化调整、生态环境建设、乡风民风及文化建设、乡村治理、满足农民物质及精神需求方面的重要作用。

其次，分析了农村电子商务可持续发展对建立现代商品流通体系的积极作用。在深入理解习近平总书记提出的现代流通体系内涵的基础上，从顶层设计层面、具体执行层面、最终目标层面提出了现代流通体系的构建思路，并论证了实现农村电子商务可持续发展是建设现代商品流通体系的重要组成部分。同时，从促进流通业态和模式的创新、推进现代物流体系的建设、加快城乡流通一体化的进程三个方面剖析了农村电子商务可持续发展对建设现代商品流通体系的推动作用。现代商品流通体系的建立有助于发挥流通在乡村振兴过程中的引领作用。

最后，分析了农村电子商务可持续发展对国内大循环及国内国际双循环的促进作用。形成以国内大循环为主体、国内国际双循环相互促进的新发展格局，必须以供给侧结构性改革为主线，积极推进需求侧改革。因此，在目前供给侧结构性改革取得一定成效的前提下，本章从分析农村电子商务可持续发展对需求侧改革的促进作用入手，在此基础上，以生产、分配、交换、消费社会再生产的四个环节为逻辑主线,分析了农村电子商务可持续发展对国内大循环的推动作用。同时,基于国内循环与国际循环的辩证关系,分析了农村电子商务可持续发展对国内国际双循环的重要意义。双循环格局的形成有助于实现区域间要素自由流动,加快乡村振兴的步伐,推进城乡一体化进程。

第四章　乡村振兴战略背景下中国农村电子商务可持续发展的可行性

由第三章的分析可以看出，现阶段农村电子商务可持续发展已成为实施乡村振兴战略的重要途径及有力举措，为更好地发挥农村电子商务在乡村振兴过程中的引擎和助力作用，必须结合当前中国农村电子商务发展的具体情况，对其可持续发展的可行性进行深入分析，具体包括已具备的外部条件、已建立的发展机制、已确定的发展重点、已形成的发展步骤等几个方面，以为下一步研究的顺利展开提供依据。

第一节　良好的外部条件

农村电子商务的发展和乡村振兴战略的实施存在明显的互动作用，乡村振兴战略的实施，为农村电子商务可持续发展提供了良好的政策环境、法律环境、经济环境和技术环境。

一、政策环境

自 2017 年 10 月 18 日，习近平总书记在党的十九大报告中首次明确提出乡村振兴战略之后，一系列与乡村振兴战略相关的文件纷纷出台，在这些重要文件中几乎都提到了要促进农村电子商务的发展。除每年的中央一号文件均对该年度农村电子商务发展的重点进行了规划和部署外，2018 年 9 月，中共中央、国务院印发《乡村振兴战略规划（2018—2022 年）》，提出深入实施电子商务进农村综合示范，建设具有广泛性的农村电子商务发展基础设施，加快建立健全适应农产品电商发展的标准体系。2019 年 5 月，中共中央办公厅、国务院办公厅印发《数字乡村发展战略纲要》，提出实施"互联网+"农产品出村进城工程，深化电子商务进农村综合示范，培育农村电商产品品牌。2021 年 3 月，发布《中共中央　国务院关于实现巩固拓展脱贫攻坚成果同乡村振兴有效衔接的意见》，提出支持农产品流通企业、电商、批发市场与区域特色产业精准对接。2021 年 9 月，发布《商务部办公厅、发展改革委办公厅、中华全国供销合作总社办公厅关于进一步推动农商互联助力乡村振兴的通知》，提出支持农产品产地发展"电子商务+产地仓+快递物流"模式，提高农产品上行效率；建设区域电商兴农助农频道，选取符合条件的电商平台、直播电商、社区电商等企业加入，定期开展公益帮扶活动。2022 年 5 月，中共中央办公厅、国务院办公厅印发《乡村建设行动实施方案》，提出扩大农村电商覆盖面，深入实施"互联网+"农产品出村进城工程和"数商兴农"行动。2023 年 4 月，中央网信办、农业农村部、国家发展改革委、工业和信息化部、国家乡村振兴局联合印发《2023 年数字乡村发展工作要点》，提出推进农村电子商务提档升级。

这些文件不仅显示了在乡村振兴过程中，发展农村电子商务的重要性，而且显示了不同历史阶段国家政策对农村电子商务支持的重点发展领域及方向在不断发生变化，为农村电子商务的可持续发展提供了政策保障。

二、法律环境

在乡村振兴战略背景下，促进农村电子商务可持续发展需要具备良好的法律环境，以为其健康、稳定、迅速发展保驾护航。2018 年 8 月 31 日，《中华人民共和国电子商务法》(以下简称《电子商务法》)正式通过,并于2019年1月1日起开始实施。《电子商务法》通过法律条文的形式对当前电子商务经营主体行为、交易方式、支付方式、消费者权益保障等问题作出了规定,并肯定了农村电子商务发展的重要性,例如,《电子商务法》第六十八条指出:“国家促进农业生产、加工、流通等环节的互联网技术应用,鼓励各类社会资源加强合作,促进农村电子商务发展,发挥电子商务在精准扶贫中的作用。”同时,《电子商务法》对农村电子商务发展中一些具体问题也有明确规定,例如,第十条指出,“电子商务经营者应当依法办理市场主体登记。但是,个人销售自产农副产品、家庭手工业产品,个人利用自己的技能从事依法无须取得许可的便民劳务活动和零星小额交易活动,以及依照法律、行政法规不需要进行登记的除外”。这一规定为农村电子商务的发展提供了更广阔的空间,使一些规模较小的农村网商在不需要进行市场主体登记的前提下,仍旧获得了法律上认可的市场主体地位,极大地提高了其参加农村电子商务的积极性,激发了农村电子商务市场的活力。虽然从经营主体上来看,《电子商务法》为农村电子商务的发展创造了宽松的发展环境,但是这些经营主体的经营行为要受到第三十八条规定的约束,即“电子商务平台经营者知道或者应当知道平台内经营者销售的商品或者提供的服务不符合保障人身、财产安全的要求,或者有其他侵害消费者合法权益行为,未采取必要措施的,依法与该平台内经营者承担连带责任。对关系消费者生命健康的商品或者服务,电子商务平台经营者对平台内经营者的资质资格未尽到审核义务,或者对消费者未尽到安全保障义务,造成消费者损害的,依法承担相应的责任”。这一规定从产业链的角度,对电子商务平台经营者及其平台内的农村网商的经营行为提出了具体要求,为保证农村电子商务交易中的商品质量提供了法律依据。

由此可见,《电子商务法》的落地,使电子商务交易可以做到有法可依,交易中一些固有的弊端能够得到妥善解决,尤其对发展相对较晚、尚处于起步阶段的农村地区的网上交易具有明确的指导、规范作用。随着《电子商务法》的不断健全，以及相关法律条文的不断出现，未来农村电子商务的发展将处于一个更加完善的法律环境中，这为农村电子商务的可持续发展提供了法律支持。

三、经济环境

党的十九大以来，乡村振兴战略全面启动，农村经济建设加速，这为农村电子商务可持续发展提供了良好的经济环境。

一是网络基础设施建设稳步推进。2021 年年底，中国行政村宽带通达比例已达到 100%，光纤和 4G 网络通达比例均超过 99%，在网速方面，基本实现农村城市"同网同速"。截至 2022 年 6 月，中国农村互联网普及率达到 58.8%。与此同时，5G 网络加速发展，截至 2022 年 8 月，5G 网络已覆盖所有地级市城区、县城城区和 96% 的乡镇镇区。① 这为农村电子商务的开展提供了良好的网络基础。

二是农村公路建设取得明显成效。近年来我国持续投入资金用于农村公路建设，同时为保证农村公路的建设质量，2019 年交通运输部颁布了《农村公路建设质量管理办法》。截至 2021 年年底，中国农村公路路面的铺装率、列养率、优良中等路率分别增加到 89.8%、99.5% 和 87.4%，②路况水平明显提升，和干线公路的服务能力水平基本相当。截至 2022 年年底，中国农村公路总里程已超过 450 万公里。③ 农村公路建设的迅速推进，为开展农村电子商务，方便物流配送创造了条件。

三是农村物流体系逐步完善。大型快递企业纷纷将业务深入农村，各地加快完善县、乡、村三级农村物流网络节点体系，因地制宜建设了一系列具有仓储、分拨、配送的服务站点，设立了一些村级快递公共取送点，经济发达地区

---

① 中国数字乡村发展报告(2022 年)，农业农村部信息中心，第 1—2 页。

② 张艳玲：《十年来我国农村公路总里程已达 446.6 万公里"路长制"覆盖率 95.2%》，2022 年 7 月 29 日，见 news.china.com.cn/2022-07/29/content_78347177.html。

③ 李啸虎：《交通运输部：截至 2022 年底，我国农村公路里程超过 450 万公里》，2023 年 10 月 31 日，见 http://www.ctdsb.net/c1476_202310/1938244.html。

开始推进农村冷链物流建设。农村物流建设的推进，极大地促进了农村电子商务的发展，提高了农产品上行和工业品下行的效率。

四是农村电商产业园区建设不断加快。以完善农村电商产业链为主导，以实现农村电商产业集聚为目标，各地纷纷加快农村电商产业园区建设，通过提供完备的基础设施及配套公共服务，借助各种优惠政策，逐步吸引农村电商企业及相关企业入园发展，并通过资金支持、贷款优惠及技术培训，孵化电子商务企业，助力农村电子商务可持续发展。

五是农村三次产业融合发展有序展开。随着农业供给侧改革的不断深入，在国家政策的引导下，各地结合资源与特色优势，开始探索农业与第二、第三产业的交叉融合发展，这为农村电子商务的发展提供了新契机，使以电子商务为主导的产业链联动模式具备了较大的发展潜力。

四、技术环境

自从电子商务开始向农村延伸，技术问题就成为制约农村电子商务发展的一大瓶颈。近年来，为促进农村电子商务的发展，在政府主管部门的推动下，农村电子商务技术环境不断优化，这为农村电子商务可持续发展创造了条件。

第一，从国家到地方各级政府部门，在不同层面上提出了农村电子商务技术方案，包括 IT 软硬件技术支持、平台建设与维护、农村电子商务大数据分析系统等，并根据方案进行农村电子商务发展部署。

第二，各地根据情况通过开设线下辅导班、网络课程或发放宣传册等形式对相关人员进行电商基础知识和实操技能培训，使涉足农村电子商务的相关人员熟练掌握网上信息发布、图片上传、活动宣传与推广、网上交易、与客户在线互动等简单操作内容，并能够对网站进行统一管理。

第三，各地通过制定并实施优秀人才引进计划，吸引一批专业人才加入到农村电子商务发展建设中，这些专业人才有从事电子商务经营的经验，具备电子商务运营所需要的各种技术,并能够不断推进技术创新,进而推动农村电子商务新模式、新业态的出现。同时,各地的人才引入计划也鼓励了一些大学生返乡创业,进入农村电子商务领域,返乡创业的大学生凭借较高的综合素质不仅在电子商务经营中能够迅速掌握相关技术,而且能将新观点、新理念融入到农村电子商务发展中。

第二节　较完善的发展机制

农村电子商务之所以能在一些地区迅速发展起来,最主要的原因是这种模式可增加农民的收入,改善农民的生活,但在这些地区农村电子商务经历了一段时间的高速发展之后,因受产品供给、市场需求、竞争等多方面因素的影响,发展速度开始下降。还有一些地区未结合本地资源禀赋,直接移植其他地区成功的电子商务模式,结果事倍功半。另外一些地区在"电子商务进农村"政策的推动下建立农村电子商务服务站点,但因未充分考虑当地实际情况,使得这些站点没有交易量,农村电子商务未得到真正发展。因此,在经历了农村电子商务发展中出现的这些阶段性问题后,政府部门、各大电子商务平台、农村电子商务参与主体及行业协会均认识到农村电子商务可持续发展的重要性,同时意识到要促进农村电子商务可持续发展,就需要综合各种因素,建立长效发展机制。目前,已基本形成了市场调节与政府引导相结合的发展机制。

一、有效的市场调节机制

从中国农村电子商务发展的历程来看,市场驱动是其发展的原动力,市场机制在农村电子商务发展的各个阶段均发挥了主导作用,促进了资源的优化配置。虽然农村电子商务不同于农村市场上传统的商业经营模式,但其本质都是商品流通活动,都是连接供给和需求的桥梁和纽带,具备了对供给信息和需求信息的双向传递功能,在一定程度上缓解了信息不完全和信息不对称的问题。首先,从供求机制来看,农村电子商务通过“工业品下行”和“农产品上行”实现了部分工业品和农产品的供需有效对接,尤其通过“农产品上行”,将消费信息及时传导到生产领域,促进农民按需生产,主动把控农产品质量,并通过品牌打造、特色提升等手段不断提高其附加值。其次,从竞争机制来看,随着农村电子商务的发展,越来越多的经营者进入这一领域,导致农村电子商务经营者之间的竞争日益激烈,优胜劣汰成为必然,同时,激烈的竞争对网销商品的质量提升及技术创新产生了积极的推动作用。最后,从价格机制来看,在农村电子商务发展中,商品的网络销售价格受到市场供求机制和竞争机制的影响,并随着供求关系的变化及竞争关系的改变,不断进行调整。

二、规范的政府引导机制

虽然市场机制在农村电子商务发展中发挥了主导作用,但是市场调节的自发性、盲目性及滞后性,使农村电子商务发展中不可避免地出现了过度竞争、以次充好等现象,不利于农村电子商务的健康、持续发展。为充分挖掘农村电子商务这一新生事物对农村经济的巨大推动作用,解决市场失灵所带来的一系列问题,我国各级政府部门均已意识到政府引导在农村电子商务发展中的重要性,并明确了市场调节与政府引导相结合的发展机制,即在充分发挥市场机制在农村电子商务发展中主导地位的同时,各级政府及主管部门通过运用政策、法律及必要的行政手段对农村电子商务的发展进行积极引导。近年来,中央政府及各级主管部门高度关注农村电子商务发展,相关政策不断完善,制度设计不断优化。

(一)注重顶层设计

早在 2015 年 4 月 3 日商务部办公厅印发的《2015 年电子商务工作要点》中就明确指出,要启动“十三五”电子商务发展顶层设计,促进电子商务进农村进社区。之后,商务部会同有关部门,围绕促进农村电子商务高质量发展,不断优化顶层设计。一是各级政府部门在发展农村电子商务过程中，不断理顺政府与市场的关系，明确政府引导对农村电子商务规范、健康发展的重要作用，并制定了清晰、精准的顶层设计标准。二是各级政府部门通过各种方式对农民进行宣传和培训，让广大农民认同电子商务，支持并积极参与到农村电子商务发展中。三是各级政府部门通过出台一系列的政策措施，不断加强农村流通基础设施建设，积极培育多元化的市场主体，加快完善物流配送等农村电子商务服务体系，大力培养并引进农村电商人才，加大金融支持力度，适时推进农村电子商务园区建设。

（二）规范发展机制

近年来为鼓励农村电子商务的发展，各地纷纷出台了一系列政策，制定了相关发展机制。例如，农村电子商务创业激励机制、电子商务人才培养机制、电子商务产业转型升级机制、电子商务经营模式创新机制、农村电子商务纠纷处理机制，等等。为保证制度的科学合理性，各地政府部门对这些发展机制进行了规范。一是保证发展机制的连贯性，各地政府在不同时期制定的农村电子商务发展机制均是以上一阶段的发展机制为基础，在汲取有效成分的同时不断纠偏，使农村电子商务发展机制既有延续性特征，又有阶段特征。二是保证发展机制的全面性，各地政府部门在制定农村电子商务发展机制的过程中尽可能涉及与其相关的各个方面，并结合农村电子商务发展中出现的问题，不断对相应的发展机制进行补充、完善。三是保证各类发展机制的协调性。各地政府部门制定的农村电子商务发展机制虽然涉及多个方面，但是这些具体的发展机制在大方向上具有一致性，彼此之间能够相互支撑、相互补充，并在不断地完善中形成了一个合理的体系。

（三）强化监督机制

为保障农村电子商务经营者和消费者的合法权益，为农村电子商务发展营造公平、公正、规范、有序的市场环境，各地逐渐强化农村电子商务监督机制，一是各地政府部门加强了对农村电子商务经营者的监督力度，通过各种方式重点监督其经营的合法性、合规性，加强信用监管，以保证农村电子商务的健康发展；二是许多地区均已成立了农村电子商务行业协会，该组织通过强化对行业内企业的监督和引导，加强行业自律，更好地发挥其在政府和企业之间、行业内不同企业之间的桥梁和纽带作用；三是各地积极发挥社会舆论监督的作用，并综合利用各种媒体及大数据技术，拓展监督的广度和深度，强化监督效果。

（四）完善动态调整机制

在农村电子商务发展过程中，外部环境不断发生变化，企业经营理念及经营模式不断创新，在上一阶段能够促进农村电子商务发展的政策制度可能已经不适合本阶段及未来的发展，若这些规章制度不及时作出调整，甚至可能限制或阻碍农村电子商务的进一步发展，因此，促进农村电子商务可持续发展的长效机制不是一成不变的固定制度的集合，而应是一个动态调整的制度体系，其需要随着时间及内外条件的改变不断发展、完善。纵观近年来我国各级政府部门出台的有关农村电子商务发展的系列政策，各个政策的出台都紧密结合当时的实际情况且具有一定的前瞻性和导向性，不同阶段的政策之间既有内容的继承性，又有与时俱进的创新性，充分体现了动态调整机制。

第三节　明确的发展重点

经过几年的发展，农村电子商务对我国农村经济发展的贡献日益明显，已俨然成为农村经济的重要组成部分。但是，从总体来看，尽管有些地区农村电子商务的发展走在了前列，带活了一方经济，但还有部分地区的农村电子商务尚处于起步阶段，仍在摸索前行。实施乡村振兴战略，需要全面激发农村电子商务发展的潜力，实现电子商务与农村经济的深度融合。各级政府部门及理论界均已意识到这一问题的重要性，并在实践的基础上逐步明确了农村电子商务发展的重点，以促进其可持续发展，相关论述散见于一系列相关文件及文献中。本节内容通过对已有资料的梳理，并结合第二章对中国农村电子商务现状的分析，从不同角度对中国农村电子商务可持续发展的重点进行了归纳。

一、从流通方向考虑："农村商品上行"是重点

农村电子商务提供了"工业品下行"和"农村商品上行"的双向网络流通渠道，拓宽了工业品和农村商品的市场范围。促进农村电子商务可持续发展，必然是双向网络流通渠道的可持续发展。随着农村网络覆盖率的提高和智能手机的普及，触网农民比例直线上升，农村电子商务迅速发展，但是纵观目前我国农村电子商务总体状况，"工业品下行"和"农村商品上行"发展存在明显的不平衡，尽管通过发展农村电子商务，借助于"工业品下行"可以改善农村的消费环境，满足农民多方位的需求，但是，要从根本上缓解"三农"问题，增加农民收入，优化农村产业结构，促进农村经济发展，则需要依托网络大力推进"农村商品上行"。

农村电子商务中的"工业品下行"和"农村商品上行"存在相互影响。为启动内需，阿里、京东、苏宁等网络巨头率先布局农村市场，其他网商迅速跟进，推动了"工业品下行"的迅速发展。虽然通过"工业品下行"可以更好地满足农民的购物需求，提高农民的生活质量，但是这必须在农民收入不断增加、消费能力不断增强的前提下才能实现。在农村电子商务发展过程中，"工业品下行"与"农村商品上行"存在明显差距，只能是阶段性现象，如果"农村商品上行"不能迅速跟进，农民不能借助于网络促进农村商品销售，并实现增收，其消费会日趋理性，对网购的热情会逐渐消退，由"工业品下行"占主要比例的农村电子商务交易额的增加就会减速，农村电子商务的发展就会陷入困境。因此，要实现农村电子商务的可持续发展，必须改变当

前“工业品下行”和“农村商品上行”不平衡的状态，在继续推进“工业品下行”的同时，将“农村商品上行”作为重点，加大其发展力度，使“农村商品上行”以比“工业品下行”更快的速度发展，尽快缩小二者之间差距，全面激活农村经济。

二、从“农村商品上行”的商品种类考虑：“农产品上行”是重点

通过以上分析，明确了“农村商品上行”是未来农村电子商务发展的重点，但农村商品包含的种类较多，利用电子商务推进“农村商品上行”是否给予所有商品同等重视，还是要有所侧重，是需要进一步考虑的问题。在目前关于农村电子商务的研究中，多用“农村商品上行”来描述我国农村地区借助于网络销售的商品，就实物商品而言可大致分为两类：一类是指初级及初加工农产品，也就是我们通常说的农产品；一类是工业加工品，例如，江苏省徐州市睢宁县沙集镇的家具、山东省菏泽市曹县的汉服、河北省邢台市清河县的羊绒制品，等等。相对于农村中的工业加工品而言，农产品因标准化程度低、储存时间短、运输费用高等原因，通过电子商务进行网络销售的难度更大。我国最早涉足农村电子商务的地区以及目前农村电子商务发展较好的地区，相当一部分是通过网络销售当地的工业加工品，带动当地经济发展的，这反映了当前农村电子商务发展中“农产品上行”的产品结构状况。在乡村振兴战略背景下，实现农村电子商务可持续发展，促进“农村商品上行”，农村工业加工品的网上销售与农产品的网络销售同等重要，农村工业和农业的发展都是乡村振兴的重要组成部分，尤其是农业生产，更需要通过开辟畅通、高效的流通渠道解决长期以来困扰农民的“卖难”问题。因此，下一阶段，在以“农村商品上行”为重点促进农村电子商务可持续发展的过程中，在继续通过各种方式推进农村工业加工品发展网络销售的同时，应进一步将“农产品上行”作为重点加以大力发展。尤其需要指出的是，在重点推进“农产品上行”的过程中，鲜活农产品的网络销售是难点，需要更多的关注。

我国各级政府部门已充分认识到了“农产品上行”对促进农村电子商务可持续发展以及推进乡村振兴战略实施的重要性，在近几年的文件中多次对加快实施“互联网+”农产品出村进城工程进行重点强调，例如，2022 年 1 月中央网信办、农业农村部等联合颁布的《数字乡村发展行动计划（2022—2025 年）》将深化农产品电商发展作为重点任务之一，并强调支持农业龙头企业、农民专业合作社以及种养殖大户、家庭农场等新型农业经营主体通过网络销售区域特色农产品。同时，各地出台的农村电子商务推进方案、实施方案、重点推进措施等，均强调通过农产品标准化、品牌打造、畅通网络销售渠道、完善电商服务体系等措施，促进当地农副产品的网上销售。

三、从发展区域考虑：农村电商发展落后的地区是重点

第二章通过分析已证明，从整体来看，我国农村电子商务发展存在区域不平衡的现象，东部地区发展较快，中部地区发展居中，西部地区和东北部地区发展相对缓慢。从某种程度上讲，农村电子商务的发展与当地的经济发展状况有一定的相关性。但是，这种相关性只是一种大致状况，不具备普适性。笔者在调研中发现，现阶段欠发达地区并不是农村电子商务发展最差的地区，相反，一些欠发达地区的农村电子商务还走在了前列，而在一些经济发展状况尚可的农村，农村电子商务却还未起步。造成这一现象的主要原因在于国家将电商扶贫作为精准扶贫战略的重要举措进行推广惠及了广大欠发达地区，因此，随着电商扶贫政策的实施，在一些欠发达的农村地区，农村电子商务获得了较快的发展，并对相关产业产生了较强的带动作用。与此同时，经济发达地区农村的村民意识超前，涉足农村电子商务较早，农村电子商务发展也较快。而一些经济发展处于中等状况的农村，村民观念保守、安于现状、对新生事物缺乏探知兴趣，即使在国家大力推进农村电子商务的背景下，仍旧未搭上农村电子商务的快车，成为农村电子商务发展的洼地。因此，在乡村振兴战略背景下，促进农村电子商务可持续发展，打造农村电子商务发展的新格局，就需要

逐步缩小不同区域农村电子商务的发展差距，将农村电子商务发展落后的地区作为重点，尤其是要通过各种措施激发这些地区农民的电商意识，加速这些地区农村电子商务的发展。同时，农村电子商务发展较快的地区也要重视其发展过程中出现的新问题、新现象，并不断谋求经营理念、经营思路、经营模式等方面的创新，及时解决农村电子商务发展过程中的阶段性问题，真正实现可持续发展。

现阶段，“数商兴农”行动在全国范围内深入推进，带动了农村电子商务的全面发展，尤其是农村电子商务新基建不断完善，相应服务体系不断健全，再加上一些地区通过发展农村电子商务使农民迅速致富的典型案例，不仅为农村电子商务发展相对落后的地区迅速涉足这一领域创造了条件，而且激发了当地农民的热情。这些地区的农村电子商务将会以更快的速度发展，迅速缩小与其他地区的差距。

四、从发展方向考虑：品质电商是重点

随着中国经济的发展和社会的进步，消费升级的步伐加快，品质消费成为消费需求的新特点，在这一背景下，电子商务进入品质升级时代，众多电商平台纷纷加强商品品质把控。目前，品质电商主要面对城市消费群体，而因农村居民受收入水平的制约及消费习惯的影响，对价格较为敏感，农村地区品质消费发展相对较慢。同时，农民在销售农产品时虽然期盼卖出好价钱，但是在交易中通常是根据市场行情按收购商的收购价格进行交易，处于被动状态，缺少通过提高农产品品质进而提升销售价格的意识。

实施乡村振兴战略，全面改善农村面貌，缩小城乡差距，实现城乡融合，不仅要改善农村的消费环境，提高农民的消费水平，而且要将农村产品更多、更好、更快地卖到城市，满足城市需求的同时，带动农村经济发展。在这一过程中，农村电商发挥着不可替代的作用。因此，在乡村振兴战略背景下，为推进农村电子商务的可持续发展，促进品质电商发展已成为各级政府部门及电商

企业关注的重点问题之一，并围绕这一问题展开了一系列工作。一方面，为提升“工业品下行”品质，一些地区在政府部门引导下开始全面打造农村电子商务平台的品质服务体系。通过消费信息服务，引导农民科学理性消费，提升其对商品质量的辨别能力及维权意识；通过商品监管服务，对进入平台的商品进行严格的质量检测，将那些希望借助平台“搭便车”交易不合格商品的不良商家彻底排除在外，以保证把优质的日用工业品输送至农村消费领域，改变农村地区假冒伪劣商品泛滥的现状，真正缩小城乡生活水平的差距。另一方面，许多地区的政府部门和电商企业同时发力，提升“农产品上行”品质，以满足城市消费者对品质和卖相的双重需求，改变农产品上行乏力的现状，即通过标准化体系建设、质量安全追溯体系建设及品牌打造，使进入网络平台的农产品具备品质优良和特色突出两大特征，迎合城市消费者对高层次生活质量的追求，确保农产品交易额稳步提升，交易市场范围不断扩大，促进农村电子商务由数量发展向质量发展转变。

第四节　清晰的发展步骤

由第二章的分析可知，现阶段中国不同地区农村电子商务的发展水平存在差异，区域发展不平衡现象明显，尽管如此，各地在发展农村电子商务时，都希望其能够实现可持续发展，稳步推进。因此，明确农村电子商务可持续发展的基本步骤，在此基础上进而明确各地农村电子商所处的发展阶段，是各地确定农村电子商务可持续发展方向及采取相应对策的重要前提。结合各地农村电子商务的发展情况，可以看出有些地区农村电子商务发展的整体形势较好，其发展过程展现了可持续发展的特征，这为本研究探析农村电子商务可持续发展的步骤提供了参考。综合已有文献和资料，可将农村电子商务可持续发展从逻辑上归结为八个阶段，即基础设施建设、平台建设、观念激发、技术普及、模式选择、合理推进、生态形成、转型升级。

一、基础设施建设

要充分发挥农村电子商务对乡村振兴的带动作用，基础设施建设必须先行。乡村振兴战略在实施过程中，各地在肯定发展农村电子商务的重要作用的同时加快了基础设施建设的步伐，并取得了可喜的成效。一方面，各地持续加强农村宽带、通信等信息化基础设施建设，并提升了网络基础设施的规模与质量，同时，逐步完善了农村网络安全体系，为农村电子商务的发展提供了畅通、高效、安全的网络环境。另一方面，广大农村地区加强了农村道路设施及交通安全建设，在所有乡镇及建制村全面实现道路硬化，并加强村内道路建设及改造，同时合理设置交通设施，在提高农村交通运输能力的同时，保证农村道路交通安全。第三方面，进一步完善了农村物流基础设施建设，不断加强农村物流服务站点建设，提高其覆盖率，并科学规划农村物流配送中心、物流园区建设，同时提升了农村物流信息化建设，将人工智能、大数据技术等融入农村物流运行体系，提高了农村物流的运行效率。

现阶段，各地在相关基础设施建设方面进行了大量投入，为农村电子商务的发展创造了较好的硬件条件，但从整体来看，其与农村电子商务全面、可持续发展的要求还存在一定的差距。

二、平台建设

网络交易平台建设是发展农村电子商务的重要载体和必要条件。结合第二章对中国农村电子商务主要模式的分析，可将目前中国农村电子商务的应用平台大致分为五种形式。一是大型综合电子商务平台，以阿里巴巴、京东、苏宁等大型电子商务企业为代表，其通过渠道下沉的形式入驻农村市场，建立“县—乡—村”三级服务体系，为农村电子商务的发展创造了机会，并取得了阶段性成效。二是国内专业农村电子商务平台，此类平台是为发展农村电子商务专门打造的平台，为农村提供综合性的电子商务服务。三是社交平台，以微博、微信、博客、论坛等为代表，平台用户利用此类平台的社交功能可实现商品及相关信息在朋友圈的分享和传播，该类平台技术门槛低，是广大农民涉足电子商务最简单的途径。四是自媒体平台，以快手、抖音等短视频直播平台为代表，此类平台是农村电子商务发展的新宠。五是地方性农村电子商务平台，此类电子商务平台是在农村电子商务推进过程中，由政府部门组建，或在当地政府扶持下，由专业电子商务公司、供销社、农民专业合作组织等承建，具有明显的地域性，主要服务于当地农村产品的销售。从平台建设的整体情况来看，前四种形式的平台已覆盖我国广大的农村地区，只要有发展农村电子商务的需求，均可以借助于这些平台展开交易。与前四种平台不同，第五种平台形式多数是在当地政府主管部门高度重视并积极推进农村电子商务的背景下产生的，从运行效果来看，除了一些已突破地域界限，发展成为全国性的电子商务平台外，还有相当一部分平台因知名度较低，流量有限，其实现的网络交易量尚不理想。

为实现农村电子商务的可持续发展，平台建设需要进一步升级，各类平台正在积极努力。虽然近年来我国农村电子商务交易额直线上升，但是一些问题也相伴而来。例如，目前我国最大的农产品上行平台——拼多多，2020 年实现农(副)产品网上交易额达到 2700 亿元，较 2019 年翻了一番①，在呈现其在全网农产品上行领先优势的同时，被指责出售假货、山寨货、盗版货等的投诉一直不断。另外，农产品直播带货销售火爆的同时，因虚假宣传、产品质量低劣等问题导致的直播翻车现象频发。这些问题部分缘于平台建设的不完善、不健全。因此，在各级政府主管部门的引导和监督下，各类涉农电子商务平台展开了全方位建设，采取了一系列措施。一是逐步完善了电商平台的监管功能，即电子商务平台对进入平台交易的产品进行严格的质量管控、等级分类、品牌识别，并完善了产品追溯机制，确保进入平台交易的产品质量过关、价

① 宏润源:《拼多多发布第二季财报　百亿农研成亮点》，2021 年 8 月 31 日，见 https://www.sohu.com/a/486831821_121087903。

格合理,减少假冒伪劣产品进入平台的机会。同时,这些平台还对商品宣传进行了监管,在鼓励商家借助网络平台采取多种形式对商品进行宣传的同时,要求商家保证宣传内容的真实性,禁止出现过分夸大产品功效的、虚假的宣传内容。二是加大了惩罚力度。网络交易平台在加强监管的同时,细化了相应的惩罚措施,以期对在平台上进行交易的商家起到震慑作用,使其放弃利用平台监管漏洞牟利的动机。三是鼓励进入平台交易的商家进行自我约束,即鼓励商家采取多种方式为消费者提供甄别商品的标识或承诺,这些标识或承诺既能约束商家的行为,又能使消费者在购买过程中顺利筛选,一举两得。例如,在多次经历消费者投诉之后,拼多多平台的入驻商家逐渐意识到自身利益与平台口碑直接相关,因此,在该平台的鼓励下,一些商家在店铺承诺“假一赔十”,或标识“正品险由中国人保财险承保”。

三、观念激发

基础设施建设和平台建设只是为发展农村电子商务创造了前提条件,而实现农村电子商务可持续发展,农村电商主体的经营观念非常重要。各级政府部门在发展农村电子商务的实践中已充分意识到了这一问题,并针对各地农村电子商务发展的不同情况采取了相应的措施。一方面,对于农村电子商务尚未起步或发展缓慢的农村地区,通过政策引导、媒体宣传、组织培训等多种方式,让广大农民能够及时准确知晓国家的相关政策及发展农村电了商务对农民增收、农业发展、农村繁荣的重要意义,从而激发农民及农村各类经营主体的触网意识,并产生对发展农村电子商务的迫切需求,在短期内催生农村电子商务或推动其发展;另一方面,对于农村电子商务发展较快的地区,通过多种方式激发经营主体的危机意识和创新观念。此类地区因涉足农村电子商务较早,农村电子商务发展相对较快,具有一定的规模,对当地经济发展起到了明显的带动作用,在这一背景下,政府主管部门通过多种方式引导电商经营主体客观对待当地农村电子商务发展的现状,既肯定其成绩,又使这些经营主体意识到随着消费需求的升级及市场竞争的加剧，农村电子商务经营会受到来自各方面的、越来越多的挑战，如果继续延续已有的经营思路及经营模式，不思求变，其在全国范围内农村电子商务发展的先发优势将难以稳固。与此同时，政府主管部门还通过向各类经营主体传递农村电子商务可持续发展的理念，使其时刻关注农村电子商务发展的动态，及时掌握市场需求的变化，通过调整发展战略，创新经营模式，提高管理的科学性等手段突破农村电子商务发展过程中的各种瓶颈。在政府部门的引导下，目前一些农村电子商务发展相对较快、较成熟的地区，面对农村电子商务发展速度开始下降的现实，其农村电商经营主体的产品质量意识、安全意识、标准意识、品牌意识开始全面提升。

四、技术普及

激发农村各类经营主体的电子商务观念是促使农村电子商务产生与发展的内在需求与潜在动力，而农村电子商务的顺利发展还需要相应的技术支撑。以河北省为例，从 2015 年起就开始实施农村电子商务全覆盖计划，到目前为止，河北省农村电子商务建设取得了一定的成效，其中“工业品下行”的覆盖率较高，而“农产品上行”推进相对缓慢，其中技术瓶颈是主要的制约因素之一。本课题组在调研中走访了一些具有地方特色产品且仍主要通过传统流通渠道进行产品销售的农村地区，下面结合具体案例分三种情况进行介绍。第一种情况，以河北省深州市为例，河北省“深州蜜桃”久负盛名，是中国国家地理标志产品，近年来深州市政府及农业农村局高度关注并积极推进农村电子商务，虽然以深州蜜桃核心产区——穆村乡马庄村为代表的一些乡镇已通过电商平台和畅通的物流体系实现了深州蜜桃的网上销售。但是，还有相当多的一部分乡镇仍旧游离于农村电子商务之外，尚未真正触及这一领域，如位于深州市西南部的王家井镇大染庄村的桃农们，虽然已充分意识到发展农村电子商务对促进蜜桃销售的重要意义，但却因缺乏技术支撑而不能对其充分利用，大量蜜桃仍以较低的价格卖给收购商。尽管该村的一些种植大户在搜狐网等门户网站发布了文字广告或视频广告，向外界传递蜜桃销售的信息，但也只是留下联系电话，网络平台仅是发挥了单向信息传播的作用。还有一些桃农利用微信发朋友圈，与朋友圈内的需求者进行双向沟通后，对周边的一些消费者进行少量零售，并亲自送货、现场交易，虽然这已有向电子商务迈进的趋势，但与真正意义上的农村电子商务相距甚远。第二种情况，以河北省承德市兴隆县挂兰峪镇西安村为例，该村盛产板栗。目前该村某村民建立了一个微信群“和谐西安村”，将本村大多数居民拉入群中，该微信群已成为村民们互通信息的主要渠道，比如，有人获知有收购商来收购板栗时，就会在群里询问谁家有板栗出售，并留下收购商的电话和收购价格，想出售板栗的村民就会自行通过电话联系收购商，然后通过传统方式达成交易。由此可见，该村大多数村民仅是能够利用微信进行信息传递，因尚未掌握网上销售技术，板栗销售全过程仍旧是沿用传统模式。第三种情况，以河北省邢台市某市为例，某电子商务公司设在该市市区，该公司将周边农村的农产品大量收购过来，在公司进行包装后，通过网络平台面向全国消费者销售。表面上看，这种模式虽然推动了“农产品上行”，但是农民并未真正获利，而是为该电子商务公司做了嫁衣，显然这种“农产品上行”模式在一定程度上偏离了发展农村电子商务的初衷，而导致这一现象的主要原因是农民缺乏相关技术，不知道怎样在网上销售农产品。以上这几种情况在其他省份的农村地区也广泛存在。

与此同时，在一些电子商务发展较好的农村地区，各类农村电子商务经营主体已熟练掌握了发展农村电子商务的基础技术，并能够灵活运用，但这并不意味着此类地区不需要再进行技术普及。随着农村电子商务的推进，一方面农村电子商务经营主体之间的竞争日益激烈，另一方面消费市场的需求千变万化，这就需要农村电子商务经营主体紧跟技术进步的步伐，及时掌握最新的经营技术，实现技术升级。目前，各地正通过政府、农村电子商务平台、各类经营主体等多方共同努力进行农村电子商务应用技术的普及，一是各地政府主管部门和涉农电子商务平台联合，开展电子商务技术下乡活动，定期举办培训班,现场教授农村各类经营主体网上开店的技能及销售技巧。二是各地政府出台各类优惠政策鼓励优秀的电子商务技术人才加入到农村电子商务建设的大军中,为农村电子商务的发展提供技术帮扶和指导。三是各地政府部门通过多种方式创造条件,组织一些懂电商技术的经营主体外出参观学习,以促进技术的升级与更新。四是各类经营主体积极主动地参与到农村电商技术的学习中,除了参与政府部门或电商平台举办的培训班外,还参与了一些线上培训课程,近两年尤其加强了对大数据技术的学习,以期利用大数据随时了解市场供求状况,转变经营模式,提高运营效率。

五、模式选择

在具备了相应的基础设施、网络平台,各类经营主体具有了发展农村电子商务的强烈意识并掌握了相关的技术之后,农村电子商务的产生与发展就会成为必然趋势。此时,摆在各类经营主体面前的一个主要问题就是选择什么样的模式去发展农村电子商务。需要强调的是,模式选择是发展农村电子商务的关键环节,模式选择的合理与否直接决定着农村电子商务是否具有持久的生命力。纵观我国农村电子商务发展的整体情况,一些地区在不断的实践摸索中形成了一些具有代表性的典型模式,这些模式虽然具有一定的可借鉴性,但因其在特定区域的成功是多种因素共同作用的结果,不一定具有可复制性。因此,各地农村因所处地理位置不同、经济发展各异、历史文化背景千差万别,在选择电子商务模式时,应结合各地经济、历史、文化等特点进行选择,因地制宜、彰显特色。

各地在根据实际情况选择农村电子商务发展模式时,通常采取以下几种途径:一是选择性借鉴,即在充分了解本地农村发展情况的基础上,与一些农村电子商务发展走在全国前列的地区进行全方位比较,将那些与本地情况相似度较高的地区的农村电子商务模式作为借鉴的对象。例如,一些有产业支撑的农村地区,往往效仿江苏沙集模式、山东博兴模式、河北清河模式等;无产业支撑但交通便利、地理位置优越的农村地区,常参考武功模式;希望为特色农产品开拓市场的农村地区,通常学习甘肃成县模式。在借鉴这些模式时,结合当地的实际情况进行适当调整非常重要。实践证明,一般通过这种途径进行农村电子商务模式选择并取得较好发展的地区,均在电子商务发展时融入了地域特征。同时,也有一些地区在农村电子商务发展初期对成功模式照抄照搬,导致当地农村电子商务的发展难以推进。二是开创新模式,即一些农村地区在具备发展电子商务的基础条件后,根据当地的发展战略及资源禀赋比较优势,开创独具特色的新型农村电子商务模式。因无现成的经验可借鉴,因此,新模式的建立及运行具有一定的风险。

六、合理推进

农村电子商务的产生虽然源于市场需求的拉动,但要实现其健康、有序、可持续发展,各级政府部门就需要发挥指引作用。与此同时,行业协会、电商平台、各类服务商、农村电商经营主体要发挥助力作用。

从全国范围考虑,尽管早在2014年国务院就在国家层面提出加快发展农村电子商务,各地纷纷响应,但是从目前农村电子商务发展的整体情况来看,地域发展不平衡的现象非常明显,这是事物发展的必然规律,是正常现象。因此,现阶段国家政府部门在推进农村电子商务发展时,已认识这一客观现实,并没有盲目追求全国各地农村电子商务发展齐头并进,而是从全局出发,在现有农村电子商务发展梯度的基础上,指导各地结合当地农村实际情况,整合有效资源合理推进。

从具体区域考虑,各地政府部门将推进农村电子商务落到实处,使其真正惠及农民,积极改变前一阶段一些地区在没有深入进行调研及科学进行顶层设计的情况下,在所辖区域内盲目推进电子商务站点建设,形式上实现村级电子商务服务站点全覆盖,但实质上许多站点未真正启用、形同虚设的现象,这不仅造成了资源的浪费,而且也违背了农村电子商务发展的初衷。因此,现阶段各地政府部门在推进农村电子商务发展时，以市场为导向，结合当地社会经济发展情况，全面精准地把握农民需求，合理设计农村电子商务发展规划，有重点、有步骤地推进农村电子商务发展，即在特定区域内推进农村电子商务发展时，政府部门在树立全局观的前提下，科学配置资源，通过以点带面，最终实现全区域农村电子商务大发展。尤其是各地区持续加强国家级及省级“电子商务示范县”建设，通过政策优惠、技术扶持、资金支持等方式，及时解决电子商务示范县建设中出现的问题，彰显其对农村经济发展的影响力。在电子商务示范县建设同时，政府部门还通过政策引导，逐步将这种模式有选择性地向产业基础类似、风俗习惯相仿的周边县市推广，并在这一过程中，根据各地情况灵活施策。此外，对于前期已经铺点建站，但农村电子商务尚未起步的农村地区，当地政府部门通过引导、帮扶的形式，鼓励农民参与到农村电子商务中，努力盘活这些闲置资源。

七、生态形成

效率和效益是农村电子商务发展中追求的双重目标，而农村电子商务生态系统的形成是在追求这些目标过程中的必然发展趋势。从整体来看，农村电子商务生态系统表现为，在市场机制的作用下及各级政府部门的支持下进行农村电子商务园区建设，在园区内打造完整的农村电子商务产业链，同时农村电子商务产业链又通过不同的节点与其他产业链交织融合，形成复杂的社会经济系统的一部分。

随着农村电子商务发展规模的不断壮大，产业集聚效应逐步显现，与农村电子商务发展相关的电子商务企业、物流企业、文化创意企业、技术培训机构、融资机构及其他服务机构，为获取共同的市场机会开始向特定的区域集中。在此背景下，各级政府部门积极推进农村电子商务园区建设，并在建设中融入农村电子商务可持续发展的理念。农村电子商务园区的建设又进一步加快了农村电子商务产业集聚的速度，开创了农村经济发展的新格局。例如，在农村电子商务发展早期形成的“沙集模式”，在发展过程中适应社会经济发展的需求，遵循产业发展的规律，完成了以电子商务产业园为依托的生态系统建设。2017 年，沙集智慧电商产业园建成并投入使用，该园区以“聚合、创新、共享”为理念，集商品贸易、平台建设、物流配送、融资支持、网络文化创意、网络学校、实训模拟等多功能、多业态为一体，为推动农村电子商务全产业链形成及高质量发展创造了条件。在沙集智慧电商创业园的带动下，睢宁全县各地电商园区建设掀起高潮，徐淮路家具电商产业带，东风村网商一条街及高作电商一条街，凌城、邱集、八里等镇级电商园迅速发展，形成了“一带两区八园”电商产业集聚发展格局。其中，8 个电商园面积达 85.5 万平方米，入驻 200 多家规模较大的电商企业①，产业集聚发展效应十分显著。

八、转型升级

建立农村电子商务生态系统既是农村电子商务良性发展的路径选择，又是农村电子商务发展到特定阶段的必然结果。从可持续发展的角度来分析，农村电子商务生态系统的形成只是为农村电子商务的进一步发展创造了更好的环境和条件，并不是农村电子商务发展的终极目标。农村电子商务生态系统具有明显的动态性，整个系统及系统内各要素均要与当时的政治、经济、文化、技术特征相适应，在特定的时间段内对农村电子商务发展具有积极的推动作用。随着时间的推移，农村电子商务生态系统要随着环境的变化不断调整，使整个系统不断完善，使系统内各构成要素不断创新。具体而言，就是要通过系统内设施、设备等硬件环境的改善及技术、管理、服务等软件环境的优化实现系统内资源的优化配置，为农村电子商务模式的转型升级创造条件。

例如，一些地区经历了农村电子商务大发展且已形成农村电子商务生态系统后之后，因社会经济的迅速发展，已有电子商务模式已难以适应复杂多变

① 萧冰：《农村电子商务集聚发展的江苏探索》，《群众》（决策资讯版）2019 年第 8 期。

的社会需求，其弊端开始逐渐暴露，此时就需要对已有模式进行改造、转型、升级，以使其再次焕发出助力农村经济发展的强大动力。目前，随着农村电子商务模式的多样化，越来越多的农村地区在发展电子商务时，不拘泥于一种平台、一种模式，而是在已有模式的基础上，不断开拓新思路，尝试新模式，朝着多种模式共同发展的方向迈进。

以上提出的农村电子商务可持续发展步骤是在对全国各地农村电子商务发展状况进行综合的基础上，对其发展过程进行的逻辑总结，在理论上具有前后承接关系。从农村电子商务的实际发展情况来看，并不一定在时间上严格按照这八个步骤顺次进行，有些地区在同一时间实现了一些步骤的同步推进，例如，基础设施建设、平台建设、观念激发等。虽然农村电子商务发展过程中一些步骤可同时进行，但是其发展步骤的整体顺序却是符合发展规律的。目前，中国各地农村电子商务发展程度不一，存在明显差异。一些农村电子商务发展较早、已形成一定模式的地区，有些处于构建生态系统阶段，有些处于转型升级阶段；一些近两年才涉足农村电子商务的地区大多处于模式选择及推进阶段；还有一些地区的农村电子商务尚未发展起来，目前处于基础设施建设、平台建设、观念激发、技术普及等阶段。为促进乡村振兴战略背景下农村电子商务的可持续发展，不仅要掌握中国农村电子商务可持续发展的整体情况，而且要了解各地的具体情况，只有明确了农村电子商务发展的阶段，才能对处于不同阶段的农村电子商务的发展情况进行深入分析，判断其是否正沿着可持续发展的路径演进，是否在特定的发展阶段存在阻碍其顺利发展的制约因素，以便采取有针对性的措施，扫除其发展过程中存在的障碍，实现可持续发展的目标。

本章小结

本章主要探讨乡村振兴战略背景下中国农村电子商务可持续发展的可行

性，为此分别从外部条件、发展机制、发展重点、发展步骤等几个方面展开分析。从外部条件来看，乡村振兴战略的实施为农村电子商务可持续发展提供了良好的政策环境、法律环境、经济环境和技术环境。从发展机制来看，我国政府部门已建立起促进农村电子商务发展的长效机制，即明确了市场调节与政府引导相结合的发展机制。从发展重点来看，基于目前中国农村电子商务的发展情况，社会各界已普遍意识到要实现农村电子商务可持续发展就应该重点考虑四个方面，即从流通方向的考虑：农村商品上行是重点；从农村商品上行的商品种类考虑：农产品上行是重点；从发展区域考虑：农村电商发展落后的地区是重点；从发展方向考虑：品质电商是重点。从发展步骤来看，结合各地农村电子商务发展的具体情况，本章对乡村振兴战略背景下中国农村电子商务可持续发展的步骤进行了总结和归纳，按逻辑顺序将其分为基础设施建设、平台建设、观念激发、技术普及、模式选择、合理推进、生态形成、转型升级八个步骤，这八个步骤基本上展现了中国各地农村电子商务产生、发展、壮大及创新升级的过程，对标目前中国不同地区的农村电子商务发展状况，其可能正处于某一个阶段。

第五章　中国农村电子商务可持续发展的动态评价

综观目前中国各地农村电子商务的发展情况，结合第四章提出的农村电子商务可持续发展的一般步骤，从整体来看，由于各地农村电子商务发展水平不同，仅有少数农村电子商务发展较成熟的地区正在进入第八阶段，相当一部分农村地区电子商务的发展尚处于第五、六阶段，另外，还有一些农村地区电子商务刚刚起步。无论农村电子商务处于哪一个阶段，均涉及可持续发展的问题，均需要运用合适的指标体系及模型对其发展情况进行评价，找到影响其可持续发展的关键点，进而对我国农村电子商务可持续发展的状况进行整体评价。

第一节　农村电子商务可持续发展的原则

2016 年，习近平总书记对深入推进新型城镇化建设作出重要指示，强调要坚持以创新、协调、绿色、开放、共享的发展理念为引领，促进中国特色新型城镇化持续健康发展。乡村振兴战略提出后，新发展理念发挥着方向标作用，即实施乡村振兴战略必须要将新发展理念贯穿始终。因此，在乡村振兴战略背景下，新发展理念也必然成为农村电子商务可持续发展的基础和原则，并指引其发展方向。

一、创新发展

创新是乡村振兴的驱动力,渗透于乡村振兴的各个层面,体现在乡村振兴的各个领域。农村电子商务可持续发展要始终将创新作为重要的指导思想,具体包括理念创新、技术创新、模式创新、制度创新等方面。在乡村振兴战略背景下,无论是农村电子商务发展相对落后的地区,还是发展较快的地区,都需要具有持续的创新观念,只有结合各地实际情况不断创新,农村电子商务在发展中才能顺利绕过发展的阶段性瓶颈,或突破困境迅速成长,或实现转型升级,真正展现可持续发展的特征,助力乡村振兴。

二、协调发展

协调是乡村振兴的战略导向,贯穿于乡村振兴战略的政策体系,体现于乡村振兴战略的具体实施方略。为全面建成社会主义现代化强国,乡村振兴战略应运而生,并成为现阶段中国经济高质量发展的重要途径之一。在乡村振兴战略背景下,农村电子商务的发展要始终把握协调观,既要逐渐缩小城乡电子商务发展的差距,推进城乡一体化进程,实现电子商务城乡协调发展;又要通过经验借鉴与交流学习,加速欠发达地区农村电子商务的发展,逐渐改变农村电子商务发展区域不均衡现象;还要借助于"农产品上行"和"工业品下行"双向流通渠道的打造,实现农村电子商务双向流通渠道协调发展;也要结合当地产业,实现农村电子商务与其他产业的协调发展。

三、绿色发展

绿色是乡村振兴的内在要求,也是新时代乡村经济发展质量的重要衡量标准。实施乡村振兴战略要遵循人与自然和谐发展的规律,时刻把握好经济发展与环境保护的关系,树立绿色生产、生活理念。在乡村振兴战略背景下,农村电子商务要秉承绿色发展理念，不仅要通过完善的产品标准化体系和健全的追溯机制，引领农业绿色生产，推动品质消费；而且要通过技术升级，以奉行节约为出发点，将绿色发展理念贯穿于整个交易过程，实现绿色包装、绿色物流、绿色仓储，减少交易过程中的资源浪费及垃圾排放，从生态保护角度实现农村电子商务的可持续发展。

四、开放发展

开放是乡村振兴的重要举措和着力点，是化解“三农”问题的有效手段。开放发展理念根植于时代的发展要求，在乡村振兴战略中得到全方位体现。农村电子商务作为实施乡村振兴战略的重要抓手，要充分发挥其本身所具有的开放特质，通过网络交易促进城乡之间产品的开放、资源的开放、技术的开放、市场的开放，推进城乡融合。同时，要适时推进跨境电商交易，为我国特色农产品打开国际市场，开放带来的利好又会反作用于农村电子商务的发展，实现其可持续发展的愿景。

五、共享发展

共享是乡村振兴的新理念和着力点，共享经济是农村经济发展的新动能，也是新时代中国乡村振兴战略实施的必然走向，中国的乡村振兴是融入于共享经济中的乡村振兴。虽然共享经济的出现及迅速发展得力于互联网的应用及普及，农村电子商务的发展无疑为共享经济带来了新的发展机遇，但是在乡村振兴过程中，共享经济又推动了农村电子商务的发展。因此，在乡村振兴战略背景下，农村电子商务要充分利用其优势，合理配置各种资源，实现产品共享、空间共享、资金共享、技术共享、服务共享、管理共享、文化共享等，并在此基础上不断挖掘新的共享模式，进而推进农村三次产业融合和城乡融合。与此同时，农村电子商务会在共享经济中获取自身可持续发展的机会。

第二节　评价指标体系构建

一、建立评价指标体系

本研究基于绪论部分提出的农村电子商务可持续发展的概念及本章第一节提出的农村电子商务可持续发展的原则，遵循系统性、客观性和可操作性的原则，以新发展理念为出发点，构建包括创新发展、协调发展、绿色发展、开放发展、共享发展5个一级指标、23个二级指标和26个三级指标的农村电子商务可持续发展的动态评价指标体系，如表5-1所示。

表5-1　评价指标体系

一级指标	二级指标	三级指标	属性	数据来源
创新发展（A1）	研发费用（a1）	电商相关行业R&D经费支出/信息类服务业总研发经费（X1）	+	《中国科技统计年鉴》
	研究人员（a2）	电商相关行业R&D人员/信息类服务业总R&D人员全时当量（X2）	+	
	研发产出（a3）	农村电子商务有效研发成果数（X3）	+	企查查、天眼查、《中国科技统计年鉴》
	企业发展实力（a4）	农村电子商务企业的融资金额（X4）	+	网经社旗下电商大数据库"电数宝"监测数据
	政府支持力度（a5）	支持农村电子商务发展的政策文件数量（X5）	+	国家政府官网文件搜集
协调发展（A2）	城乡互联网普及率差异（a6）	城乡互联网普及率之比（X6）	-	《中华人民共和国国民经济和社会发展统计公报》
	城乡网络交易水平差异（a7）	农村网络零售额/全国网络零售额（X7）	+	《中国农村电子商务发展报告》
	区域差异度（a8）	农村电子商务网上销售额区域差值（X8）	-	

续表

一级指标	二级指标	三级指标	属性	数据来源
协调发展(A2)	双向流通渠道差异(a9)	农产品网络零售额/农村网络零售额(X9)	-	《中国电子商务报告》
	农产品网络销售情况(a10)	农产品网络零售额/农产品市场交易额(X10)	+	《中国电子商务报告》、《中国农村电子商务发展报告》
	产业集聚度(a11)	淘宝村累计数(X11)	+	《中国淘宝村研究报告》
绿色发展(A3)	绿色农产品生产(a12)	农用化肥年施用量(X12-1)	-	《中国农村统计年鉴》
		农药使用强度(X12-2)	-	
	农村电子商务绿色包装(a13)	农村电子商务产品包装碳年排放量(X13)	-	《中国产业电商市场数据监测报告》、《中国网络零售市场数据监测报告》、《民航行业发展统计公报》以及《中国能源统计年鉴》
	农村电子商务绿色物流(a14)	农村电子商务产品运输碳年排放量(X14)	-	
开放发展(A4)	出口贡献率(a15)	农产品跨境电商出口额/跨境电商出口总额(X15)	+	《中国农产品电商发展报告》、《全国农产品跨境电子商务发展报告》、《中国农产品电商发展报告》
	贸易竞争优势指数(a16)	农产品跨境电商进出口差额/跨境电商进出口总额(X16)	+	
	产品贸易差(a17)	中国农产品跨境电商贸易逆差(X17)	-	
共享发展(A5)	基建共享(a18)	乡村互联网普及率(X18-1)	+	《中华人民共和国国民经济和社会发展统计公报》
	技术共享(a19)	农村公路建设里程(X18-2)	+	中国研究数据服务平台和电数宝、智研咨询整理
		农村电子商务服务站累计数量(X18-3)	+	
		电子商务产业园累计数(X19)	+	
	物流共享(a20)	中国乡镇快递网点覆盖率(X20)	+	
	资金共享(a21)	农村电子商务专项资金(X21)	+	中华人民共和国财务部官网

注:“+”表示该指标对农村电子商务可持续发展起正向作用,“-”表示该指标对农村电子商务可持续发展起负向作用。

二、评价指标解释

（一）创新发展评价指标

在农村电子商务发展中，创新主要体现在经营理念、经营技术、经营模式、经营制度等几个方面，要实现这几个方面的创新，除了需要农村电子商务企业自身的努力外，还需要相应的资金、人才、政策等具体条件的支持。因此，本研究选择了研发费用、研究人员、研发产出、企业发展实力及政府支持力度五个二级指标来反映农村电子商务的创新发展情况。

研发费用和研究人员投入是直接影响农村电子商务创新能力的关键因素，但是在目前公开发布的关于农村电子商务发展的统计资料中尚无专门针对这两类指标的统计数据，考虑到电子商务的创新无地域界限，创新成果能够在行业内迅速传递并应用，即整个电子商务相关行业的研发费用和研究人员投入具有全行业波及性，因此，本研究选择电子商务相关行业 R&D 经费支出在信息类服务业总研发经费中的占比近似反映农村电子商务行业的研发费用投入情况，用电子商务相关行业 R&D 人员在信息类服务业总 R&D 人员全时当量中的占比反映农村电子商务行业的研发人员投入情况。

与农村电子商务研发投入对应的研发产出是反映农村电子商务创新发展情况的直接指标，但是研发产出有多种表现，只有部分成果可以量化，基于已有的数据资料，本研究用农村电子商务企业的有效研发成果数来近似反映农村电子商务的研发产出。

农村电子商务企业的实力直接关系到其创新能力及整个行业的创新情况。农村电子商务企业的实力越强，其融资能力就越强，足够的资金是企业进行研发投入和吸引专业人才的关键。因此，本研究用农村电子商务企业的融资金额反映其发展实力。

政府部门出台的相关政策为农村电子商务的发展与创新提供了良好的外

部环境和有效引导。支持农村电子商务的相关政策越多、政策支持力度越大对农村电子商务创新能力的推动作用就越强。因此，评价农村电子商务的创新发展情况需要考虑政府政策支持情况，故本研究用支持农村电子商务发展的政策文件数量反映政府对其支持的力度。

（二）协调发展评价指标

农村电子商务的协调发展主要应该体现在城乡协调、区域协调、双向流通渠道协调及与其他产业发展的协调等几个方面。因此，本研究选择城乡互联网普及率差异、城乡网络交易水平差异、区域差异度、双向流通渠道差异、农产品网络销售情况、产业聚集度六个二级指标来反映农村电子商务的协调发展情况。

电子商务的城乡协调情况，主要用城乡电子商务发展的差异来反映。其中城乡互联网普及率差异是导致城乡电子商务发展差异的硬件基础因素，本研究用城乡互联网普及率之比来反映这一因素。同时，城乡网络交易水平的差异是直接反映电子商务城乡发展水平差异的重要指标之一，本研究用农村网络零售额与全国网络零售额的比值来反映这一指标。

农村电子商务的区域协调状况主要通过农村电子商务的区域差异度来反映。由第二章的分析可知，中国农村电子商务在发展中存在明显的区域发展不平衡状态，位于东部、中部、西部、东北部几大区域不同省份的农村电子商务网络零售额存在较大差距，尽管这种差距在很大程度上受各地经济发展水平、产业特色、产品特点等客观因素的影响，短期内难以实现齐头并进，但是随着各级政府部门的引导与支持及各类电子商务经营主体的共同努力，在不同区域之间通过示范与学习、传导与带动的发展机制，农村电子商务发展的区域差异度将不断缩小，区域协调性将明显增强。因此，本研究用农村电子商务网上销售额区域差值来近似代表农村电子商务发展的区域差异度，并通过这一指标的动态变化来反映农村电子商务的区域协调状况。

农村电子商务双向流通渠道的协调主要通过比较“农产品上行”和“工业品下行”实现的交易额来反映。二者如果差距较大说明农村电子商务双向流通渠道发展不平衡，渠道协调度相对较低，反之亦然。目前统计部门尚未针对农村电子商务双向流通渠道的交易情况进行专门的对比统计，故无法获得直接反映这一指标的数据资料，但是因国家各级政府部门对农村电子商务及“农产品上行”的关注，近几年的农村网络零售额及农产品网络零售额均可通过年鉴获取。因此，本研究用农产品网络零售额与农村网络零售额的比值来反映双向流通渠道发展的差异。

农村电子商务与其他产业的协调主要体现为其与农村一、二、三产业的协调。其中农村电子商务与第一产业的协调状况可以用农产品网络销售情况来反映，即通过具体测算农产品网络零售额占农产品市场交易额的比重来反映农村电子商务与农业发展之间协调状况，这一指标越高，说明农村电子商务对农产品销售的贡献越大，越能带动农业生产的发展。同时，农村电子商务的产业集聚度也是反映农村电子商务与其他产业协调发展的重要指标，淘宝村是中国农村电子商务产业集聚的典型代表形式，是农村传统产业或特色产业与电子商务经营形式融合的产物，因此，本研究用淘宝村累计数来反映农村电子商务的产业集聚度。

（三）绿色发展评价指标

农村电子商务绿色发展体现在其经营主体、客体、配套服务体系等各个方面，其经营主体需要树立绿色发展观，根据绿色发展的要求对经营客体及配套服务体系进行引导和监督，以保证经营客体及相关服务的绿色发展特征，因此，绿色产品、绿色包装、绿色物流就必然成为衡量农村电子商务绿色发展的代表性指标。

绿色产品既包括农村电子商务经营中的工业制成品，又包括农产品，其中绿色农产品是农村电子商务绿色发展关注的重点。农村电子商务经营主体为获取符合要求的绿色农产品,就需要对农产品的生产环节进行干预,提供管理及技术服务,规范化肥、农药的施用量,因此,本研究用农用化肥年施用量、农药使用强度这两个具体指标反映绿色农产品生产情况。

绿色包装和绿色物流均属于绿色流通的范畴,发展绿色包装和绿色物流是近年来中国构建绿色流通体系的重要任务,主要用碳排放量对这两个指标进行衡量。由于我国政府部门致力于整个流通体系的绿色发展,且全国大流通格局正在形成,因此,对绿色包装、绿色物流的测度基本上是从行业角度进行的,没有进一步细化,故没有专门针对农村电子商务发展中绿色包装、绿色物流的专门统计数据,鉴于行业共性,本研究选用电子商务行业物流和产品包装碳年排放量近似反映农村电子商务物流与包装碳年排放量的情况。

(四)开放发展评价指标

电子商务是基于互联网的新型商业模式,互联网本身具有开放的特征,因此,开放发展是电子商务经营的必然趋势,其中市场开放是最重要的表现形式。就农村电子商务而言,其开放发展既包括国内市场的开放,又包括国际市场的开放,中国农村电子商务自诞生之日起就肩负着增加农民收入、促进农村发展、推进城乡融合的历史使命,目前其运营已基本上实现了城乡间、区域间的产品、资源与技术的自由流动,国内市场开放程度较高。因此,现阶段评价中国农村电子商务市场开放程度可重点考虑国际市场的开拓情况,即各类农村电子商务经营主体发展跨境电子商务的状况。虽然近几年一些淘宝村已在跨境电商经营领域做得风生水起,但是卖向国际市场的产品主要是小家电、服装等工业品。中国是农业大国,为农产品销售开拓新渠道以解决农产品“卖难”问题,是发展农村电子商务的重要任务之一,故本研究选择农产品出口贡献率、贸易竞争优势指数、产品贸易差三个二级指标来衡量农村电子商务开放发展水平。其中,农产品出口贡献率用农产品跨境电商出口额占跨境电商出口总额的比重来衡量,以反映农产品出口对跨境电商出口的贡献;贸易竞争优势指数用农产品跨境电商进出口差额占跨境电商进出口总额中的比重来衡量，以反映农产品跨境电商在中国跨境电商整体发展中的竞争实力；产品贸易差用农产品跨境电商进口与出口之差表示，即中国农产品跨境电商贸易逆差，以反映中国农村电子商务输出农产品的能力。

（五）共享发展评价指标

农村电子商务的共享发展既是共享经济观念在特定领域的渗透，又是农村电子商务提高发展效率的必要途径。农村电子商务共享发展的概念比较宽泛，涉及内容较多，既包括行业内资源的共享，也包括行业间资源的共享。本研究围绕研究主题，将研究重点放在行业内共享上，主要选取基建共享、技术共享、物流共享、资金共享四个二级指标对农村电子商务共享发展水平进行衡量。

基建共享主要反映为农村电子商务经营提供支撑的基础设施建设情况，本研究选择乡村互联网普及率、农村公路建设里程、农村电子商务服务站累计数量三个具体指标来衡量。

技术共享是在农村电子商务行业内实现各类技术普及和升级的重要途径。电子商务产业园区建设为电子商务技术共享创造了条件，其不仅可通过数字化管理平台为园区内各类企业提供服务，而且可通过整合各类技术资源进行重点技术的研发与攻关，实现园区内企业的技术共享，并进一步借助技术的溢出效应实现整个电子商务行业的技术共享。因此，本研究用电子商务产业园累积数来反映农村电子商务技术共享的情况。

物流共享是现阶段打通农村电子商务发展中“最后一公里”的有效途径。共享物流是中国物流业转型升级的方向，具体包括运输装卸设施共享、仓储共享、服务站点共享等内容。近年来伴随着农村电子商务的发展，农村地区物流体系建设力度加大，为各个物流企业提供共享服务的站点建设速度加快，但农村地区物流建设的整体情况仍相对滞后，且行业主管部门对中国农村地区物流业发展情况的统计尚不全面，考虑到数据的可得性及代表性，本研究用中国快递网点乡村覆盖率近似反映农村电子商务发展中物流共享情况，即主要反映收发货网点共享情况。

资金共享可以用能惠及众多农村电子商务企业的专项资金投入来反映。自从商务部2014年设立了“电子商务进农村综合示范”项目，从财政部拨出专项资金用于农村电子商务发展之后，从国家到地方政府部门，每年均有该项拨款，对农村电子商务发展起到了明显的促进作用。

第三节　评价模型构建

一、评价方法

可持续发展是世界各国普遍关注的全球性问题，也是国内外学者的研究热点。近些年，学者们对可持续发展问题进行了多对象、多维度和多尺度的探索，使用了多种研究方法。最初的研究多采取定性研究方法，对可持续发展的重要性及发展对策进行描述，随着研究的不断深入，研究方法逐渐由定性描述转向定量评估，且越来越呈现出多样化的特点。例如，黄思雅等(2018)采用层次分析法对漳州农业可持续发展进行了评价；①李潇等(2018)利用主成分分析法对北京市郊区重点小城镇可持续发展进行了评价；②徐宏(2019)运用能值分析法用面板数据研究了江苏省农业生态系统的可持续发展；③张永强等(2019)采用AHP-灰色关联度评价模型对黑龙江省肉羊产业可持续发展进

① 黄思雅、陈松林：《“精准扶贫”视角下漳州市农业可持续发展评价及对策》，《亚热带资源与环境学报》2018年第3期。

② 李潇、徐广才、王赢：《北京市郊区重点小城镇可持续发展评价》，《北京农学院学报》2018年第3期。

③ 徐宏：《江苏省农业生态可持续发展评价》，《中国农业资源与区划》2019年第8期。

行了研究；①陈玉娟等（2021）基于层次分析法研究了浙江省乡村旅游产业的可持续发展；②高等（Gao 等，2021）结合灰色关联模型与通径分析法评价了海洋可持续发展；③吴晓鹏等（2021）基于文献法和访谈法探究了遵义市苟坝村的可持续发展；④周春芳等（2021）通过德尔菲法和组合赋权法对健康城市建设的经济环境可持续发展进行了评价；⑤孙九霞等（2022）使用综合评价指数和协调发展度对乡村旅游地可持续发展水平进行了评价；⑥张瑞琛等（2022）运用层次分析法和模糊综合评价法对林区文创旅游可持续发展进行了研究。⑦

由此可见，针对可持续发展问题的研究方法在不断优化，尤其是近几年为提高研究结果的客观性和科学性，越来越多的学者采用组合评价方法对这一问题进行深入探析，且目前相关研究多运用静态评价法，即多采用截面数据或面板数据进行评价。但实际上可持续发展是一个动态发展过程，仅运用静态评价法缺乏对于整体动态变化和总体发展趋势的判断，存在一定的缺陷。因此，为对中国农村电子商务可持续发展进行动态评价，本研究在借鉴已有研究方法的基础上采用动态分析方法展开研究。

---

①　张永强、王珧、彭有幸等：《黑龙江省肉羊产业可持续发展评价研究——基于 AHP—灰色关联度评价模型》，《家畜生态学报》2019 年第 8 期。

②　陈玉娟、曹毓倩、刘兆阳：《浙江省乡村旅游产业可持续发展评价研究》，《建筑与文化》2020 年第 9 期。

③　Gao, S., Zhao, L., Sun, H., Cao, G., Liu, W., "Evaluation and Driving Force Analysis of Marine Sustainable Development based on the Grey Relational Model and Path Analysis", *Journal of Resources and Ecology*, Vol.11, No.6(2020).

④　吴晓鹏、陈硕琳、杨奇等：《社区参与视角下苟坝村可持续发展研究》，《山西农经》2021 年第 23 期。

⑤　周春芳、禄晓龙、伍红艳等：《健康城市建设的经济环境可持续发展评价研究》，《中国健康教育》2021 年第 12 期。

⑥　孙九霞、王淑佳：《基于乡村振兴战略的乡村旅游地可持续发展评价体系构建》，《地理研究》2022 年第 2 期。

⑦　张瑞琛、董丙瑞、杨思岔等：《林区文创旅游可持续发展评价研究》，《林业经济问题》2022 年第 3 期。

动态分析方法是针对静态评价方法而言，是在静态评价方法的基础上更加注重强调时间价值的评价方法。目前常用的动态评价方法有许多，如纵横向拉开档次法、纵横向拉开档次法和时序加权平均算子法、二次加权 TOPSIS 法和“厚今薄古”归一法、二次加权的纵横向拉开档次法、TOPSIS 灰色关联法、最大时序法等。

基于已有研究，结合本章第二节构建的指标体系，本研究选择基于 TOPSIS 灰色关联投影法对乡村振兴战略背景下中国农村电子商务可持续发展进行动态评价。选择该方法具有以下优势：其一，该方法将 TOPSIS 法、灰色关联法以及矢量投影法进行组合运用。一方面 TOPSIS 方法能够充分利用原始数据信息，通过结果精确反映各种评价方案之间的差距，但其正、负理想解容易受到待评价方案集的影响，造成理想解不稳定的情况；另一方面灰色关联分析法具有思路清晰，对数据要求低，工作量少的优势，但又存在无法同时利用可行性方案与正、负理想参考序列进行关联分析的缺点；与此同时，矢量投影法因对参考对象要求较高，在评价过程中很少单独使用，但其能够把握空间几何特征，以投影的方式把高纬度的数据转变为低纬度的数据，进而降低计算难度。因每种评价方法都各有优缺点，故将几种方法结合在一起使用，能够有效地利用各评价方法的优点来弥补其他评价方法的缺点，使评价结果更加科学合理。其二，本研究中还将运用熵值法对评价指标赋权重，以增加指标的客观性，同时又加入对时间变量的加权算法，以突出可持续发展的动态性。

具体运作模式如下：首先，使用熵值法对各指标客观赋权重以消除主观因素影响，再通过组合 TOPSIS 法、灰色关联分析法和矢量投影法削弱单向评价的局限性，实现对农村电子商务可持续发展的静态综合评价；其次，将时间变量 t 引入到 TOPSIS 灰色关联投影模型中，通过对时间序列赋权重，运用二次加权算法实现对农村电子商务可持续发展的动态综合评价；然后，再引入障碍因子模型，分析影响农村电子商务可持续发展的主要障碍因子，为制定促进农村电子商务可持续发展的对策建议提供依据。

二、评价模型

（一）TOPSIS 灰色关联投影法

1. 确定正、负理想决策矩阵

首先确定正、负理想决策矩阵。已知共有 m 个评价对象，每个评价对象含有 n 个评价指标，并设时间序列为 $t=(1,2,\cdots,r)$。用 $w_{ij}(t)$（$i=1,2,\cdots,m;j=1,2,\cdots,n$）表示第 i 个评价对象的第 j 个评价指标在 t 时刻下的评价值，因此构建原始决策矩阵：

$$W(t)=\{w_{ij}(t)\}_{mn}=\begin{pmatrix} w_{11}(t) & \cdots & w_{1n}(t) \\ \vdots & \ddots & \vdots \\ w_{m1}(t) & \cdots & w_{mn}(t) \end{pmatrix} \tag{5-1}$$

由于选取的数据量纲或数量级往往不同，需要通过对数据进行规范化处理以消除量纲，从而使数据具有可比性。在此采用极值处理法对数据进行处理，计算公式如下：

极大值指标正向化：

$$b_{ij}=\frac{w_{ij}-\min\limits_{i}(w_{ij})}{\max\limits_{i}(w_{ij})-\min\limits_{i}(w_{ij})} \tag{5-2}$$

极小值指标极大正向化：

$$b_{ij}=\frac{\max\limits_{i}(w_{ij})-w_{ij}}{\max\limits_{i}(w_{ij})-\min\limits_{i}(w_{ij})} \tag{5-3}$$

得到以下矩阵：

$$B(t)=\{b_{ij}(t)\}_{mn}=\begin{pmatrix} b_{11}(t) & \cdots & b_{1n}(t) \\ \vdots & \ddots & \vdots \\ b_{m1}(t) & \cdots & b_{mn}(t) \end{pmatrix} \tag{5-4}$$

再取 t 时刻，第 j 个指标下各个被评价对象的最大值作为正理想方案，最

小值为负理想方案,进而确定正理想解 B^+和负理想解 B^-:

$$B^+(t)=\{b_{01}^+,\cdots,b_{0n}^+(t)\},b_{0j}^+(t)=\max_i(b_{ij}(t))(t) \tag{5-5}$$

$$B^-(t)=\{b_{01}^-,\cdots,b_{0n}^-(t)\},b_{0j}^-(t)=\min_i(b_{ij}(t))(t) \tag{5-6}$$

2. 确定正、负理想灰色关联系数矩阵

确定正、负理想矩阵后,再确定正、负理想灰色关联系数矩阵。因此,假设可行方案的参考序列为 $B^*(t)=\{b_{01}^*(t),\cdots,b_{0n}^*(t)\}$,并分解为两基准方案,即正理想方案 $B^+(t)$与负理想方案 $B^-(t)$,则第 i 个被评价对象的第 j 个评价指标在 t 时刻下的关联系数为:

$$\xi_{ij}(r)=\frac{\min_i\min_j\left|b_{0j}^*(t)-b_{ij}(t)\right|+\rho\cdot\max_i\max_j\left|b_{0j}^*(t)-b_{ij}(t)\right|}{\left|b_{0j}^*(t)-b_{ij}(t)\right|+\rho\cdot\max_i\max_j\left|b_{0j}^*(t)-b_{ij}(t)\right|} \tag{5-7}$$

其中 ρ 为分辨系数,在(0,1)内取值,通常 ρ 取 0.5。一般 ρ 越小,关联系数间差异越大,区分能力越强。通过计算关联系数可以得到正理想灰色关联系数矩阵与负理想灰色关联系数矩阵,分别为:

$$U^+(t)=\{\xi_{ij}^+(t)\}_{(m+1)*n}=\begin{pmatrix}\xi_{01}^+(t) & \cdots & \xi_{1n}^+(t)\\ \vdots & \ddots & \vdots\\ \xi_{m1}^+(t) & \cdots & \xi_{mn}^+(t)\end{pmatrix} \tag{5-8}$$

$$U^-(t)=\{\xi_{ij}^-(t)\}_{(m+1)*n}=\begin{pmatrix}\xi_{01}^-(t) & \cdots & \xi_{1n}^-(t)\\ \vdots & \ddots & \vdots\\ \xi_{m1}^-(t) & \cdots & \xi_{mn}^-(t)\end{pmatrix} \tag{5-9}$$

其中:

$$\xi_{01}^+(t)=\xi_{02}^+(t)=\cdots=\xi_{0n}^+(t)=\xi_{01}^-(t)=\xi_{01}^-(t)=\cdots=\xi_{01}^-(t)=1$$

3. 确定加权灰色关联系数矩阵

确定正、负理想灰色关联系数矩阵后,需要继续确定加权灰色关联系数矩阵。在问题研究中,各个评价指标的重要程度常常不同,为了能够客观评价各指标的重要程度,本研究使用熵值法对评价指标赋予权重,该方法同时具有客观性和全面性。具体计算步骤与第二章第三节介绍的熵值法测算步骤相同，经计算可以得到 t 时刻，第 i 个被评价对象的第 j 项指标的权重为：

$$q_j(t) = \frac{d_j(t)}{\sum_{j=1}^{n} d_j(t)} \tag{5-10}$$

其中，$d_j(t)$ 表示第 j 项指标的差异性系数，与第二章式(2.6)表示含义相同。于是指标权重序列为 $Q(t) = (q_1(t),\cdots,q_n(t))$，进而可以得到正、负理想加权灰色关联系数矩阵分别为：

$$Y^+(t) = \begin{pmatrix} q_1(t) & \cdots & q_n(t) \\ \xi_{11}^+(t)\,q_1(t) & \cdots & \xi_{1n}^+(t)\,q_n(t) \\ \vdots & \ddots & \vdots \\ \xi_{m1}^+(t)\,q_1(t) & \cdots & \xi_{mn}^+(t)\,q_n(t) \end{pmatrix} \tag{5-11}$$

$$Y^-(t) = \begin{pmatrix} q_1(t) & \cdots & q_n(t) \\ \xi_{11}^-(t)\,q_1(t) & \cdots & \xi_{1n}^-(t)\,q_n(t) \\ \vdots & \ddots & \vdots \\ \xi_{m1}^-(t)\,q_1(t) & \cdots & \xi_{mn}^-(t)\,q_n(t) \end{pmatrix} \tag{5-12}$$

4. 确定灰色关联投影度

在得到正、负理想加权灰色关联系数矩阵后，将其中每个可行性方案看作一个行向量，那么可行性方案和理想方案可以分别表示为：

可行性方案：

$$\theta_i(t) = (\xi_{i1}(t)q_1(t),\cdots,\xi_{in}(t)q_n(t)) \tag{5-13}$$

理想方案：

$$\theta_i^*(t) = (q_1(t),\cdots,q_n(t)) \tag{5-14}$$

再假设两个行向量 $\theta_i(t)$ 和 $\theta_i^*(t)$ 之间的夹角为 $\delta_i(t)$（$\delta_i(t)$ 为灰色关联投影角），则可以得到两向量夹角的余弦为：

$$\cos\delta_i(t) = \cos\langle \theta_i(t), \theta_i^*(t) \rangle = \frac{\theta_i(t) \cdot \theta_i^*(t)}{|| \theta_i(t) || \cdot || \theta_i^*(t) ||} \tag{5-15}$$

可知,灰色关联投影角 $\delta_i(t)$ 越小,投影关联度越大,可行方案 $\theta_i(t)$ 就越接近理想方案 $\theta_i^*(t)$,继续计算可行性方案 $\theta_i(t)$ 在理想方案 $\theta_i^*(t)$ 上的投影值为:

$$F_i(t) = || \theta_i(t) || \cdot \cos\delta_i(t) = \frac{\theta_i(t) \cdot \theta_i^*(t)}{|| \theta_i^*(t) ||} = \sum_{j=1}^{n} \xi_{ij}(t) \frac{q_j^2(t)}{\sqrt{\sum_{j=1}^{n} q_j^2(t)}} \tag{5-16}$$

令 $\overline{Q}(t) = \{\overline{q_1}(t), \cdots, \overline{q_n}(t)\}$ 为灰色投影权重向量,其中,$\overline{q_j}(t) = \frac{q_j^2(t)}{\sqrt{\sum_{j=1}^{n} q_j^2(t)}}$。

则可以计算得到正负理想灰色关联投影值分别为:

$$F_i^+(t) = \sum_{j=1}^{n} \xi_{ij}^+(t)\, \overline{q_j}(t) \tag{5-17}$$

$$F_i^-(t) = \sum_{j=1}^{n} \xi_{ij}^-(t)\, \overline{q_j}(t) \tag{5-18}$$

最后可以计算得到灰色关联投影贴近度为:

$$z_i(t) = \frac{F_i^{+2}(t)}{F_i^{+2}(t) + F_i^{-2}(t)} \tag{5-19}$$

可知,$z_i(t)$ 越大,可行方案与理想方案的距离越近,反之则越远。

(二)二次加权算法

为了实现对农村电子商务可持续发展的动态综合评价,本研究在使用的二维数据中再次强调时间维度,即在第一次加权计算后,为进一步强调时间的效用,通过时序算式平均算子进行二次加权计算。也就是说,在一个时间区间 $[1,r]$ 内,通过确定时间序列的权重,对各个被评价对象进行综合评价。具体步骤如下：

首先，由第一次加权的静态评价可得被评价对象 i 在时刻 t 的评价值 $z_i(t)$ 。

其次，确定时间序列权重。在时间区间 $[1,r]$ 内，通过求解下面的非线性规划问题得到时间权向量 $q_t=(q_1,\cdots,q_r)^T$：

$$\max\left(-\sum_{t=1}^{r}q_t\cdot\ln q_t\right)\quad,s.t.\begin{cases}\sum_{t=1}^{r}\dfrac{r-t}{r-1}q_t=\beta\\ \sum_{t=1}^{r}q_t=1\end{cases}\tag{5-20}$$

注：β 表示时间的重要程度，具体数值见表 5-2。

表 5-2　时间重要程度

β	q_t	解释
0.1	$0\leqslant q_t<q_{t+1}\leqslant 1$	近期数据最重要
0.3		近期数据重要
0.5	$0\leqslant q_{t+1}=q_t\leqslant 1$	所用时期数据皆重要
0.7		远期数据重要
0.9	$0\leqslant q_{t+1}<q_t\leqslant 1$	远期数据最重要
0.2、0.4、0.6、0.8	-	对应以上两相邻判断的中间情况

第三，再通过时序算术平均算子对前面静态评价时基于 TOPSIS 灰色关联投影法求解得到的评价值进行二次加权计算，得到动态综合评价值：

$$L_i=\sum_{t=1}^{r}z_i(t)\cdot q_t\tag{5-21}$$

根据式(5-21)求得的动态综合评价值 L_i，代表在时间 $[1,r]$ 内的整体综合评价值，并根据整体综合评价值对被评价对象进行排序。

（三）障碍因子模型

农村电子商务可持续发展综合评价的最终目的是找出影响其可持续发展

的关键点,进而提出更适宜农村电子商务可持续发展的对策建议。因此,本研究借鉴付桂军等(2013)、孙茜等(2015)和赵文珺等(2023)的做法,引入障碍因子模型进行分析,以进一步明确现阶段制约中国农村电子商务可持续发展的主要因素。①②③ 具体步骤如下:

确定评价指标的因子贡献度,即单个指标对总目标的影响程度,一般用单个指标权重 q_{ij} 表示。

确定指标偏离度,即指标实际值与指标理想值之间的差距,一般用 $U_{ij} = 1 - P_{ij}$ 表示,其中 P_{ij} 表示标准化数值。

确定障碍度 E_{ij} ,即各指标对农村电子商务可持续发展障碍度的大小。其中 V_c 表示每一层级障碍度的大小。具体可用以下公式计算:

$$E_{ij} = \frac{U_{ij} * q_{ij}}{\sum_{j=1}^{n} U_{ij} * q_{ij}} * 100\% \tag{5-22}$$

$$V_c = \sum E_{ij} \tag{5-23}$$

其中,式(5-22)中 $q_{ij} = r_j * w_i$, r_j 表示第 j 项指标的权重数值, w_i 表示第 j 个指标所处指标层的权重。

三、数据来源

为科学反映农村电子商务可持续发展的动态情况,本研究选取 2015—2021 年《中国统计年鉴》、《中国农村统计年鉴》、《中国科技统计年鉴》、《中国农村电商物流发展报告》、《中国农村电商市场数据报告》、《中华人民共和国国民经济和社会发展统计公报》、《中国农村电子商务发展报告》、《中国电子

① 付桂军、齐义军:《煤炭资源型区域可持续发展水平比较研究——基于模糊综合评价法的分析》,《干旱区资源与环境》2013 年第 4 期。

② 孙茜、张捍卫、张小虎:《河南省资源环境承载力测度及障碍因素诊断》,《干旱区资源与环境》2015 年第 7 期。

③ 赵文珺、刘丽红:《山西省农业生态经济系统协调发展及障碍因子分析》,《中国农业资源与区划》2023 年第 10 期。

商务报告》、《中国淘宝村研究报告》、《全国农产品跨境电子商务发展报告》、《中国农产品电商发展报告》、中国研究数据服务平台及中国产业信息网中的相关数据等，针对部分残缺数据，本研究使用回归模型求取预测值进行计算。

第四节　中国农村电子商务可持续发展实证分析

本节基于已构建的指标体系和评价模型，运用现有数据，对乡村振兴战略背景下中国农村电子商务可持续发展进行实证分析。具体分析逻辑如下，先运用模型对中国农村电子商务可持续发展的总体情况进行动态评价，然后按照新发展理念的五个维度对中国农村电子商务可持续发展状况进行进一步分析，具体展现中国农村电子商务在五个不同维度的发展状况。

一、中国农村电子商务可持续发展总体状况

对中国农村电子商务可持续发展的总体状况进行评价，主要通过截面静态评价结果和动态综合评价值进行综合分析。截面静态评价结果能够反映出2015—2021年期间每年中国农村电子商务可持续发展的情况，而动态综合评价结果可以反映出经过七年的发展，中国农村电子商务可持续发展达到的综合水平。再将截面静态评价结果和动态综合评价结果结合进行对比分析，可以得到一个更为客观的中国农村电子商务可持续发展的总体状况。

（一）截面静态评价结果

根据数据处理步骤，本研究通过熵值法得到各个评价指标的权重，具体见下表5-3。

表 5-3　2015—2021 年中国农村电子商务可持续发展评价指标权重

指标＼年份	2015	2016	2017	2018	2019	2020	2021
X1	0. 1729	0. 2023	0. 1898	0. 3027	0. 0003	0. 0665	0. 0654
X2	0. 1643	0. 5534	0. 0248	0. 2280	0. 0014	0. 0006	0. 0276
X3	0. 0003	0. 0546	0. 1003	0. 1060	0. 2145	0. 1916	0. 3328
X4	0. 0005	0. 0856	0. 4532	0. 0848	0. 0179	0. 3120	0. 0461
X4	0. 0005	0. 0856	0. 4532	0. 0848	0. 0179	0. 3120	0. 0461
X5	0. 0835	0. 0005	0. 0835	0. 0005	0. 2496	0. 4988	0. 0835
X6	0. 0030	0. 0003	0. 0412	0. 0726	0. 2157	0. 3296	0. 3376
X7	0. 0002	0. 1938	0. 1943	0. 1451	0. 1658	0. 1453	0. 1555
X8	0. 3372	0. 2944	0. 2926	0. 0208	0. 0431	0. 0115	0. 0003
X9	0. 3990	0. 0553	0. 0004	0. 0410	0. 1301	0. 2809	0. 0933
X10	0. 0005	0. 0058	0. 0232	0. 1329	0. 2719	0. 4815	0. 0842
X11	0. 0003	0. 0287	0. 0717	0. 1295	0. 1886	0. 2480	0. 3332
X12-1	0. 0948	0. 2248	0. 2213	0. 1735	0. 1484	0. 0002	0. 1370
X12-2	0. 0002	0. 0476	0. 1566	0. 2027	0. 2169	0. 1658	0. 2101
X13	0. 2468	0. 2106	0. 1896	0. 1680	0. 1086	0. 0002	0. 0761
X14	0. 0003	0. 0145	0. 0602	0. 1354	0. 2263	0. 2592	0. 3041
X15	0. 0003	0. 0231	0. 0645	0. 1419	0. 2010	0. 2487	0. 3204
X16	0. 2956	0. 2217	0. 1739	0. 1371	0. 1013	0. 0702	0. 0003
X17	0. 3032	0. 2238	0. 1714	0. 1323	0. 0984	0. 0707	0. 0003
X18-1	0. 0003	0. 0198	0. 0496	0. 0884	0. 1895	0. 3152	0. 3372
X18-2	0. 0004	0. 0218	0. 0494	0. 0770	0. 1807	0. 3064	0. 3644
X18-3	0. 0003	0. 0566	0. 1056	0. 1265	0. 1806	0. 2528	0. 2776
X19	0. 0003	0. 0718	0. 1433	0. 1679	0. 1725	0. 1771	0. 2672
X20	0. 0002	0. 0759	0. 1364	0. 1666	0. 1969	0. 2120	0. 2120
X21	0. 0714	0. 0361	0. 2257	0. 4969	0. 1685	0. 0008	0. 0005

在通过计算得到表 5-3 后，对数据进一步处理得到加权灰色关联系数矩阵，然后通过 TOPSIS 灰色关联投影法计算正负理想灰色关联系数，最后得到

2015—2021年中国农村电子商务可持续发展的灰色关联投影贴近度，具体见下表5-4。

表5-4　2015—2021年中国农村电子商务可持续发展的灰色关联投影贴近度

年份	2015	2016	2017	2018	2019	2020	2021
z_i	0.2584	0.3206	0.3356	0.3672	0.3631	0.5451	0.4088

（二）面板动态评价结果

动态评价就是在取得截面静态评价结果的基础上，通过对时间维度的进一步处理来体现动态性。本研究为了突出时间效用，对时间重要程度值取$\beta=0.1$，表示评价时对近期数据的更为倚重，其中，$r=7$，$t=1,2,\cdots,6$分别表示2015，2016，…，2021年。再应用MATLAB软件求解非线性规划问题，得到时间序列权重为：

$$q_t=(0.001,0.0817,0.104,0.1342,0.1719,0.2203,0.2862)$$

在取得时间序列权重后，运用二次加权算法求得2015—2021年中国农村电子商务可持续发展的动态综合评价值为0.4104。

（三）动静态评价结果分析

如上所述，表5-4的灰色关联投影贴近度体现的是2015—2021年中国农村电子商务可持续发展的截面静态评价结果；二次加权算法得到的动态综合评价值体现的是2015—2021年中国农村电子商务可持续发展的面板动态评价结果。为了更直观地了解中国农村电子商务可持续发展的变化，对动静态评价结果进行对比，再借助图5-1进一步分析中国农村电子商务可持续发展的动态变化趋势以及整体发展水平。

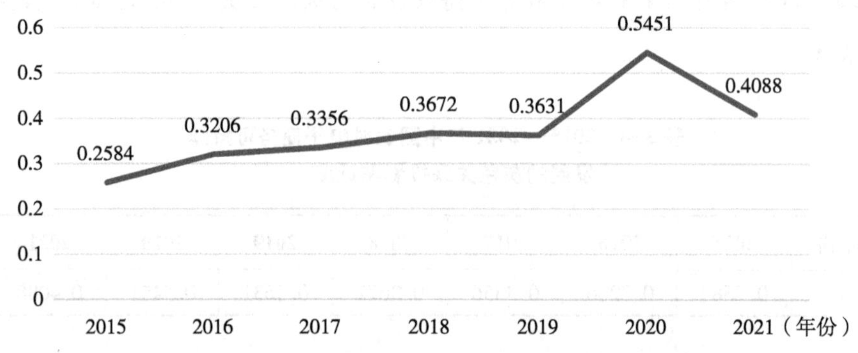

图 5-1　中国农村电子商务可持续发展截面静态评价结果

如图 5-1 所示，中国农村电子商务的可持续发展能力在 2015—2016 年上升较为明显，由 0.2584 增至 0.3206，增幅为 0.0622；2016—2017 年增幅有所下降，由 0.3206 上升至 0.3356，增幅为 0.015；2017—2018 年呈现小幅上升，由 0.3356 升至 0.3672，增幅为 0.0316；2018—2019 年基本保持稳定，但有轻微下滑，由 0.3672 跌至 0.3631，降幅为 0.0041；在 2019—2020 年出现明显提高，由 0.3631 增至 0.5451，增幅为 0.182；在 2020—2021 年呈明显下滑趋势，由 0.5451 跌至 0.4088，降幅为 0.1363。由图 5-1 可以看出，2015—2021 年间，中国农村电子商务可持续发展整体呈现上升趋势，但发展过程中存在不同程度的波动。其中，受新冠疫情因素影响，在 2020 年、2021 年波动幅度最为明显。

由面板动态评价结果可知，中国农村电子商务可持续发展的动态综合评价值为 0.4104，该评价值是通过对时间的二次加权得到的，反映了 2015—2021 年中国农村电子商务可持续发展所达到的总体水平。结合截面静态评价结果，可以看出中国农村电子商务可持续发展能力整体上一直在不断增强，目前接近中等发展水平。

（四）对现阶段中国农村电子商务可持续发展水平的解释

由以上分析可以看出，近年来中国农村电子商务可持续发展呈现波动上升的动态发展趋势，出现这一变化的原因主要有以下几个方面：一是中国农村电子商务已具备了可持续发展的基础。农村电子商务在中国发展时间虽然不长，但发展速度较快，与农村电子商务发展相关的基础设施、相关服务逐步完善，近几年农产品网络零售额一直处于增长态势，发展成效显著，目前中国已经成为世界第一大农产品电子商务国。这意味着中国农村电子商务已经有了一定的发展基础，在量的扩张达到一定水平后，提质增效是必然趋势，而推进可持续发展是实现农村电子商务高质量发展的重要内容。二是相关政策为农村电子商务可持续发展提供了指引。农村电子商务在形成之初就已经显现出对农村经济发展的巨大推动作用，国家政府部门敏锐地察觉到这一现象，并从2014年开始相继出台了一系列相关文件，鼓励并支持发展农村电子商务，且随着农村电子商务的发展，政策的重点也在不断调整，尤其是乡村振兴战略提出之后，农村电子商务更是被视为启动农村经济的新引擎。与此同时，各地政府部门积极响应国家大力发展农村电子商务的政策，根据各地的实际情况制定了具体发展措施。这些政策文件不仅为农村电子商务的发展创造了条件，而且更为其明确了发展目标和方向，促使农村电子商务在新发展理念引领下逐步踏上可持续发展的征程。可见，随着信息技术的快速发展，在乡村振兴战略和相关政策推动下，中国农村电子商务紧跟社会经济发展的需求，实现持续创新，不断涌出新业态、新模式，可持续发展水平明显提升。尽管近年来中国农村电子商务可持续发展水平总体呈现上升趋势，但不同年份仍有不同程度的波动，其部分原因是外界因素的变化导致市场需求的波动。

根据本研究的测度结果，中国农村电子商务可持续发展目前接近中等水平，这一发展状态可从以下几个方面进行解释：其一，尽管在20世纪90年代中期，中国就开始尝试农产品网上交易，但因基础设施、经营意识等方面的原因，农村电子商务并没有随即发展起来。进入21世纪之后，开始有少数农村地区尝试通过网络销售当地特色产品，但大部分农村地区并未涉足这一领域，同时进行网购的农民数量有限，大部分农民仍采用传统方式购买日常生活用品,此时农村电子商务仅是局部现象。直到2014年之后,在相关政策带动下,中国农村电子商务才真正进入发展期。因此,从时间上来看,中国农村电子商务作为农村经济的重要组成部分,在全国范围内迅速发展的时间较短,在这么短的时间内只可能朝着可持续发展的方向努力,与全面实现可持续发展的理想状态必然会有较明显的差距。其二,可持续发展理念最早于20世纪80年代提出,迄今为止,可持续发展理念一直在不断更新,不断完善,但具体应该怎么做,尤其是具体到每个行业应该怎样发展,仍旧是一个未解的难题。随着中国农村电子商务的迅速发展,其发展中的一些问题逐渐暴露出来,于是可持续发展就作为一个有效的解决方案被提出来。尽管目前许多文献资料中都提到要实现农村电子商务可持续发展,但是并未对农村电子商务可持续发展作出明确界定,相关理论不成熟、不系统,因此,现阶段中国农村电子商务可持续发展是在不断摸索中进行的。其三,中国农村电子商务经营主体普遍素质较低,相当一部分网商在经营中只顾眼前利益,不做长远考虑,使一些农副产品在经历了最初阶段的热销之后,因各种原因出现销量增长缓慢,不利于农村电子商务的健康发展,影响了其可持续发展的进程。其四,根据本研究对农村电子商务可持续发展的研究,基于新发展理念对中国农村电子商务可持续发展状况进行测度,中国农村电子商务在这五个维度发展情况不同,有些方面发展较好,有些方面发展相对滞后,因此,综合测度接近中等发展水平。

二、中国农村电子商务可持续发展五个维度的具体情况

(一)五个维度发展情况比较

由上述分析可知,目前中国农村电子商务可持续发展总体接近中等发展水平。为进一步提高中国农村电子商务可持续发展水平,本研究还需要对中国农村电子商务可持续发展的五个维度作进一步分析,分别确定其权重并进行排序,如表5-5所示。

表 5-5　中国农村电子商务可持续发展一级评价指标(各维度)权重及排序

指标	创新	协调	绿色	开放	共享
权重	0.2714	0.2884	0.1088	0.0933	0.2382
排序	2	1	4	5	3

由表 5-5 可以看出现阶段在中国农村电子商务可持续发展中,协调发展(A2)的权重在五个维度中位列第一,主要原因在于流通业作为媒介商品生产与消费的桥梁和纽带,其本身就带有协调属性。农村电子商务的出现改变了农村流通业态单一、落后的现象,其从形成之日起,就开始发挥协调城乡消费、协调产业发展的重要作用。随着农村电子商务的发展,其协调作用日益增强,不仅实现了农村电子商务在全国范围内的推进,使其区域发展不平衡的状况在某种程度上得到一定缓解,而且在产业间更是发挥了较强的产业关联效应,带动了相关产业的共同发展。与此同时,农村电子商务同时推进了“工业品下行”和“农产品上行”,在缩小城乡电子商务发展差距、促进城乡流通一体化建设方面发挥了积极的作用。

创新发展(A1)的权重略低于协调发展,发展情况也相对较好。农村电子商务的出现本身就是对农村传统流通模式的一次重大创新,且这种新型流通模式建立在以信息技术为基础的互联网之上。现阶段,信息技术更新速度加快,专业化程度迅速提升,为农村电子商务的发展提供了更为有力的支撑,使其在经营中不断展现出一些新特点。与此同时,为迎合消费者不断变化的需求,各级政府部门、农村电子商务企业以及协会组织都在通过各种方式积极推动创新活动。由此可见,农村电子商务行业具有强劲的创新发展能力,同时创新发展也必然成为农村电子商务可持续发展的助燃剂。

共享发展(A5)的权重占比在五个维度中居中,发展前景较好。一方面,农村电子商务本身自带共享特质,各农村电子商务经营者正常运营需要共享相关基础设施;另一方面,随着共享发展理念的逐渐深入和共享经济的快速发展,为促进农村电子商务的发展,加快乡村振兴的步伐,在政府部门的大力支持下,农村电子商务在技术共享、物流共享、资金共享、公共服务体系共享等方面取得一定进展。还有一些地区的农村电子商务经营主体通过共享区域公共品牌实现了共同获利。目前中国农村电子商务共享发展涉及的范围在不断拓展,但发展深度不足,未来还有较大发展空间。

绿色发展(A3)权重占比居于第四位,与位于前面的三个维度差距较明显。1989 年英国经济学家皮尔斯首次提出绿色经济的概念,之后这一概念在世界各国引起关注。进入 21 世纪以来,绿色经济成为中国经济发展的方向之一,并被赋予了更丰富的内涵。现阶段绿色发展理念已逐渐融入到各行各业中。随着绿色发展理念的深入贯彻,中国农村电子商务绿色发展已成为该行业转型升级的必然趋势。目前,虽然在中国农村电子商务发展中已开始探索绿色发展方式,但是绿色发展包含范围广、实施难度大,对于农村电子商务来说涉及了绿色产品、绿色经营、绿色服务、绿色消费等内容,且一些领域尚缺乏相应的标准,这些现状影响了农村电子商务绿色发展的进程。从总体发展情况来看,中国农村电子商务绿色发展还处于初级阶段,发展潜力有待挖掘。

开放发展(A4)的权重占比最小,明显落后于其他四个方面,是中国农村电子商务可持续发展中最为薄弱的环节。在乡村振兴战略带来的新机遇下,中国农村电子商务的发展不仅要"买全国、卖全国",而且还要在国内国际双循环相互促进的新发展格局下,积极开拓国际市场。虽然,近几年随着"一带一路"倡议的实施,已有一些农特产品借助跨境电子商务走出了国门,但是目前农村电子商务交易仍主要集中在国内市场,跨境交易量相对较少,主要原因有以下几个方面:一是农村电子商务经营主体对跨境电商业务流程不熟悉,且对国外市场不了解,缺乏开拓国际市场的动力;二是中国大量的农特产品在国际市场上缺乏知名度,国际市场需求不足;三是开展跨境电商需要的配套服务相对复杂,目前与之相关的配套服务体系尚不完善。由此可见,中国农村电子商务的开放发展还有很长的路要走。

（二）各维度动态发展变化情况

在表 5-5 中仅反映了中国农村电子商务可持续发展中各一级评价指标（各维度）的权重占比，为进一步剖析 2015—2021 年期间中国农村电子商务可持续发展各一级指标具体变化情况，绘制了相应的动态变化图，如图 5-2 所示，并对导致各一级指标变化的主要二级指标进行了分析。

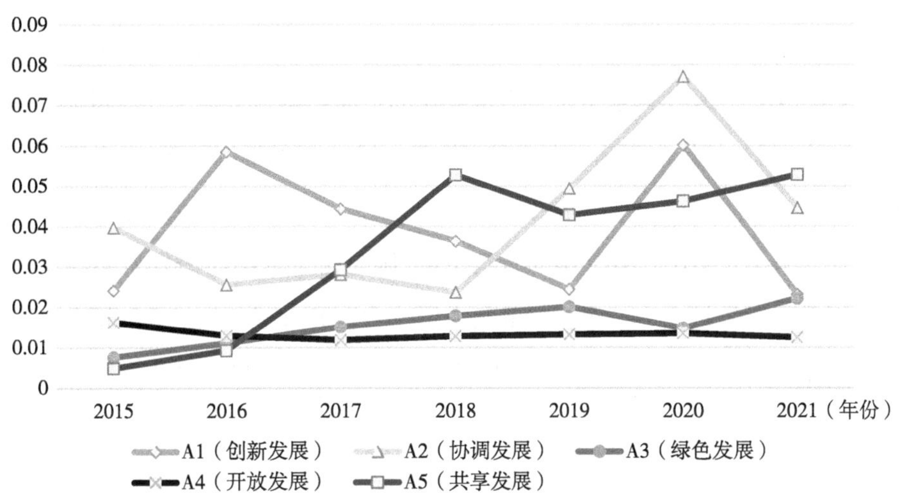

图 5-2　2015—2021 年中国农村电子商务可持续发展一级评价指标变化情况

一是创新发展（A1）在这 7 年中呈 M 字形变化，即在 2015—2016 年经历了上升之后，从 2016 年开始出现逐年下降，于 2019 降至最低后开始回升，2020 年后又再次下降。对构成创新发展的各个二级指标进行剖析发现，研发费用（a1）在 2015—2018 年期间权重占比稳中有升，2018—2019 年期间权重占比则逐渐变小，2019—2020 年期间权重占比又开始回升，2020—2021 年权重占比有些许下降；研发人员（a2）在 2015—2021 年期间权重占比出现较大波动，2015—2016 年与 2017—2018 年期间权重占比出现快速上升，2016—

2017年与2018—2020年权重占比则出现快速下降,2020—2021年权重占比又呈现上升状态;研发产出(a3)2015—2021年期间权重占比一直在变大;企业发展实力(a4)权重占比在2015—2017年期间保持上升趋势,2017—2019期间出现下滑,2019—2021年又出现回升,2020—2021年期间权重占比再次下降;政府支持力度(a5)权重占比在2015—2016年、2017—2018年及2020—2021年期间出现下滑,但2016—2017年与2018—2020年期间均在逐渐变大,且这一指标在2018—2021年的影响作用较为突出。对比整体趋势可以发现,创新发展在2015—2016年呈上升趋势,主要在于在此期间研发人员正向影响力效用显著。① 2016—2019年呈现下降趋势,其指标变化较为复杂,其中2016—2017年由于研发人员变化的负向影响力远大于其他指标的正向影响力,因此整体表现为下降趋势;2017—2018年的继续下降,是由于在此期间政府支持力度与企业发展实力两个指标的负向影响力之和大于其他指标的正向影响力;2018—2019年的持续下降,则是由于这期间研发费用与研发人员以及企业发展实力三个指标的负向影响力之和大于其他指标的正向影响力。2019—2020年表现为上升趋势,主要是政府支持力度与企业发展实力两个二级指标的正向影响力强劲。2020—2021年表现为下降趋势,主要是由于研发费用、企业实力及政府支持力度三个指标负向影响之和大于其他指标的正向影响力。

二是协调发展(A2)在这7年中呈类N字形变化,即2015年开始出现下降,2016后基本保持平稳,2018年开始快速上升,2020年开始再次回落。对构成协调发展的各个二级指标进行剖析发现,城乡互联网普及率差异(a6)和产业集聚度(a11)权重占比在2015—2021年期间逐渐变大;农产品网络销售情况(a10)权重占比在2015—2020年逐渐上升,2020—2021年出现下降;城乡网络交易水平差异(a7)权重占比在2015—2017年期间有较大增长,2017

① 正向影响即当年表现为促进作用,受其因素影响,该发展得到正向推动;负向影响即当年表现为阻碍作用,受其因素影响,该发展受到阻塞。下同。

年后一直保持缓慢下降趋势；区域差异度（a8）权重占比在2015—2021年期间一直处于下降状态，且2020—2021年期间有较大幅度的下降；双向流通渠道差异（a9）权重占比在2015—2017年期间逐年下降，在2017—2020年期间逐年上升，在2020年后又再次下降。总体来看，在2015—2018年期间，协调发展受区域差异度和双向流通渠道差异两方面影响较大。2015年电子商务进农村成为社会热点，并在全国范围内掀起发展热潮，但是在农村电子商务发展初期，因各地情况不同，农村电子商务发展的差异较大，区域不平衡现象明显，同时双向流通渠道也尚未成熟，尤其是因受物流、农民经营意识及技能等因素制约，导致“农产品上行”发展相对迟缓，故2015年至2016年中国农村电子商务协调发展水平呈现下降趋势。但中国农村电子商务整体发展形势较好，发展速度较快，很快呈现燎原之势，因此，2016—2018年期间，中国农村电子商务协调发展水平基本保持平稳的趋势。2018年之后，中国农村电子商务协调发展取得重大进展，这种变化趋势一方面是由于在各级政府部门的大力支持下，农村电子商务在全国各地稳步推进，区域发展不平衡现象有所缓解，同时，农产品网络销售增长较快，双向流通渠道差异逐渐降低；另一方面则由于其他指标效用增强，且都呈现出正向影响。2020—2021年中国农村电子商务协调发展水平再次出现下降，主要是由于受新冠疫情影响农产品网络零售额增速减缓，进而导致农产品网络销售情况和双向流通渠道差异表现的负向影响力远大于其他指标的正向影响力。

三是绿色发展（A3）在这7年中呈先上升后下降又再次回升的变化趋势，即2015—2019年逐年上升，2019—2020年出现小幅下滑，2020—2021年开始回升，整体变动幅度不大。对构成绿色发展的各个二级指标进行剖析发现，绿色农产品生产（a12）权重占比在2015—2019年期间逐渐变大，2019—2020年期间有所下降，2020—2021年期间又再次上升；农村电子商务绿色包装（a13）权重占比在2015—2020年期间逐渐下降，2020—2021年期间又开始呈上升趋势；农村电子商务绿色物流（a14）权重占比在2015—2021年期间逐渐上升。整体来看,绿色发展在2015—2019年期间呈上升趋势是由于绿色农产品生产(农药使用强度)和农村电子商务绿色物流两个指标的正向影响之和大于绿色农产品生产(农用化肥年施用量)和农村电子商务绿色包装的负向影响之和;在2019—2020年期间呈下降趋势则是由于这期间绿色农产品生产和农村电子商务绿色包装的负向影响超过了农村电子商务绿色物流的正向影响;在2020—2021年期间呈回升趋势则是由于这期间几个二级指标皆呈现正向影响。另外,由各二级指标的变动可以看出,近几年中国农村电子商务在发展中开始逐渐重视绿色发展,尤其在绿色物流方面取得了一定成效,且发展趋势良好。同时,绿色生产也开始成为促进中国农村电子商务绿色发展的重要动力,然而,在绿色包装方面进展相对缓慢,这已成为目前影响中国农村电子商务绿色发展的重要因素。

四是开放发展(A4)在这7年中变化不大,即2015—2017年呈小幅下降趋势,2017—2020年呈缓慢小幅上升趋势,2020—2021年又再次小幅下降,总体变化不明显。对构成开放发展的各个二级指标进行剖析发现,出口贡献率(a15)权重占比在2015—2021年逐渐上升;贸易竞争优势指数(a16)和产品贸易差(a17)权重占比则在2015—2021年逐渐下降。总体来看,在2015—2017年期间,贸易竞争优势指数和产品贸易差的负向影响力之和略大于出口贡献率的正向影响力,因此,2015—2017年间中国农村电子商务开放发展程度略有下降。在2017—2020年期间,出口贡献率的正向影响力略大于贸易竞争优势指数和产品贸易差的负向影响力之和,而2020—2021年期间,贸易竞争优势指数和产品贸易差的负向影响力之和略大于出口贡献率的正向影响力,因此,2017—2021年间中国农村电子商务开放发展呈现出先上升后下降的小幅变化趋势。

五是共享发展(A5)在2015—2021年期间呈现波动式上升趋势,且2018年前上升速度较快,2018年后略有下降后缓慢上升。对构成共享发展的各个二级指标进行剖析发现,基建共享(a18)、技术共享(a19)、物流共享(a20)三个二级指标权重占比在这七年期间都在逐渐变大，而资金共享（a21）权重占比在 2018 年达到峰值，随后出现滑坡式下降。由此可以看出，在 2018 年之前，所有二级指标都呈现正向影响，共享发展的走势强劲，而 2018 年之后，在其他二级指标依然呈正向影响时，资金共享开始表现出负向影响，对共享发展的良好走向形成一定的阻碍力，因此，这一期间共享发展在略微下浮后缓慢上升。

（三）中国农村电子商务可持续发展障碍因子分析

通过障碍因子分析计算出影响中国农村电子商务可持续发展指标体系中指标障碍度，结果分析如下：

从一级指标障碍度大小来看，如图 5-3 所示，协调发展（A2）对农村电子商务可持续发展影响最大，其年均障碍度达到 28.82%，且障碍度在 2015—2018 年间逐渐变大，并在 2018 年达到最高 30.91%，但在 2018 年之后障碍度逐渐变小，并于 2020 年降至 26.81%，随后障碍度有所上升，2021 年障碍度上升至 28.86%。创新发展（A1）的年均障碍度为 27.15%，共享发展（A5）的年均障碍度为 23.79%，前者对农村电子商务可持续发展的影响程度略大于后者，且影响趋势不同。创新发展（A1）障碍度呈现先下降后波动式上升的趋势，而共享发展（A5）呈波动式下降趋势。绿色发展（A3）的年均障碍度为 10.89%，障碍度变化趋势为先下降后回升再下降，整体波动幅度较小，其对农村电子商务可持续发展影响程度位列第四。开放发展（A4）对农村电子商务可持续发展影响最小，其年均障碍度仅 9.34%，但其影响在 2015—2020 年间逐年增加，并于 2020 年障碍度增至 10.12%，之后出现下降，2021 年障碍度下降至 9.56%。

对各一级指标年均障碍度进行排序，可以看出：协调发展（28.82%）>创新发展（27.15%）>共享发展（23.79%）>绿色发展（10.89%）>开放发展（9.34%）。结合前面针对五个维度对中国农村电子商务可持续发展影响程

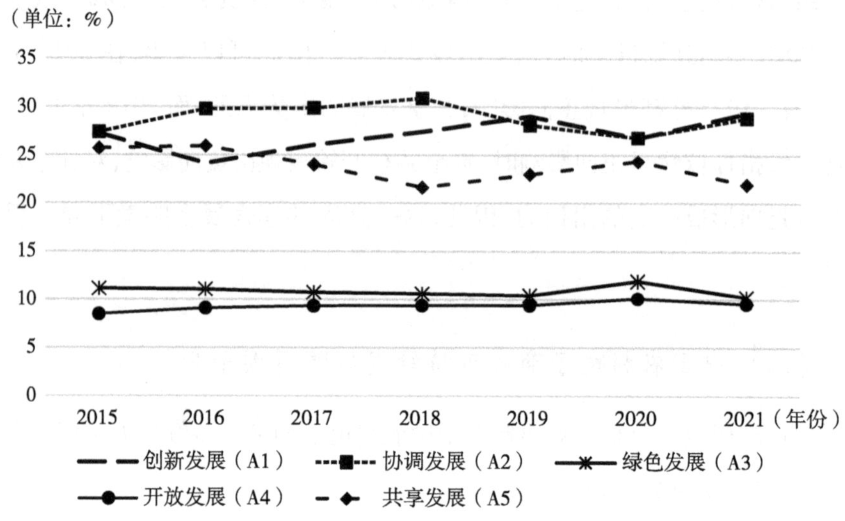

图 5-3 2015—2021 年中国农村电子商务可持续发展一级指标障碍度

度的分析，可以看出，虽然现阶段协调发展、创新发展和共享发展在促进中国农村电子商务发展中发挥了明显的作用，但是这三个维度仍旧是制约现阶段中国农村电子商务可持续发展的主要方面，因此，为进一步促进中国农村电子商务可持续发展，还需要在这三个方面加大力度。与此同时，绿色发展和开放发展对中国农村电子商务可持续发展的障碍度相对较低，其影响程度近两年起伏较大，在 2019—2020 年期间，这两个指标的影响程度明显上升，但是因受疫情影响 2020 年后均出现回落。在促进农村电子商务发展中，这两个维度也同样要受到关注。

表 5-6 2015—2021 年中国农村电子商务可持续发展主要障碍因素

三级指标	障碍度(%)/年份							排前 5 的频次
	2015	2016	2017	2018	2019	2020	2021	
X1	2. 6990	2. 6768	2. 7534	2. 4107	3. 4823	3. 5061	3. 2760	0
X2	7. 5802	4. 1658	9. 2114	7. 4177	9. 6683	10. 4335	9. 4732	6
X3	3. 5209	3. 4241	3. 3002	3. 3358	2. 9533	3. 2770	2. 5242	0

续表

三级指标	障碍度(%)/年份							排前5的频次
	2015	2016	2017	2018	2019	2020	2021	
X4	6.8150	6.4111	3.8827	6.6107	7.1476	5.3994	6.9858	5
X5	6.6317	7.4375	6.9064	7.6621	5.7960	4.1747	7.1235	5
X6	6.2630	6.4577	6.2725	6.1717	5.2592	4.8475	4.4698	2
X7	1.8607	1.5429	1.5617	1.6855	1.6572	1.8307	1.6882	0
X8	4.5395	4.9697	5.0462	7.1051	6.9957	7.7927	7.3548	4
X9	3.0850	4.9867	5.3438	5.2150	4.7666	4.2487	4.9997	0
X10	7.4631	7.6340	7.5955	6.8586	5.8031	4.4557	7.3450	6
X11	4.1942	4.1907	4.0561	3.8692	3.6340	3.6314	3.0051	0
X12-1	2.0197	1.7787	1.8093	1.9537	2.0283	2.5675	2.0684	0
X12-2	2.6484	2.5943	2.3268	2.2374	2.2143	2.5434	2.2475	0
X13	1.9109	2.0594	2.1410	2.2361	2.4140	2.9193	2.5177	0
X14	4.5746	4.6371	4.4787	4.1913	3.7791	3.9018	3.4206	0
X15	4.2866	4.3076	4.1774	3.8979	3.6571	3.7080	3.1303	0
X16	2.0816	2.3650	2.5423	2.7014	2.8349	3.1625	3.1732	0
X17	2.1154	2.4233	2.6196	2.7907	2.9218	3.2470	3.2599	0
X18-1	5.3025	5.3467	5.2502	5.1224	4.5890	4.1809	3.7764	0
X18-2	5.5075	5.5422	5.4543	5.3871	4.8186	4.3985	3.7616	1
X18-3	3.1315	3.0387	2.9178	2.8985	2.7396	2.6940	2.4307	0
X19	2.4895	2.3769	2.2217	2.1950	2.1996	2.3586	1.9601	0
X20	2.3291	2.2139	2.0953	2.0567	1.9971	2.1128	1.9718	0
X21	6.9504	7.4191	6.0357	3.9896	6.6434	8.6081	8.0362	6

由于二级指标由三级指标构成，对三级指标加权求和可以得到二级指标障碍度大小，二级指标和三级指标变化情况基本一致。从三级指标障碍度大小来看，本研究将每年度障碍度最高的前5项指标确定为主要障碍因素。如表5-6所示，可以看出，在2015—2021年期间，主要障碍因素集中在协调发展与创新发展两个一级指标下的三级指标中，如“电商相关行业R&D人员/信息类服务业总R&D人员全时当量”（X2）和“农产品网络零售额/农产

品市场交易额”(X10)成为主要障碍因素的次数均达6次;“农村电子商务企业的融资金额”(X4)和“支持农村电子商务发展的政策文件数量”(X5)成为主要障碍因素的次数均达5次;“农村电子商务网上销售额区域差值”(X8)成为主要障碍因素4次;“城乡互联网普及率之比”(X6)成为主要障碍因素2次。另外,共享发展中的“农村电子商务专项资金”(X21)成为主要障碍因素6次,“农村公路建设里程”(X18-2)成为主要障碍因素1次。

将2015—2021年三级指标按障碍度平均值大小排序,可以得到障碍度最高的是“电商相关行业R&D人员/信息类服务业总R&D人员全时当量”(X2),障碍度平均值为8.28%;其次是“农村电子商务专项资金”(X21),障碍度平均值为6.81%;排在第3—6位的是“农产品网络零售额/农产品市场交易额”(X10)、“支持农村电子商务发展的政策文件数量”(X5)、“农村电子商务网上销售额区域差值”(X8)和“农村电子商务企业的融资金额”(X4),障碍度平均值分别为6.74%、6.53%、6.26%与6.18%。

本章小结

本章根据绪论部分提出的农村电子商务可持续发展的概念,基于新发展理念,明确了中国农村电子商务可持续发展的原则,从创新、协调、绿色、开放、共享五个方面,构建了评价中国农村电子商务可持续发展的评价指标体系,并对各个具体指标进行了解释。在此基础上,对常用的可持续发展评价方法进行比较,最终选择TOPSIS灰色关联投影法的动态综合评价方法,对乡村振兴战略背景下中国农村电子商务可持续发展进行了截面静态评价和面板动态评价,通过对实证结果进行分析,得到以下几个结论:

第一,基于截面静态评价可知中国农村电子商务可持续发展过程中虽然出现了不同程度的波动,但其总体保持上升趋势。再结合面板动态评价可知中国农村电子商务可持续发展目前接近中等水平,仍存在较大的提升空间。

第二，现阶段中国农村电子商务可持续发展的五个维度呈现出“协调发展>创新发展>共享发展>绿色发展>开放发展”的状态。

第三，在不同影响因素的作用下，中国农村电子商务可持续发展过程中五个维度呈现出不同的变化趋势。进一步分析现阶段影响各维度的重要因素显示，研究经费（a1）与研发人员（a2）是目前影响中国农村电子商务创新发展的主要因素；双向流通渠道差异（a8）和区域差异度（a9）是影响中国农村电子商务协调发展的主要因素；绿色包装（a13）是影响中国农村电子商务绿色发展水平的关键因素；贸易竞争优势指数（a16）和产品贸易差（a17）持续走低是导致中国农村电子商务开放发展水平较低的重要原因；基建共享（a18）和资金共享（a21）是影响中国农村电子商务共享发展的重要因素。

第四，通过障碍因子分析可以发现，协调发展、创新发展、共享发展、绿色发展和开放发展对中国农村电子商务可持续发展的年均障碍度依次递减。主要障碍因子集中在协调发展和创新发展两个维度，具体包括研究人员、农产品网络销售情况、政府支持力度、区域差异度、企业发展实力、城乡互联网普及率差异等。同时，在研究期间内，共享发展中的资金共享对中国农村电子商务可持续发展的制约作用逐渐凸显，基建共享对农村电子商务发展也有较强的制约作用，但其制约作用开始逐渐变小。另外，开放发展虽然对中国农村电子商务可持续发展的影响最小，但其影响程度整体呈现上升趋势。

第六章　中国农村电子商务可持续发展典型案例验证

根据第五章乡村振兴战略背景下中国农村电子商务可持续发展动态评价的实证结果,可以看出,2015—2021 年,虽然中国农村电子商务可持续发展整体呈现上升趋势,但在创新、协调、绿色、开放、共享五个方面的发展情况存在明显差异,具体表现为:协调发展>创新发展>共享发展>绿色发展>开放发展。这一结果是全国农村电子商务可持续发展的综合反映,但具体到不同区域、不同省份、不同模式的农村电子商务其可持续发展的状况又会如何呢? 是否与以上结果一致? 还是会存在差异? 仍是需要我们进一步探讨的问题。因此,为有效推进中国农村电子商务可持续发展,助力乡村振兴战略,本章分别选择东部、中部、西部、东北部具有代表性的电子商务案例进行深入剖析,明确其可持续发展的薄弱环节及未来发展重点。

从第四章农村电子商务可持续发展的步骤上可以看出,农村电子商务发展越好、越成熟的地区,其可持续发展的特征越明显。且在一个区域范围内,农村电子商务发展最好的省份对其他省份具有明显的示范效应和带动作用,能够体现该区域农村电子商务可持续发展的情况和方向,因此,本研究选取的典型案例均出自目前各个区域农村电子商务发展最好的省份。

第一节　东部地区典型案例——浙江遂昌模式

中国东部地区地理位置优越,经济发展速度较快,最早的淘宝村均诞生于东部省份,农村电子商务发展的时间较长,整体发展较好。其中浙江省是东部地区农村电子商务发展最早、最好、最具代表性的省份,尤其是遂昌模式已成为中国农村电商发展的标杆之一,受到社会各界的广泛关注。

一、遂昌模式的形成与发展

遂昌模式诞生于浙江省遂昌县,是政府引导、市场主导、“协会+企业”运营的典型农村电子商务模式。遂昌县位于浙江省西南部,该县以山区为主,长期以来信息闭塞、交通不畅制约着当地农村经济的发展。为了促进当地特色农产品销售,从 2005 年开始就有人尝试网络销售竹炭产品,由此拉开了农村电子商务的序幕。之后越来越多的遂昌人涉足网络经营,截至 2010 年,遂昌县已出现了几百家网店,不仅为当地各类农产品打开了销路,而且增加了农民收入,激发了广大农民的创业热情。同年,遂昌网店协会成立,为整合资源、服务网商、培养人才、进行创业培训提供了全方位服务。2011 年 3 月,依托麦特龙仓储超市建立麦特龙分销平台,为解决网商进货、仓储、议价等难题创造了条件,并成立浙江遂网电子商务有限公司。2013 年 1 月 8 日,遂昌县人民政府与淘宝网合作建立的“特色中国・遂昌馆”正式上线运营,这是淘宝网成立的首家县级特色馆,自此遂昌模式开始由地方迈向全国。2013 年赶街网项目试运营,融农产品上行、工业品下行及电子商务培训为一体,遂昌县农村电子商务得到全面发展。2013 年 10 月,阿里研究中心、中国社会科学院正式向社会发布“遂昌模式”,其被认为是中国首个以服务平台为驱动的农村电子商务模式。2020 年遂昌县被评为国家电子商务进农村综合示范县,遂昌模式被列为浙江省乡村振兴十大模式之一。2021 年遂昌县农产品网络零售额实现 3. 5

亿元,同比增长30.6%。① 截至2021年年底,遂昌县从事农村电子商务产业的人员超过11000人。②

二、遂昌模式可持续发展状况

遂昌模式一直走在全国农村电子商务发展的前列,为使这种模式能够持续引领农村经济发展,并成为农村经济不可或缺的组成部分,遂昌人一直在探索,并及时克服发展中的瓶颈,深度贯彻新发展理念,始终保持该模式的生机与活力,全面展现了可持续发展趋势。

(一)协调发展成效显著

近年来,遂昌模式在推动农村电子商务的区域协调、城乡协调、与其他产业协调等方面获得了一定成效。

1.农村电子商务区域协调获得一定发展

从区域协调角度来看,目前中国各地农村电子商务的发展差距较大,第二章经过分析已经提出这种现象源于不同区域经济、社会、地理环境等外部因素的差异,是必然现象,但是从中国农村电子商务发展的历程来看,在各地存在明显差异的同时,区域间的协调是存在的,且区域协调发展趋势也是明显的。在这一进程中,农村电子商务先发地区的带动作用不可忽视。遂昌县作为中国最早涉足农村电子商务的区域之一,在其经营早期,中国仅有屈指可数的几个地区的农村居民尝试通过网络进行特定产品的销售,大部分农村地区仍旧固守着传统的商业经营模式,此时,农村电子商务发展的区域差异最为明显。随后以遂昌模式为代表的农村电子商务的成功运营,使农村电子商务开始受

① 丽水网:《立足农村电商优势,遂昌农产品网络零售额一年实现3.5亿元》,2022年2月7日,见http://www.lishui.gov.cn/art/2022/2/7/art_1229218391_57331585.html。

② 遂昌县人民政府:《农村电子商务让乡村生活更美好——打造全国农村电商"遂昌模式"》,2021年12月3日,见http://www.suichang.gov.cn/art/2021/12/3/art_1229557780_60224160.html。

到全国各地的普遍关注，社会各界竞相报道，遂昌县周边的农村地区率先行动，效仿遂昌模式发展农村电子商务，而后整个浙江省农村电子商务大发展，浙江省成为中国农村电子商务的领头羊，无论淘宝村、淘宝镇的数量，还是农村电子商务交易额都遥遥领先于其他省份和地区。由此可见，遂昌模式首先在整个浙江省范围内发挥了带动作用，缩小了省内不同地区农村电子商务发展水平的差异，在一定程度上促进了浙江省内不同地区农村电子商务的协调。

与此同时，在浙江省农村地区纷纷沉浸在农村电子商务发展初期带来的福利时，由于区域内农村电子商务经营主体增加，经营模式类似，产品同质化严重，尤其是在"农产品上行"中开始出现低水平竞争苗头。为迅速改变这一状况，遂昌县网商协会引导电子商务企业根据市场需求开展差异化经营，例如，通过食材、规格、包装、口味等方面实现产品差异化；通过提供个性化定制、网络直播等实现经营模式差异化，等等。这一系列举措不仅推动了遂昌县农村电子商务的创新，而且避免了不同农村电子商务主体因低水平竞争导致的损失，实现了不同电子商务主体的协调发展。这种做法也迅速被浙江省其他地区效仿，进而使得浙江省不同地区在发展农村电子商务时开始注重打造特色，努力通过错位竞争促进农村电子商务区域协调发展。

另外，从全国范围来看，遂昌模式对中国农村电子商务的区域协调发展也功不可没。2014 年 7 月 21 日，阿里巴巴集团创始人马云先生到遂昌参观考察，肯定了赶街网的公益性质，并指出赶街网是其见过最好的农村电子商务模式。受遂昌模式的启发，在 2014 年 10 月，"农村淘宝"上线，这是淘宝网专门针对农村市场开辟的二级频道。紧接着，阿里巴巴投资百亿启动"千县万村"计划，提出在 3—5 年内建立 1000 个县级运营中心和 10 万个村级服务站①，在全国范围内推进农村电子商务。随后京东、苏宁等电商巨头纷纷加速"下沉"农村市场。与此同时，农村电子商务的发展也受到了党中央、国务院的高

① 温婷：《投资百亿阿里巴巴启动"千县万村"计划》，2014 年 10 月 13 日，见 https://news.cnstock.com/news,bwkx-201410-3204458.htm。

度重视,2015 年中央一号文件明确提出开展电子商务进农村工作。之后,农村电子商务在全国范围内迅速发展,尽管目前各地农村电子商务的发展水平不一,但是各省均有发展,已逐渐改变了农村电子商务初期有些省份零发展的现象,从这一角度来讲,农村电子商务发展的区域协调性有了一定提升。需要强调的是,在这一过程中遂昌模式具有里程碑意义。2021 年年初,赶街服务体系已经覆盖了全国 17 个省,49 个县,12000 多个行政村。①

2. 电子商务城乡协调效果明显

遂昌模式的形成使当地农民网购及网销能力明显增强,缩小了城乡电子商务发展水平的差距,进而促进了城乡协调发展。

首先,遂昌模式的形成在短短几年内提高了遂昌县农村居民的收入水平,城乡收入差距明显减小。根据相关统计数据显示,虽然 2020 年丽水市仍旧是浙江省城乡居民收入倍差最高的地区,其中在丽水市又以遂昌县城乡居民收入倍差最高,但从时间序列数据来看,近年来丽水市城乡居民收入倍差明显降低,由 2005 年的 3. 60 降至 2020 年的 2. 05②,在浙江省所有地区中降幅最大,其中遂昌县这一指标的变化尤为明显,成为拉动丽水市城乡居民收入倍差逐年降低的主要县城之一。随着遂昌县城乡收入差距不断缩小,农村居民的消费能力明显提升,农民网购热情不断高涨,进而推进了农村电子商务的发展,电子商务城乡发展的差距不断缩小,城乡协调程度不断提高。

其次,遂昌模式的形成既满足了农村居民及时销售特色产品的需求,又满足了其方便、快捷地购买各类日用品的需求,同时满足了城市居民购买高质量、原生态特色农产品的需求。城乡居民各得其所,幸福指数明显提升。例如,通过网络交易的形式,遂昌土鸡、土猪迅速打开了销路,在网络销售中可根

① 遂昌县农业农村局:《遂昌农村电商“赶街模式”助力精准扶贫》,2021 年 3 月 31 日,见 http://www.suichang.gov.cn/art/2021/3/31/art_1229370544_59818033.html。

② 浙江省统计局:《浙江不同区域城乡居民收入差距比较》,2022 年 1 月 2 日,见 https://www.thepaper.cn/newsDetail_forward_16119327。

据城市居民的预订，提前进行切割、包装，并采取全程冷链运输及配送，且提供全程质量追溯，满足了城市居民对营养、安全、品相全方位的需求，故城市居民愿意为此类产品支付较高的价格。这一过程同时也满足了农民销售特色产品和增收的双重需求。与此同时，遂昌县的农民通过网络买到了各种各样的日常生活用品，在日常生活用品消费方面缩小了与城市的差距，农民的生活质量得到改善。

3. 农村电子商务实现了与相关产业协调发展

从产业协调角度来看，农村电子商务的发展不是孤立的，而是与多个不同产业存在密切关联，其发展对农村第一、二、三产业均具有明显的拉动作用，促进了农村各次产业的共同繁荣。在遂昌模式推动下农村电子商务与当地产业协调发展的效果非常显著。

首先，遂昌模式带动了当地农业发展，实现了农业转型升级。遂昌县围绕当地特色产品开展农村电子商务，通过网络销售的初级农产品种类繁多，诸如大米、红提、茶叶、竹笋、土猪、土鸡等，特殊的地理环境造就了较高的农产品品质，网络为这些高品质的农产品打开了销路，提升了其市场价值，例如，早在2014年遂昌大米在网上的售价就已经高达10元到20元一斤，最贵的甚至卖到50元一斤；遂昌土猪肉的网上售价虽然比普通猪肉价格高出数倍，但在江浙地区却非常畅销。遂昌县初级农产品的网络热销，极大地激发了当地农民从事农业生产的热情，专业组织种植或养殖的农业合作社大量涌现，种植业和养殖业规模不断扩大。同时，在网商协会的指导和农民专业合作社的组织下，农民规范了种养殖流程，提高了种养殖技术，进一步提升了初级农产品的质量和安全性。农业生产落后的局面逐渐得到改变，正朝着高效、生态农业的方向发展。

其次，遂昌模式带动了当地加工制造业的发展。在遂昌县通过网络销售的特色产品中，加工产品占据了很高的比例。遂昌模式形成初期，通过网络销售的产品以初级加工产品为主，且相当一部分产品是农民以家庭为单位简单制作而成的，如黄米果、笋干、长粽、菊米等。随着农村电子商务的发展以及消费者需求的不断升级，这种小规模的加工制作方式不仅提供的产品数量有限，而且人工成本较高，更重要的是难以向消费者展示产品质量，从而让消费者放心购买。意识到这一问题后，遂昌县各类农副产品加工企业迅速发展，加工工艺不断改进，加工产品的科技含量和品相不断提高，产品附加值逐步提升。与此同时，为了使产品在网上卖出更好的价格，农副产品加工企业开始重视产品包装，提高了对产品包装的要求，进而带动了当地包装制造业的发展。需要强调的是，随着遂昌农产品加工企业的发展，又进一步拉动了为其提供原料的农业的发展，产业联动效应明显。

再次，遂昌模式带动了当地各类服务业的发展。其中物流业在农村电子商务的影响下发展最快，农村物流基础设施不断完善、物流技术不断创新、物流配送能力不断提升，目前遂昌县农村物流虽然还有待进一步发展，但基本上能够满足当地电子商务发展的配送需求。同时，农村电子商务通过与当地旅游业融合，促进了旅游业的发展。例如，2013 年，“特色中国 · 遂昌馆”在淘宝上线后，陆续开展了“购遂昌特产　送旅游门票”、开通旅游聚划算、旅游淘宝旗舰店等一系列活动，还在每一笔订单中附上遂昌旅游宣传资料。2014 年，同城网首个县级旅游主题馆——遂昌馆开馆，对遂昌县旅游资源进行集中整合，并进行旅游产品的网络销售。同时“赶街网”通过与专业合作社合作，积极拓展乡村旅游活动。旅游业发展又为住宿、餐饮等服务业的发展创造了机会。目前，遂昌金矿、南尖岩等处于乡村地区的国家 4A 级旅游景点每年吸引大量游客，当地农村旅游业收入增长迅速。现已形成了农村电子商务带动旅游业发展，旅游业发展带动相关服务业发展，进而促进农特产品销售的良性循环。与此同时，遂昌县农村电子商务的发展还激发了人们对当地农村传统文化的关注，兴起了挖掘并发扬历史文化的热潮，文化产业迅速发展。文化产业的发展赋予了当地特色产品更多的内涵，进一步增加了这些产品的附加值，提升了其在网络销售中的竞争力，例如，牡丹亭竹炭包、牡丹亭茶网络热销。

另外，遂昌县农村电子商务在发展过程中，其产业自身的协调状况也得到逐步优化，一是构成遂昌县农村电子商务正常运转的各个构成要素能够有效配合，这主要体现在以线上交易为核心的农村电子商务供应链各个环节的高效对接和稳定合作。二是遂昌县农村电子商务运行的双向流通渠道协调性不断增强，通过"农产品上行"解决了农特产品"卖难"问题，同时通过"工业品下行"解决了农民"买难"的问题，农民生活状况得到明显改观。

（二）创新发展持续进行

遂昌模式自形成之日起，创新就成为其发展的重要组成部分，并一直伴随其发展过程。在不同时期，为适应市场变化，满足发展需求，遂昌县政府、网店协会及各类农村电商经营主体通过资金支持、人员培训助力各种创新活动。创新的成果主要体现在供应链、经营模式及产品品控等方面。

1. 供应链创新

遂昌农村电子商务发展之初，商品采购问题、仓储问题、配送问题等成为制约当地网商发展的重要因素。面对这一现象，遂昌网店协会及时进行运营模式创新，建立了麦特龙仓储超市，通过麦特龙分销平台为网商提供当地特色产品发掘与展示、供应商资源整合、统一仓储、统一包装、统一配送及咨询服务等一站式供应链服务，由此解决了农村电子商务发展初期众多网商的经营短板，为农村电子商务的后续发展提供了有力支撑，网商销售业绩迅速上升，网商数量迅速增加。在此基础上，又建立了包括农产品质量标准体系、农产品信息管理与预订系统、农产品质量可追溯体系、冷链体系、农产品程序管理体系、农产品生鲜技术研究及检测检验技术七方面内容的智慧供应链管理体系，供应链创新持续进行。

2014 年 6 月 11 日，在遂昌县政府支持下，祐康集团与浙江遂网电子商务有限公司签署战略合作协议，合力打造华东地区生鲜供应链管理第一平台，实现农产品配送的全程冷链，切实保障生鲜农产品流通中的质量安全。这一生鲜供应链管理平台的建立创新了遂昌县生鲜农产品的配送方式，提高了生鲜农产品的网络销售额。至此，遂昌模式实现了从1.0到2.0的转变。目前，遂昌县正在全力打造“数字物流”模式，推动供应链迭代升级，为农村电子商务可持续发展提供支撑。

2. 经营模式创新

遂昌县农村电子商务发展初期，将本地农产品通过网络卖出去是其经营模式的核心。随着当地特色农产品网络销售的发展，农民收入不断增加，其消费需求逐渐提升，因此，为使当地农民能够同时享受网购的乐趣与便利，遂昌网店协会通过与当地政府主管部门深入沟通，与淘宝网合作，共同推出了“赶街网”设计方案，并于2013年6月在遂昌县建立了第一家赶街村级电子商务服务站，首次在农村实现了农产品代卖、日用品代购、包裹代收代发、费用代缴等服务。

在赶街网运营模式下，农产品销售信息及消费者提出的购买要求和意见，都需要经过电子商务服务站的工作人员进行处理。为提高农村电子商务的经营效率，实现消费者与农户的直接对接，2015年3月赶街网推出农产品社交平台——屯亲APP，农民通过手机定位，就可在田间地头随时发布自己产品，城市消费者通过APP就可以针对产品情况与农民进行交流，之后完成选购、订购、下单流程。可见，屯亲APP的上线拓展了赶街网的经营方式。

遂昌模式在经历了前期的快速发展之后，网络销售的各种弊端开始出现，网络销售额增长速度开始下滑。面对这一现实，赶街网及时拥抱新零售，再次开展经营模式创新，推出“O2O体验店+线上商城”模式，大力发展社区电商，并于2018年7月在遂昌开出首家赶街村货样板店，重点打造生鲜农产品的本地流通，产品100%来自本地中小农户，实现最快30分钟送货到门，并借助“一户一码”系统实现所有商品的精准溯源。2019年4月，这种“村民直卖”新模式开启了连锁经营之旅，本着“一县一店”的原则，开始在浙江省其他县市布局。这种模式凭借供应链短、运营成本低获得了明显的发展优势。

2020 年新冠疫情暴发，为解决农产品滞销问题，遂昌赶街网参与了阿里巴巴集团发起的“网红直播连麦带货助农”行动，开启直播销售模式，并在农村便民服务中心搭建起直播间，充分发挥智能手机的作用，助力农产品销售。2021 年，遂昌组织全县 26 家优秀农业主体入驻浙江省网上农博平台①，并通过专场直播、县长代言等方式促进特色农产品销售。

3. 品控方式创新

“特色中国・遂昌馆”刚上线运营时，面临的一大难题就是如何保证所经营商品的质量安全问题。在此之前，淘宝网上建立的特色馆对入驻商品的要求很高，农产品必须经过 QS 认证才能上架销售。遂昌当地的一些特色农产品虽然没有 QS 认证，但确实是采用世代相传的加工工艺和烹饪方法制作出来的，不会有质量问题，食用也较安全。为了使这些产品能够顺利入驻“特色中国・遂昌馆”，特色中国项目负责人与遂昌网店协会共同制定了一套品控方案，实现了品控方式的创新，建立了政府、供应商（合作社或企业）、遂昌网店协会平台与网商多方共同负责的品控机制，其中政府以其信誉为农产品质量安全背书，各农村合作社建立联保机制，等等。② 政府为农产品质量安全背书，虽然显示了遂昌县政府对发展农村电子商务的大力支持，但是一旦这些农产品出现质量问题，政府就会面临被问责的风险。

随后，遂昌网店协会尝试通过自己制定标准对所售农产品进行品控。例如，2013 年 9 月，在遂昌红提网络预售团购活动中，首次尝试“自定标准”，从单粒果重、着色、果品、口感、甜度、农药等几个方面制定具体标准，开辟了生鲜电商品控新思路。

为进一步获取消费者信任，遂昌网店协会开发并制定了一套农产品溯源

---

① 童芳：《遂昌：擦亮农业产业品牌　激活发展“一池春水”》，2022 年 2 月 9 日，见 http://www.brand.zju.edu.cn/2022/0209/c57338a2497228/page.htm。

② 李孜：《农村电商崛起——从县域电商服务到在线城镇化》，电子工业出版社 2016 年版，第 68 页。

预警系统,利用实时视频及二维码扫描技术,实现供应链全过程的产品质量安全控制。这些品控举措推进了遂昌农村电子商务的顺利发展。

(三) 共享发展逐渐深入

遂昌县农村电子商务共享发展不断深入,体现在其发展过程中的多个方面,且共享范围逐渐扩大。

在农村电子商务基础设施共享方面,一是互联网普及率逐年提高。遂昌县虽然山区较多,但为提高农村的信息化水平,加快了农村互联网建设,提升了互联网普及率,这为农村电子商务的发展创造了较好的网络条件,使各类电子商务经营主体及村民能够共享网络带来的便利。二是农村公路建设加快。遂昌县区域干线建设与村内公路修建同时推进,农村公路里程不断增加,并且打通“断头路”,逐步实现全县农村公路互通,扩大了公路网的辐射范围,同时修建农村公路服务站,保障农村公路正常运行。公路建设的迅速发展大大提高了交通运输的便利性,为农村电子商务发展提供了有力支撑。三是遂昌县电子商务公共服务中心建设不断完善,“赶街农村电子商务服务中心”站点在遂昌县广泛布局,为各类农村电子商务参与主体提供全方位服务。

在农村电子商务技术共享方面,在遂昌县网店协会的组织下,通过各种方式展开电子商务人才培训,及时为农村电子商务企业输入掌握最新经营理念及技术的各类人才,使这些企业能够共享该经营领域的最新技术。例如,2016年以来,遂昌县农村电子商务学院、遂昌赶街职业技能培训学校、丽水市农村电子商务学院遂昌分院、赶街公司与商务部国际贸易经济合作研究院联合人才培训基地等培训体系平台为遂昌县培养了大批优秀的电子商务人才。另外,为推进“数字乡村”建设,2020年遂昌县开始建立县域电商大数据系统,实现全县电商数据显示、查询及农产品质量安全追溯功能,当地农村电子商务企业可通过共享大数据技术优化其运营。

在农村电子商务物流共享方面,遂昌县在农村电子商务发展初期就通过建设麦特龙仓储超市及分销平台为当地众多网商提供进货、仓储、送货等物流服务。随着遂昌县农村电子商务的发展,物流建设加快,为当地网商提供共享服务的农村物流服务站点数量迅速增加。2020 年,遂昌县开始改造提升农产品公共仓储中心,提升农村电子商务企业的仓储共享水平。2021 年 5 月,遂昌县联合浙江省邮政分公司启动浙江省首个数字乡村物流中心建设,完善"县—乡—村"三级物流体系,打造全国第一套县级邮政与多家民营快递公司跨品牌自动化混合分拣系统。该物流中心对应全县 201 个行政村分别设置了快递分拣落口,各快递品牌寄往同一目的村的派件落入同一分拣口后,由邮递员负责对这一分拣口所有品牌的快递进村派送,返回时再将网商需要寄送的农副产品或村民的快递带回寄出。①

在农村电子商务资金共享方面,国家及地方每年都会为促进农村电子商务发展拨付专项资金,例如,2020 年国家对遂昌县拨付的电子商务进农村综合示范项目专项资金主要用于农村电子商务物流体系、公共服务体系、双向流通体系、培训体系、市场运营体系、产业集聚体系及扶贫体系建设,这些建设成果供当地农村电子商务企业共享。

除此之外,现阶段遂昌县通过致力于农产品区域公共品牌打造,使众多网商可通过共享区域公共品牌获得更好的发展。例如,"丽水山耕"这一区域公共品牌带动效应明显,符合准入标准的遂昌农产品均可利用这一品牌在网上进行销售。同时,遂昌县农村电子商务发展中传统文化共享的趋势也日益明显。

(四) 绿色发展初见成效

绿色发展理念伴随着遂昌县农村电子商务的发展逐渐渗入到经营者的意识中,目前主要体现在绿色产品的经营上。该县在网络上销售的农产品以原

---

① 丽水发布:《在家门口就能收寄包裹! 遂昌"数字物流"打通乡村振兴"共富路"》,2021 年 12 月 9 日,见 https://www.thepaper.cn/newsDetail_forward_15765222。

生态、散养、新鲜为突出卖点，且得到了消费者的广泛认可。为进一步获得消费者的信任，遂昌县在绿色产品的打造方面采取了一系列措施，例如，遂昌县于2008年在浙江省内率先提出将“原生态”作为打造县域品牌的核心，并制定了浙江省首个原生态农产品地方标准；从2009年开始致力于打造原生态农产品基地县，全面展开原生态农产品生产基地建设，覆盖蔬菜产业、茶产业、畜牧产业及其他特色产业，并积极发展种养结合型绿色生态循环农业。2019年，遂昌县新建海拔600米以上绿色有机农林产品基地7.8万亩①，2020年新建2.85万亩②。与此同时，遂昌县为促进绿色农产品网络销售，不仅着力打造特色农产品品牌，而且对一些生态农产品制定了个性化的电子商务系列标准，统一制定了此类产品的电子商务包装、运输、品质控制等标准规范。

为响应2015年农业部提出的“化肥农药减量增效”的号召，遂昌县于2016年在浙江省首次推出“绿色惠农卡”，对进入“绿色惠农卡”平台销售的农资进行了规范，通过政府补贴的形式引导农民持卡购买低毒、高效的农资，并鼓励农民参与农药废弃物回收，以加强对污染源的控制。截至2022年5月，遂昌县发卡5.4万户，平台拨入补贴资金4877.3万元，农户刷卡享受补贴2739.51万元。③ 这一系列举措强化了遂昌县农业生产绿色化的大方向，化肥农药的使用量明显降低，2021年遂昌县被认定为浙江省“肥药两制”改革综合试点县之一，截至2021年8月，化肥减量达到850吨，农药减量达到15.4吨。④

---

① 遂昌县人民政府：《2020年政府工作报告》，2020年4月30日，见 http://www.suichang.gov.cn/art/2020/4/30/art_1229365351_4184634.html。

② 傅长琪：《疾风知劲草　山城自奋蹄——2020年遂昌县经济社会发展综述》，2021年2月5日，见 http://www.suichang.gov.cn/art/2021/2/5/art_1229387983_59781871.html。

③ 丽水市生态环境局遂昌分局：关于印发《遂昌县生态环境保护“十四五”规划》的通知，2022年5月10日，见 http://www.suichang.gov.cn/art/2022/5/10/art_1229365216_2403485.html。

④ 遂昌县农业农村局：《遂昌县“肥药两制”改革综合试点项目实施方案》，2021年8月3日，见 http://www.suichang.gov.cn/art/2021/9/9/art_1229365216_2354695.html。

此外，2020 年遂昌县启动“天工之城—数字绿谷”项目，推进遂昌县数字化、生态化建设，赋能当地农村电子商务绿色发展，加速推进农村电子商务与当地优势产业的深度融合。

（五）开放发展提上日程

遂昌县农村电子商务发展初期，以开拓国内市场为主，随着国内市场的打开，其农副产品的市场知名度不断提高。近几年为进一步拓展市场范围，遂昌县通过建立能够提供物流、仓储、海关清关等一站式服务的跨境电子商务服务中心，加强与国外一些电子商务平台的合作，着手通过电子商务把高品质的农副产品推向世界市场。目前，菊米、高山大米、长情粽、茶叶和地瓜干等当地特产已成功走出国门，卖往世界各地，并且卖出了较高的价格。尤其“一带一路”倡议的提出与实施为遂昌县农村电子商务跨境交易带来更多机遇，遂昌县许多土特产品深受共建“一带一路”国家和地区民众的喜爱，网络订单源源不断。例如，遂昌茶叶生产企业在遂昌县政府和网商协会的帮扶下，利用当地资源优势，结合共建“一带一路”国家和地区消费者的饮茶偏好，在已有茶产品基础上进行深加工，增加个性化工艺，并利用电子商务拓展销路，共建“一带一路”国家和地区订购遂昌茶叶的网络订单络绎不绝，利润大幅增加。

三、简单评价

由以上分析可以看出，遂昌模式正在可持续发展的道路上奋力前行，在本研究用于评价农村电子商务可持续发展的五个方面均作出了努力。从整体效果来看，遂昌模式可持续发展状况与第五章对中国农村电子商务可持续发展总体状况的评价结果基本一致，即协调发展效果最为突出，创新发展成效较明显，共享发展状况居中，绿色发展范围有待拓展，开放发展相对滞后。具体而言，在协调发展方面，遂昌模式在区域协调、城乡协调、产业协调等方面均有突出表现,其协调发展的具体做法值得其他地区借鉴。在创新发展方面,遂昌模式在供应链创新、经营模式创新及产品品控方式创新方面成效明显,但在农村电子商务可持续发展过程中,创新需要持续进行,创新的成果仅能满足部分阶段性要求,即在每个阶段总存在未被满足的创新需求。在共享发展方面,遂昌模式已在一定程度上实现了基础设施、技术、物流及资金共享,但在品牌共享、文化共享等领域却刚刚起步,共享领域有待开拓。在绿色发展方面,遂昌模式主要体现在绿色产品的生产和加工上,即供应链前端,而在供应链其他环节的绿色发展涉及较少,绿色发展任重道远。在开放发展方面,遂昌模式虽然已经迈出了关键性的一步,但是通过跨境电商实现的农产品交易额占比较低,当地农副产品在国际市场上的知名度及竞争力均有待提高。

第二节　中部地区典型案例——河南光山模式

中国中部地区东接沿海,西接内陆,人口众多,基础设施建设情况较好,目前中部地区各省份均在大力发展农村电子商务,并将电子商务作为农村地区致富的重要途径。在中部地区各省份中河南省的农村电子商务发展最为亮眼,早在1995年河南省郑州市就建立了中国最早的涉农电子商务平台,截至2021年,河南省已获批电子商务进农村综合示范县81县次,是中部地区电子商务进农村综合示范县数量最多的省份,其中光山县农村电子商务近年来呈现出较好的发展势头。

一、光山模式的形成与发展

光山模式是对光山县经过近10年农村电子商务发展和脱贫攻坚的总结,其发展模式的主要特征体现为政府引导和产业集群。光山县是河南省信阳市下辖的一个农业大县,当地降雨充沛,农业生产基础较好,以光山茶叶和麻鸭最为知名,其中由于当地麻鸭养殖规模庞大,使得羽绒服装产业逐渐成为光山县的特色产业。但光山县地势险要,位于著名的大别山革命根据地,交通不便导致该县经济发展缓慢,人均收入增长乏力。1985 年光山县被国务院确定为国家级贫困县,2011 年又被确定为新一轮扶贫工作重点县。为了改善贫困局面,光山县不断探索脱贫致富的道路。伴随着我国其他地区农村电子商务的迅速发展,光山县农民也开始接触电子商务,尤其是经营效益逐年滑坡的羽绒服装产业在返乡创业大学生的帮助下,通过网络销售获得了新的生机,这极大地激发了当地农民发展农村电子商务销售当地农特产品的热情。2014 年,光山县委、县政府抓准时机大力宣传农村电子商务,并提供相应政策支持,积极引导广大农村群众建设和运营网店。同年该县获批成为中国第一批电子商务进农村综合示范县。随后光山县开始探索符合当地实际的农村电子商务扶贫模式,成立了光山县电子商务协会、光山县农副产品电商协会等电子商务协会组织,并积极搭建农村电子商务平台,以电子商务创业孵化园和电子商务产业园为依托,通过产业集群的方式整合了当地的电子商务资源,打造了油茶产业、羽绒服装产业和粮油食品等多品类的农村电子商务产业链。同时,光山县在发展农村电子商务的过程中坚持品牌建设,将当地品类丰富的农产品进行整合宣传,使得“光山十宝”“光山乡镇十品”名响全国。在阿里研究院发布的《2015 中国县域电子商务报告》中,光山县位列电子商务扶贫十佳县之中。通过与阿里巴巴合作,光山县也于 2016 年年底实现了农村淘宝网店的全覆盖,建立了 200 多个农村淘宝服务站,一方面方便了当地村民参与网购,另一方面也促进了本地农副产品的线上销售。快速发展的农村电子商务帮助光山县于 2019 年脱贫摘帽。目前,光山县有超过 5 万人从事电子商务行业,开设了各类网店 26000 余家,拥有 300 余个村级服务点。①

① 光山县商务局:《关于印发光山县商业体系建设实施方案的通知》,2023 年 3 月 13 日,见 http://xxgk.guangshan.gov.cn/show.php? classid=4023&id=48670&bid=102。

二、光山模式可持续发展状况

（一）协调发展效果明显

1. 光山模式带动了电子商务与当地传统产业的协调发展

光山县通过积极开展农村电子商务，为当地农副产品扩大了销售渠道，拓展了市场范围。得益于当地独特的地理环境和气候条件，油茶和麻鸭等本地农副产品品质优良，但在开展农村电子商务之前，由于交通不畅、信息闭塞等问题的存在，使得这些优质的农副产品难以畅销至全国各地，导致当地农业生产经济效益较差。农产品上行是推进农产品商品化和促进农民增收的有效途径，光山县在引入电子商务网络销售平台后，大胆探索和尝试利用直播方式进行带货，从县领导干部到当地的致富带头人，纷纷化身电商平台主播，对"光山十宝"等优质农副产品进行现场推介。2020 年光山县电商办组建了 20 人的网红直播团队，开展"光山十宝"系列产品直播活动 200 多场，实现直播带货销售达 5778 万元。① 同时，光山县围绕着"电商扶贫服务中心"，通过开展电商培训、帮扶贫困人口开设网店、带动当地居民进入电商行业、兴办小型加工企业、建设"光山十宝"基地、建设红薯种植和糯稻种植试点基地等方法，已带动全县近 3500 户 12000 多人实现脱贫，当地传统农业在电子商务的加持下，实现了稳定、健康发展。

羽绒服装产业是光山县另一个传统行业，由于当地环境适合麻鸭、鹅的养殖，大量鸭绒鹅绒被利用起来制作羽绒服装。光山县羽绒产业发端于 20 世纪 80 年代初，当时全县有大小羽绒服装厂 20 余家，其中金鸳鸯集团生产的羽绒服装产品是当时中国十大羽绒服装品牌之一。随着金鸳鸯集团因经营不善破产倒闭，大量工人下岗，光山县羽绒产业迅速没落。2014 年光山县大力推进

---

① 经济网：《河南光山县：培育新业态，再掀电商发展新高潮》，2020 年 9 月 22 日，见 https://www.ceweekly.cn/2020/0922/314076.shtml。

农村电子商务，并把羽绒服装产业作为重要的脱贫致富产业，通过产业集群的方式，鼓励多家羽绒服装制造厂利用当地优质的羽绒原材料制作羽绒服装，再通过电子商务平台进行销售。2016 年光山县通过引入阿里巴巴“农村淘宝”入驻，把羽绒服装作为光山县“村淘”的主推产品之一，并且通过成立羽绒电商供货联盟协会，联合羽绒服装研发中心、10 家生产企业、50 家羽绒电商及 1 家视觉制作公司签订战略合作协议①，共同参与新款服装的市场联销活动，一方面保证了货源供应，另一方面确保了产品质量，把光山县的羽绒服装产业推到了一个新的发展高度。截止到 2021 年年底，光山县有羽绒电商网店 6000 多家，年销售收入达 20 亿元，从业人员 2 万多人②。为了扩大产量、提高质量、增加销量，光山县还专门针对羽绒服装生产人才和电商人才开展培训，一方面通过培训生产人才，提高劳动力素质，生产质量有保证的羽绒服装；另一方面通过培训电商人才，向其传授电商平台运营经验，提升带货主播的专业能力，提高光山县羽绒服装网络销售效率。

2. 光山模式促进了城乡电子商务的协调发展

光山县通过引入农村电子商务，帮助当地农民拓宽了农副产品的销售渠道，大幅提升了当地农民的收入水平。2016 年光山县城镇居民人均可支配收入为 23210 元，农村居民人均可支配收入为 10701 元，③2022 年城镇居民人均可支配收入为 33551. 9 元，农村居民人均可支配收入为 18023. 5 元④，光山县城乡收入比由 2016 年的 2. 17 缩小为 2022 年的 1. 86。随着光山县农村居民收入水平的提升，其消费能力明显增强，通过网络购买日用品的农民日渐增

---

① 河南日报：《光山：打造中国羽绒之都》，2016 年 11 月 30 日，见 https://www.cn-down.com/news/detail-2076.html。

② 中国工业新闻网：《光山县羽绒电商“双十一”网销 1. 2 亿》，2022 年 1 月 11 日，见 https://www.cinn.cn/p/249776.html。

③ 光山县人民政府：《光山县 2017 年政府工作报告》，2021 年 7 月 1 日，见 http://xxgk.guangshan.gov.cn/show.php? classid/1574&id=37298&bid=1。

④ 光山县人民政府：《2022 年光山县主要经济指标》，2023 年 12 月 9 日，见 http://www.etmoc.com/look/Statslisth? Id=5132。

多。在此背景下,光山县政府为促进当地农村电子商务全面发展,还为当地农民利用电商平台购买日用商品提供了一系列的便捷服务。例如,光山县通过与阿里巴巴合作设立农村网店,并将商超功能引入到网店中,丰富了当地的日用品供应,使得当地农村居民可购买到所需要的各种物美价廉的商品。同时,农民购物可以线下扫码直接购买,并可以享受到电信运营商"翼支付"的立减优惠,这进一步激发了农民网络购物的积极性,让其真正感受到"新零售"带来的便利。由此可见,光山县农村电子商务的发展优化了当地农民的交易环境,逐步缩小了城乡电子商务发展的差距,在一定程度上改变了当地农村流通业发展不充分的现状。

（二）大力推进创新发展

1. 产品创新

光山县委、县政府组织当地的农村电子商务在岗人员积极参加各种相关培训,帮助未接触过电子商务的农民加入农村电商团队,鼓励农村电子商务企业设计开发新产品。例如,当地龙头企业光山县三联电子商务有限公司积极进行产品创新,成功开发出农副产品"光山十宝",同时开发上线"光山十小宝"等,形成光山网货系列,通过构建一系列品牌扩大本地产品的知名度,并带动了当地农副产品加工企业及加工基地的发展。2019 年年末,光山县已建成"光山十宝"加工基地 56 个,"光山十小宝"加工基地 10 个,光山小特产基地 20 个。① 与此同时,光山县的乡镇村街干部也积极响应参与农村电子商务发展,根据不同村落的产业发展情况和产品生产情况,确定"一村一品"或"一村多品"的电商发展战略,并根据消费的需求,在原有产品的基础上不断创新,努力提升电商助农的效果。例如,在农村电子商务的带动下,不仅使作为"光山十宝"之一的砖桥月饼打开了市场,而且促使砖桥县月饼生产企业在生

① 李海旭:《光山之变 华章日新》,2019 年 11 月 12 日,见 https://www.moa.gov.cn/xw/qg/201911/t20191122_6332242.htm。

产中将传统工艺与创新元素融合，在坚持传统制作方法的同时，开发出了茶味月饼、蛋黄月饼及无糖月饼等系列产品，并在产品包装上寻求突破，推出了系列新包装，满足了不同消费群体的需求。与此同时，为改变月饼销售的季节性特征，这些生产企业在月饼生产的基础上开发出砖桥酥饼、砖桥将军饼等新产品，实现了产品种类的多样化，产品销售的淡旺季差别逐渐缩小。

对于羽绒服装产业，光山县财政每年拿出近 100 万元用于开发新款羽绒服饰，带动羽绒服装企业开展产品创新，在很大程度上丰富了光山县的羽绒服装网货品类。同时，光山县羽绒服装企业也十分注重打造品牌价值，并积极推进品牌创新。经过数年发展，目前光山县已成长起来寒羽尚服饰公司、金美服饰公司、瑜珑服饰公司、众泰服饰公司、冬依服饰公司等多家羽绒服装企业，在光山县羽绒服装产业园内，各家服装企业的电商团队利用各种电商平台进行羽绒服、棉服线上销售。农村电子商务在促进了光山县羽绒服装销售的同时，羽绒服装企业一方面通过与消费者直接对接，及时了解消费者需求信息，并结合这些需求信息塑造创新元素，进一步推进羽绒服装品类、款式的创新；另一方面不断推进产品质量、生产技术、生产工艺、企业文化的创新，赋予品牌更丰富的内涵，以实现品牌生命力及竞争力的提升。

2. 经营模式创新

光山县在农村电子商务经营模式上不断创新，以羽绒服装销售为例，其网络销售模式呈现多样化趋势，尤其是 2020 年以来因受新冠疫情影响，直播电商成为光山县羽绒服装的主要销售模式，各家服装企业在抖音、快手、淘宝和拼多多等电商平台直播，第一时间介绍品牌新品，帮助消费者直观地感受光山羽绒服装的高品质。在 2021 年“双十一”购物活动期间，光山县日均销售各类服装超 60 万件，“双十一”当天网销达 150 万件，销售额为 1.2 亿元。①

---

① 中国工业新闻网：《光山县羽绒电商“双十一”网销 1.2 亿》，2022 年 1 月 11 日，见 https://www.cinn.cn/p/249776.html。

与此同时，光山县农副产品网络经营模式也在不断创新，从最初的淘宝电商，到后来的借助于云书网、邮乐网、金融 e 站等电商平台进行销售，再到目前直播电商成为主要的销售模式，这一系列变化不仅体现为交易平台的多样化，而且展现了交易方式和手段的创新。除此之外，光山县在促进农村电子商务发展过程中，实现了新零售与新农业的融合创新，基于网络平台的旅游农业、观光农业、采摘农业、订单农业、认养农业等新型交易模式不断涌现。

3. 经营技术创新

光山县积极探索和搭建本地互联网平台，例如“光绒网”平台的建成和“易采光山”手机 APP 的成功上线都是光山县近年来积极拥抱互联网和坚持创新的成果。2018 年 12 月 5 日，光山县科思网络科技有限公司成立，作为一家人工智能企业，该公司为各大电子商务平台的应用项目提供数据处理工作，人工智能新业态开始为光山县农村电子商务的发展注入新活力。2023 年 5 月，“中科产业研究院乡村振兴光山县数字化中心”和“弦商光山县产业发展品牌中心”成立，通过搭建新型数字化服务平台，运用数字化技术推进农产品上行。

（三）高度重视共享发展

在农村电子商务基础设施共享方面，光山县大力推进农村公路建设。光山县北临淮河，南依大别山，总体地势南高北低，故交通情况南部条件较差，北部条件较好。在发展农村电子商务的过程中，交通始终是绕不开的问题，光山县在公路条件较差的南部地区加强通村公路与村内道路连接，推进通村通组公路及桥梁建设；在公路条件较好的北部地区加快实施乡村地区普通公路提档升级。通过建立分片区包干责任制，动用全县有技术、有设备的专业队参与施工，在保证质量的前提下不断完善全县的农村公路建设。2022 年建成大别山一号旅游公路 15 公里、“四好农村路”示范路 30 公里、农村公路320公里。①

在农村电子商务物流共享方面，光山县通过建立物流园区，整合了县乡物流资源，通过县乡共配，实现了物流配送人员的减少，配送效率的提高，物流成本的降低。2018年4月申通、韵达、中通、圆通等快递企业在光山县成立同享公司，在同享公司所在物流园区，不同物流企业间实现设施、人员、网点等资源共享，并积极探索共同配送模式。通过物流共享，便利了农产品上行和工业品下行，提高了当地农民参与电子商务的积极性。

在农村电子商务技术共享方面，光山县农村电子商务发展不仅共享了互联网技术资源，而且共享了当地通过专业人才培训带来的电商经营技术成果。光山县委、县政府注重人才培养，把电子商务人才培养工作当作电商助农的基础工程，为农村电子商务发展提供各种技术支持。例如，通过成立光山县电子商务协会、光山县农副产品电商协会、光山县跨境电商协会等电商协会组织，光山县自2015年开始分期举办多场农村电商培训，聘请国内著名大学的电商领域专家团队以及全国各地电商运营专家进行长期授课，教授当地农民网店开设、运营推广、跨境电商等技能，为光山县农村电商发展储备人才。除此以外，光山县还通过建立电子商务培训基地和实训基地，开设初级班、中级班、高级班等适用于不同电商参与群体的班型，吸引当地农村返乡务工人员和大学生创业者参加。

在农村电子商务资金共享方面，中央财政拨付的电子商务进农村综合示范试点补助资金是各地农村电子商务发展的重要资金来源之一，光山县将这些资金主要用于运营服务中心（孵化园）建设、县乡村三级运营服务体系（站、点）建设、物流配送体系建设、电子商务培训、电子商务进农村宣传推广、电子商务进农村操作服务系统软硬件建设、产品研发、项目咨询费及设计规划费等。当地农村电子商务经营主体均可共享这些专项资金投入取得的建设成

---

① 光山县人民政府：《2023年光山县人民政府工作报告》，2023年2月27日，见 http://xxgk.guangshan.gov.cn/show.php? classid=1574&id=48591&bid=1。

果。截至2019年3月,光山县中央财政2000万元试点建设资金已经使用完毕,光山县电子商务公共服务中心、乡村电子商务服务站点和县域电子商务物流仓储分拣配送中心已基本建设完毕并投入运营。目前光山县正在积极构建并完善农村电子商务培训体系、农产品电子商务供应链体系以及农村电子商务宣传体系。

(四)稳步推动绿色发展

近年来,越来越多的消费者开始追求绿色、健康、有保障的农副产品,消费需求的转变为光山县农村电子商务的发展指明了方向。为加快推动农副产品向优质化、标准化、品牌化发展,光山县按照上级农业农村主管部门的要求,积极贯彻落实质量兴农、绿色兴农和品牌强农等绿色农村发展战略,落实农产品质量提升工作,并积极培育本地特色农产品品牌。光山县于2016年开始建设特色农产品防伪溯源体系,通过规范农产品产地编码规则、农产品生产档案记录、农产品包装标识,逐步搭建起了农产品防伪溯源信息管理平台,并以当地的农副产品企业、电商企业和农民专业合作社为载体,带动当地农户建立起完善的生产责任制度、产品准出制度和产品质量信誉制度等。截至2021年年底,光山县已有“光山山茶油”、“光山麻鸭”、“光山信阳毛尖”、“光山咸麻鸭蛋”、“光山西蓝花”和“光山湖羊”等6个农产品入选全国名特优新农产品名录,这六种产品获准在其产品包装上标注“全国名特优新农产品”字样,这进一步提高了光山县农产品品牌的辨识度和影响力,促进了当地农产品电子商务的绿色发展。同时,光山县在发展农村电子商务的过程中始终把生态建设和环境保护放在首要位置,严格控制当地工业企业及农业生产的污染物排放量。

与此同时,促进物流快递企业的绿色转型是光山县农村电子商务发展过程中的重要举措。光山县当地企业积极响应并贯彻落实2021年3月开始实施的《邮件快件包装管理办法》,例如,使用42毫米胶带取代45毫米胶带,改变过去粗放的打包方式，选择“一字”“十字”或“井字”等简易打包方法，尽可能避免对包裹的过度包装，并在网点设置专用回收装置，使用环保循环邮袋收纳快件等。

（五）积极尝试开放发展

光山县农村跨境电商起步较晚，当地产品在全国范围内达到一定知名度后才逐渐开始涉足产品出口。光山县最先参与跨境电商业务的是羽绒服装行业，为进一步打开羽绒服装产品的国际市场，将国内仅能卖一季转变为全球卖四季，光山县积极融入全球供应链和价值链，加快当地跨境电商人才的培养速度。2016 年 5 月光山县首期跨境电商培训班在县电子商务产业孵化班开班，此后每年光山县都会邀请国内知名企业的外贸专家向当地跨境电商从业者传授运营经验。通过速卖通等跨境电商平台，2018 年光山县羽绒服装就已销往世界 100 多个国家和地区，跨境电商年销售额超过 500 万美元。① 同时，随着光山县跨境电商培训活动的不断进行，当地越来越多的农副产品参与到“一带一路”倡议当中，例如“光山十宝”等光山特产已经销售至中亚、东欧等国。光山县为不断拓展境外市场，目前加大了跨境电商供货企业建设，跨境电商供货基地逐步形成。

三、简单评价

从以上分析可以看出，当前光山县农村电子商务的可持续发展状况符合我国农村电子商务可持续发展的总体情况。具体来看，在协调发展方面，光山县农村电子商务的发展促进了当地传统农业和羽绒产业与电商行业相结合，进而推进了产业集群化发展，帮助当地农民逐渐脱贫致富，缩小了光山县的城乡收入差距，提高了当地农村居民的物质生活水平，协调发展的效果非常明

① 商务部市场体系建设司：《河南省光山县发展农村电商　助力农民奔小康》，2019 年 8 月 13 日，见 http://ltfzs.mofcom.gov.cn/article/dzswn/ncdf/201908/20190802890312.shtml。

显。在创新发展方面,光山县积极推进产品创新,注重网络销售的特色产品品牌建设,同时实现了农村电子商务经营模式的创新,新型网络销售模式不断涌现,并引入了人工智能技术,提升了当地的数字经济活力,但创新无止境,随着社会的进步和经济的发展,与之相关的各类创新还要继续进行。在共享发展方面,光山县以发展农村电子商务为契机,逐步提升了当地的交通和物流水平,通过多种方式展开专业人才培养,并充分利用政府资金支持,全方位地改善了当地农村电子商务发展环境,但共享发展的领域和范围还有待扩大。在绿色发展方面,光山县坚持"绿水青山就是金山银山"这一理念,在促进农村电子商务发展的过程中,严格控制生产过程中的污染情况,初步建立起农产品防伪溯源体系,以保证网销农产品的品质,与此同时,积极构建绿色物流模式,减少不可降解包装材料的使用,倡导可循环利用的包装,以期保护当地生态环境。虽然光山县在绿色产品生产、绿色物流、绿色包装等方面进行了一定探索,但这与农村电子商务绿色发展目标还有很大差距。在开放发展方面,光山县涉足农村跨境电商较晚,且以羽绒服装产业开展跨境电商业务为开端,虽然近两年当地一些农产品也尝试开展跨境电商业务,但这些农产品的国际知名度较低,拓展国际市场的能力还非常有限。

第三节　西部地区典型案例——四川青神模式

我国西部地区地势条件复杂,交通等基础设施不够完善,相较于东中部地区,其经济一直处于落后状态。随着"互联网+"的深入推进,西部地区一些省市开始涉足农村电子商务,翻开了经济发展的新篇章,其中青神县抓住农村电子商务发展的机遇,以当地特色产业为依托,形成电商精准扶贫的"青神模式"。目前,四川省青神县已成为全国电子商务进农村综合示范县,同时也是四川省首个电商顺差县,全县的农产品网络零售额一直呈较高的增长态势。

一、青神模式的形成与发展

四川省青神县曾有贫困村26个，贫困户2826户、贫困人口6662人①，为了推动精准扶贫和精准脱贫，该县乘借互联网东风，大力推进农村电子商务发展，努力打造农村电子商务新生态，推动规模化种养、产业化生产、品牌化经营、网络化销售，探索出了一条电商精准扶贫的新路子。

青神县地形条件独特、气候条件优越，林业、渔业、畜牧业资源十分丰富，以竹编等为代表的特色产业不断壮大，这为农村电子商务发展创造了十分有利的条件。2012年，四川省青神县提出了建设“智慧青神”的决定，并提出要将该县建设成为全国知名电商县。青神县最初进驻电商的方式主要是培育网商，通过从外地进货，选择那些卖得好的商品，从中赚取差价。尽管这种模式使得电子商务进入门槛较低，在短期内可以实现迅速发展，但是其不能与当地优势产业相结合，且缺乏特色，不具备长远的发展潜力。因此，青神县政府及时调整策略，改变电子商务发展方向，出台了《青神县电子商务发展扶持办法》，并设立了专项扶持资金，充分发挥政策扶持、项目资金撬动作用，加快了该县电子商务的发展。2013年，青神县建设易网电子商务基地，2015年基地已基本完成各项职能架构，各项功能逐步完善，成功签约300名电商和30家企业。同时，青神县重点引导当地特色产业触网，拓展电子商务业务，树立企业发展壮大、电商致富增收的榜样，示范带动全县电子商务产业实现跨越式发展。目前，青神县已形成以电商基地、电商中心、电商协会、电商物流和电商人才为支撑的农村电子商务发展模式。在此基础上，功能设施齐全的特色农产品电商产业集群逐步形成。2019年青神县青城镇入选“阿里巴巴淘宝镇”，2021年，青神县网络零售额达22.09亿元，电商发展指数居四川省第2

① 青神县工商质监局：《打造农村电商生态助推电商精准扶贫——四川省青神县积极探索电商精准扶贫新路子》，2018年4月8日，见https://swt.sc.gov.cn/sccom/gzjl/2018/4/8/338ba3e7afb24b839bbb5ea7718b7622.shtml。

位，电商应用指数居四川省第1位。[①] 目前，青神县是四川省唯一一个同时拥有“全国电子商务进农村综合示范县”“四川省电子商务集聚区”“四川省电子商务示范基地”“四川省农村商务信息服务试点县”四个荣誉称号的区县。

二、青神模式可持续发展状况

青神县农村电子商务的迅速发展得力于政府的高度重视和大力推动。在尊重市场规律的基础上，各级政府部门积极发力，结合当地具体情况，在支持农村电子商务发展的同时引导其发展方向，使青神县农村电子商务展现出蓬勃的发展活力。近年来，青神县逐渐将可持续发展理念融入农村电子商务发展中，并不断进行深入探索。

（一）协调发展取得了明显成效

1. 农村电子商务逐步实现与当地相关产业协调发展

首先，青神县农村电子商务的发展有效带动了当地农业的发展，推进了农业供给侧改革。一是农村电子商务促进了青神县农产品品质提升。青神县通过大力发展农村电子商务迅速打通了农产品线上销售渠道，不仅为当地农产品开拓了更广阔的市场，而且借助于网络的互动性，农业经营者可及时获取消费者的需求信息，并结合消费者对绿色生态农产品的需求趋势，及时改进农业生产经营模式，实现农产品品质提升。二是农村电子商务促进了青神县农业转型。青神县将农村电子商务与特色农产品紧密结合，使得当地分散的农产品生产经营开始走向规模化、产业化发展之路。青神县竹制品、椪柑等都是当地特色农产品，在农村电子商务兴起之前，因受到各方面因素制约，农产品销

---

① 青神县商务局：《青神县电子商务产业发展情况报告》，2020年7月17日，见https://www.jiemian.com/article/4691596.html。

售受限，价格较低，严重阻碍了相关产业发展。从2012年起，青神县大力发展农村电子商务，加快相关配套设施建设，引导当地农业生产经营向专业化方向发展。以椪柑产业为例，青神建立了椪柑产业现代农业园区，从种植、包装到运输等一系列过程都已形成体系，再通过电商平台、直播、朋友圈等方式宣传带货，在保证产品质量的同时，大大提高了销量。同时，青神作为全国最大的川味腌腊制品网销基地，借助于农村电子商务重新构建了"农民能养多少，就能卖多少"的格局。由此可见，农村电子商务对农业发展有强大的助推作用，不仅提升了农产品质量，而且为农业发展战略调整提供新的方向，切实实现了农业增产、农民增收。

其次，青神县农村电子商务的发展促进了当地工业提质增效。目前，青神县已形成机械制造产业为主导，兼顾竹浆造纸和家居日化产业的产业布局。农村电子商务的发展为加工业发展创造了新机遇，本色纸品牌"斑布"通过线上线下双重布局打响了品牌，迅速占领了全国各地市场，成为本色纸第一品牌。斑布纸品的畅销推进了斑布竹产业园建设，斑布竹产业园建设又大大优化了斑布产品的生产工艺，提高了生产效率。

最后，青神县农村电子商务的发展带动了现代服务业发展壮大。一方面，农村电子商务发展促进了青神县商贸流通体系的完善，加快了新型消费的发展。青神县通过发展农产品电商、社区电商等新业态，逐渐改变了农村流通业落后的状况，使农村市场呈现出传统流通模式与新兴网络流通模式相互融合、共同发展的繁荣景象。例如，在批发领域，青神县政府积极推动农产品批发市场数字化建设，打造线下与线上电商平台融合发展的智慧型批发市场。在零售领域，在青神县政府的支持下，农村电子商务服务中心及服务站点纷纷建立，为农民网购日用品及销售农产品提供了便利。尤其在新冠疫情期间，大量助农直播间涌现，通过直播模式打通了青神县特色农产品的销路。同时，青神县农村实体商业店铺也开始触网，通过社区团购方式满足当地消费者多样化的需求。另一方面，农村电子商务推动了青神县旅游业的发展，使当地农村旅游资源得到充分开发，尤其值得一提的是特色农产品电商的发展助推了以农产品体验为中心的乡村游业的发展，例如，白果乡柑橘采摘、青竹街竹编体验等，集采摘、观光于一体，满足了游客多样化的需求。同时，依托青神竹制品电商产业发展，在当地政府引导下，打造了竹里巷子、竹里海棠公园、竹里萤光·萤火虫艺术馆等一批旅游景点，吸引了周边大批游客的到来。随着数字旅游概念的提出，青神县将电商平台与旅游产业融合，提供线上游览、线上预订、景点介绍等服务，加快了旅游产业数字化进程。同时，旅游产业的发展又带动了特色产品的销售。

由此可见，青神模式实现了农村电子商务发展与当地产业发展的良性互动，一方面，农村电子商务赋予了当地产业新的活力，成为驱动当地经济发展的重要力量；另一方面，当地产业的发展又为农村电子商务的发展带来更多的机遇，二者相互协调，相互促进，共同谱写青神县乡村振兴的新篇章。

2. 青神模式推进了城乡电子商务协调发展

长期以来，由于农村地区网络基础设施发展相对滞后、农民网购意识薄弱等原因，城乡网络交易水平差异较大，城乡电子商务发展不平衡现象较为突出。青神模式的发展改变了当地农村传统的交易模式，对振兴农村消费市场、扩大农村电子商务交易规模，进而缩小城乡电子商务发展差距发挥了重要作用。

首先，青神县农村电子商务的发展提高了当地农民的收入水平，增强了其消费能力，促使农村网络交易额不断上升。尤其是当地政府通过采用多种电商扶贫模式，拓宽农民收入渠道，使得青神县在 2016 年实现全面脱贫，之后青神县农村电子商务继续保持较好的发展态势，农民持续增收。相关数据显示，2016 年青神县城镇居民人均可支配收入为 25681 元，农村居民人均可支配收入为 14912 元①，2022 年城镇居民人均可支配收入为 42693 元，农村居民人均

① 青城镇人民政府：《2016 年政府工作报告》，2016 年 10 月 19 日，见 http://www.scqs.gov.cn/info/8360/37520.htm。

可支配收入为 24755 元①，进一步计算可知，2016 年以来青神县城镇居民人均可支配收入年均增长率与乡村居民人均可支配收入年均增长率基本持平，城乡收入比保持稳定，且青神县的城乡收入比远低于全国平均水平及河南省平均水平。由此可以看出，农村电子商务的发展在促进青神县农村经济发展、提高农村居民收入水平、缩小城乡居民收入差距方面发挥了积极作用。农民收入增加又为其进行网上交易创造了条件，进一步促进了青神县农村电子商务的发展，进而使得电子商务发展的城乡差距不断缩小。

其次，青神模式既满足了城市居民对当地特色农副产品的需求，又满足了农村居民对日用工业品的需求，加速了城乡之间商品和要素的流通，有效推动城乡电子商务协调发展。青神县通过瞄准一个目标、完善三个体系、抓实四个结合以及做强四个产业，进一步打通了“工业品下乡，农产品进城”的双向渠道模式。具体而言，该县以优势特色产业为依托，以品牌建设为重点，以提升农产品质量为核心，形成青神电商品牌集群，并通过“农产品进城”有效拉近了生产者和消费者之间的距离，满足了城市居民对农村特色产品的需求。与此同时，青神县通过推进电子商务平台建设与服务站点建设，助力“工业品下乡”，激发农村居民的网购热情，满足农村居民多方位的消费需求，提升农村居民的消费水平，逐步缩小了城乡消费差距。

（二）创新发展效果突出

创新是引领经济发展的第一动力，农村电子商务创新发展是促进其可持续发展的重要推动力。青神县积极推进电子商务创新，并努力营造良好的创新环境。

首先，青神县不断推进农村电子商务发展模式创新。为提升电商扶贫效

① 青神县统计局：《2022 年青神县国民经济和社会发展统计公报》，2023 年 6 月 2 日，见 http://www.scqs.gov.cn/info/6873/194479.htm。

果，青神县政府积极创新农村电子商务模式。一是通过借鉴其他地区的经验，青神县政府深刻认识到要进一步促进农村电子商务发展，需要充分发挥农民专业合作社、行业协会等社会组织的力量，利用专业合作社或行业协会对相关生产及销售资源进行整合，形成以合作社或行业协会为主导的经营模式，即“电商+合作组织/行业协会+农户”模式。例如，青神火烧木产业协会将相关电商资源进行整合，扩大了品牌影响力，目前青神县已成为中国最大的火烧木实木家具生产中心及网上销售基地。二是青神县创造性地发挥基层党组织的政治与服务功能，促进了电商与党建相融合，从而走出了一条“支部+电商”的农村电子商务发展新路子。此外，基于经营技术及经营理念创新的直播模式、社区团购模式等也得到了迅速发展。

其次，青神县依托农村电子商务加大产品创新和品牌创新的力度。虽然农村电子商务的发展为青神县特色农副产品打开了销路，但是若要保持对消费者持久的吸引力，通过网络销售的产品就必须具备特色优势、质量优势、品牌优势，因此，青神县在促进农村电子商务发展的同时，在产品创新、品牌创新等方面做了大量努力。一方面，建立了电商创新创业孵化园来统筹农村电子商务发展，通过开展培训、孵化、品牌打造、供应链下沉等相关服务，吸引众多企业入驻；另一方面，在乡镇设立农村电子商务公共服务中心，为椪柑、竹编、腊制品等特色产业发展提供帮助指导；第三方面，着力打造农村电子商务区域公共品牌，以竹编制品为例，当地企业通过加大对相关竹制品的研发力度，使得通过网络销售的竹制品小家具及小饰品受到各地消费者的追捧。2020 年，青神县确定打造“竹予”县域电商公共品牌，并应用于以竹编、椪柑、汉阳花生为代表的青神五大农产品产业，极大地推动了农特产品发展，并形成合力。

（三）共享发展不断完善

为促进乡村振兴，青神县在农村电子商务共享发展方面作出了很多努力。

一是不断完善网络基础设施建设，稳步提升互联网普及率，网络普及率的提高为众多企业、组织及农户涉足农村电子商务创造了条件。

二是不断加快推进农村公路建设。截至2020年年底，青神县共建成农村公路1058公里①，公路网密度达2.7公里/百平方公里，并于2021年成功入选“四好农村路”省级示范县，实现城乡公路互通，大大提升了交通便利性。目前，青神县继续推进“四好农村路”建设，农村公路高级铺装路面比例不断提升，路政管理覆盖率、农村公路列养率均已达到100%。

三是不断完善农村电商服务体系。一方面，青神县加快完善物流配送体系建设，早在2018年就已建成1个县级电商快递物流中转配送中心、7个乡镇快递物流中转配送中心和89个村社快递物流配送站点，真正实现“一村一站”的农村电商无空白服务，农村物流配送的“堵点”被全面打通。另一方面，青神县积极推进农村电子商务服务中心建设，2019年已建成1个电商孵化园、2个产业电商运营中心，7个乡镇电商公共服务中心以及89个村级电商服务站，农村电商公共服务体系已实现县、乡、村三级全覆盖。② 电商服务中心不仅通过引导种植大户、农民专业合作社、农业企业等新型经营主体广泛参与电商经营，做大做强电商产业，还肩负起组织电商培训、培育“电商达人”、孵化网商等职责，有力支撑了当地农村电子商务的发展。

四是不断加大专项资金扶持力度。为推动农村电子商务发展，2017年12月青神县专门出台了“扶持跟着项目走”电商扶持政策通知，对各类创新创业主体给予资金奖励，激发电商创业活力，扶持主体企业做大做强，尤其是在品牌扶持方面下了很大力度。“十三五”期间，青神县出台了《青神县电子商务

① 四川新闻网：《青神：建好“四好农村路”铺就乡村振兴路》，2021年5月19日，见 https://www.163.com/dy/article/GACEJP140514BOGN.html。

② 四川省商务厅：《四川青神县大力发展电子商务　促进产业蓬勃发展》，2019年7月19日，见 http://sqsyscjss.mofcom.gov.cn/weixin/weixinShowContent.jhtml? goto=artical&id=585。

发展扶持办法》，每年安排产业发展资金3500万元①，全力支持“互联网+”农产品出村进城。

（四）绿色发展逐步推进

绿色发展理念提出要大力发展环境友好型产业，这是实现可持续发展的必经之路。青神县坚持贯彻生态优先的绿色发展理念，遵循因地制宜、自主创新的原则，打造绿色优质产业，大力推进绿色产品经营，已经形成以竹产业为中心的绿色产业体系，且随着农村电子商务的发展，青神县的农特产品借助网络销往全国各地。以竹产业为例，从原材料供应出发，实施年万亩栽竹计划，保障竹制品原料供应，同时设立竹产业孵化园，建立竹编产业电子商务运营中心，积极拓宽网络销售渠道。2016年本色纸品牌“斑布”首次触网就取得了网销6000多万的好成绩。与此同时，青神县大力推广绿色健康的养殖方式，通过网络销售的畜禽产品受到全国各地消费者的欢迎，“小吴土鸡”“东坡味道”等畜禽品牌已成为青神独具代表性的名片。青神已有多项地理标志产品，形成了具有青神特色的绿色生态区域公用品牌。这些绿色产品及区域公用品牌又进一步促进了农村电子商务的发展。

另外，在青神模式的带动下，原有的农业生产习惯逐渐得到改变。一方面，青神县积极开展农药化肥减量控害增效行动，同时在全国首创“十二分制”农资管理办法；另一方面，青神县大力宣传农药包装废弃物“1元押金制”回收处理模式，有效提高了农药包装废弃物回收处置率，农产品质量安全得到进一步保障。2022年农业农村部公布了51个全国农业绿色发展典型案例，青神县凭借高效回收处置农药包装废弃物模式成为四川省唯一入选的典型案例。

---

① 四川省商务厅：《青神县突出“三项支撑”畅通农产品出村进城“最后一公里”》，2021年3月8日，见http://swt.sc.gov.cn/sccom/dfsw/2021/3/8/5bff032b73974f2bb713ca5cd8f19954.shtml。

（五）开放发展逐渐展开

青神县农村电子商务经过不断发展，覆盖全国的特色农产品销售体系已基本形成。为了进一步拓展国外市场，青神县开启了农产品跨境电商业务，将“青神造”销往世界各地，给青神县农村电子商务发展注入了新的生机。青神县以当地特色竹制品为突破口，迈出了青神特色农产品走向世界的第一步。目前，四川满竹里科技公司建立了满竹里全英文官网、阿里巴巴国际商店铺、亚马逊店铺，成功将四川竹制品销往全球58个国家和地区。在此基础之上，青神县加快跨境电商平台推广、供应链建设，推进青神特色产品走出去。同时，青神县通过搭建网销产品质量溯源平台和大数据平台，健全物流、仓储等基础配套设施，加大人才引进和培养力度等，完善跨境电商相关服务体系。2021年，青神县投资5亿元的冷链物流园区正式投入运行，将柑橘、枇杷等生鲜农产品出口到俄罗斯、迪拜及新加坡、马来西亚、泰国等国家，助力跨境电商发展。另外，青神积极参加广交会、西博会等专业商贸展会，大力开展对外经贸交流活动，鼓励县内企业与沿海发达地区开展广泛区域合作，持续优化营商环境，挖掘跨境电商发展的新机遇。

三、简单评价

近年来，青神县农村电子商务发展迅猛，沿着可持续发展的方向积极推进，成为西部地区农村电商发展的典型代表。通过对青神县农村电子商务可持续发展状况进行分析可以看出，协调发展成效显著，创新发展表现突出，共享发展初见成效，绿色发展逐步推进、开放发展有待深入。从协调发展来看，青神县农村电子商务的发展不仅推动了当地农业、工业及现代服务业迸发出新生机，而且加强了产业之间的协调，进而保障了电商产业链及供应链循环畅通，同时缩小了城乡收入差距，满足了城乡居民日益增长的各类需求，促进了城乡电子商务协调发展。从创新发展来看，青神县通过创新农村电子商务发展模式，不仅形成了多种模式共同发展的格局，而且展现了“青神模式”的特色，尤其是“电商+支部”模式更是开辟了电商扶贫新路径。与此同时，产品及品牌创新又为青神县农村电子商务发展赋予了新动能。从共享发展来看，青神县政府通过政策优惠、资金扶持等手段，逐步完善了农村电子商务发展服务机制，大力推进了网络、道路、物流、电子商务服务中心等建设，为农村电子商务发展创造了良好的条件。从绿色发展来看，青神县目前主要是依托当地特色资源发展绿色生态农产品生产，虽然节能减排、绿色包装等也在逐步展开，但绿色发展程度仍处于较低水平。从开放发展来看，青神县农村电子商务开放发展起步较晚，且主要集中于竹制品产业，其他产业涉及较少，农产品跨境电商仍处于初步探索阶段，缺乏国际竞争力，机遇与挑战并存。

第四节　东北地区典型案例——吉林通榆模式

中国东北地区地势平坦、土壤肥沃、农业机械化水平较高，是中国重要的粮食生产基地，东北三省的粮食产量占全国粮食总产量的1/9。随着“互联网+”向农村渗入，东北地区各省市抓住机遇，大力发展农村电子商务。吉林省通榆县在东北地区众多积极发展农村电子商务的地区中脱颖而出，根据当地农村电子商务发展情况概括出的“通榆模式”已成为东北地区最具代表性的农村电子商务发展模式之一。通榆县农村淘宝平均单数、平均金额一度位居全国第一，受到了全国各地的广泛关注。

一、通榆模式的形成与发展

通榆模式是以“基地化种植+原产地直销+品牌营销”为典型特征的农村电子商务模式。通榆县位于吉林省西北部，地处科尔沁草原东陲，隶属于白城市，是东北地区知名的农业大县，但通榆县地理位置偏僻，工业化程度较低，这使得当地经济发展速度较慢，故于2012年被确定为国家级贫困县。从2013

年开始，通榆县为了促进当地经济发展，打赢脱贫攻坚战，县委、县政府大力鼓励和扶持农村电子商务发展，并且积极实施农产品电子商务发展战略和农产品“原产地直销”计划，通过与中国东部电子商务发达地区的相关企业进行合作，建立了通榆县本地的电子商务公司、电子商务产业园区和“三千禾”“大有年”等农产品品牌。为了落实农产品“原产地直销”计划，通榆县政府将生产能力较强的农业合作社打造成农产品“原产地直销”供应商，并整合相关资源，以基地化种植促进农产品生产效率提升。2014 年 11 月，通榆县政府与阿里巴巴集团签订农村淘宝战略合作协议，成为其“千县万村计划”农村淘宝的第三个试点县。2015 年 4 月通榆县与菜鸟网络合作共建农村淘宝物流中心，建成菜鸟网络在东北地区的第一个县级物流节点仓。截至 2015 年 7 月底，通榆县开办网店约 700 家，其中淘宝活跃卖家达 400 多家，同年通榆县被商务部评定为国家电子商务进农村综合示范县。① 截至 2023 年 8 月，通榆县共有网店 2636 家，直接带动就业 0.79 万人。② 2023 年全县电子商务交易额达到 28.5 亿元，网络零售额达到 7.5 亿元，通榆年画、通榆藜麦作为国礼走进联合国。③ 通榆县政府已将电子商务产业作为县域经济发展的“新高地”，农村电子商务也已然成为了通榆县的新名片。

二、通榆模式可持续发展状况

（一）协调发展初见成效

协调发展作为经济社会持续健康发展的内在要求，是在认识把握协调发

① 石巍：《“通榆模式”：县域电商追“+”样板》，2015 年 7 月 31 日，见 https://www.moa.gov.cn/xw/qg/201805/t20180530_6150187.htm。

② 吉林省商务厅：《通榆县开辟新赛道助推农产品上行》，2023 年 8 月 4 日，见 http://swt.jl.gov.cn/jlsxysyxdzl/jyjl/202308/t20230804_8775766.html。

③ 通榆县人民政府：《通榆县 2023 年国民经济和社会发展计划执行情况与 2024 年计划（草案）的报告》，2024 年 1 月 12 日，见 http://tongyu.gov.cn/zwgk/fzgh/202401/t20240112_980830.html。

展规律基础上提出来的,在推进农村电子商务可持续发展中占据着重要地位。通榆县农村电子商务的协调发展主要体现为相关区域之间的协调、城乡之间的协调和产业之间的协调三个方面。

1. 通榆模式促进了农村电子商务区域之间的协调发展

吉林省通榆县是东北地区较早发展农村电子商务的地区之一,经过短短两年发展就已跻身于全国电子商务农村综合示范县的行列。而此时东北其他地区农村电子商务正处于起步期,尽管许多地区特色农产品资源丰富,但农村电子商务发展普遍存在经营管理水平较低、农产品品牌建设滞后等问题,故东北地区农村电子商务发展的区域差异较明显。随着以“原产地直销”为特点的通榆模式的成功实践,东北其他地区受到启发,也开始基于当地特色,树立农产品品牌,并利用电商平台着力进行品牌及产品特色宣传,拓展农产品销售渠道,农村电子商务进入了发展期。相关资料显示,通榆模式出现以后,东北各地网店数量增长速度明显加快,农产品品牌数量明显增多,2018 年首届“中国农民丰收节”组织指导委员会发布的“100 个农产品品牌”中东北地区就有 12 个农产品品牌入选。由此可见,通榆模式在东北地区农村电子商务发展中具有重要作用,带动了东北其他地区农村电子商务的发展,使东北不同地区农村电子商务发展差距大、区域发展不协调的状况逐步得到改观。

2. 通榆模式促进了城乡电子商务的协调发展

2013 年以来,通榆县委、县政府通过开展电商扶贫工作,鼓励、支持和引导当地农户进行电商创业,为当地农特产品开拓网络销售渠道。随着农村电子商务的发展,当地农村居民收入水平不断提升,相关资料显示,2014 年通榆县城镇居民人均可支配收入为 16346. 78 元,农村居民人均可支配收入为 6635. 8 元①,2022 年城镇居民人均可支配收入为 29115 元,农村居民

① 通榆县人民政府:《2014 年通榆县国民经济和社会发展统计公报》,2015 年 4 月 21 日,见 http://www.tongyu.gov.cn/zwgk/tjgb/2014/201707/t20170704_318206.html。

人均可支配收入为15024元①,通榆县城乡收入比由2014年的2.46缩小为2022年的1.94。农村居民收入水平的提升进一步促进了其消费需求的增长。为给当地农民创造较好网络交易条件,通榆县在发展农村电子商务的过程中大力建设县乡村物流配送体系,解决了物流配送“最后一公里”问题,使得农村居民借助电商渠道可以像城镇居民一样拥有丰富的消费选择,便捷地购买各种质优价廉的产品,在满足农民消费需求的同时,进一步激发了其消费潜力。此外,通榆模式的形成同时满足了城镇居民日益提高的多样化的消费需求。例如,通榆县政府引导当地商超企业与“美团”“跑腿”等平台进行合作,城镇消费者可以通过网上预订当地农产品,并享受直接送货上门的便利。由此可见,通榆模式的发展改变了农村地区电子商务发展落后的现象,缩小了城乡电子商务发展的差距,促进了各类商品在城乡间的高效流通。

3. 通榆模式带动了相关产业的发展

一方面,通榆模式促进了当地农业发展。通榆县政府围绕着“产业兴旺”和“生态宜居”的战略目标,持续推进农业高质量发展,依托农村电子商务,发展特色农业,实现了当地农民脱贫致富。例如,通榆县凭借着“杂粮杂豆之乡”的美誉,打造属于自己的农特产品品牌“三千禾”,同时建立了专业的电子商务公司和线下体验店,并通过与天猫等电商平台签订原产地直销合作协议,实现全网营销,推出包括燕麦米、高粱米、胚芽米和长粒黑米等在内的30多种商品,有力促进了杂粮杂豆特色产业发展。

另一方面,通榆模式促进了当地文化产业良性发展。通榆县在推进农村电子商务的过程中,积极建设“电商+文化”平台,即依托电商平台的资源优势,大力开发独具地域特色的文化产品,尤其是具有历史意义的非物质文化遗

① 通榆县人民政府:《2022年政府工作报告》,2022年12月26日,见http://www.tongyu.gov.cn/zwgk/gzbg/202303/t20230315_957398.html? eqid=ee77670a000379ad0000000264706b8d。

产，打造属于通榆的艺术品牌。同时，在当地政府的引导下，通榆县文化企业突破传统思维，通过电子商务平台扩大了通榆文化产品的影响力，促进了当地经济的发展。如通榆年画结合通榆电子商务平台，在县电子商务中心设立文创展区，进一步激发通榆年画这个地域文化品牌的活力，使通榆县“年画之乡”的美誉在更广阔的范围内传播。

（二）创新发展势头强劲

1. 通过人才培育推进农村电子商务创新发展

实现农村电子商务创新发展，人才培养是基础。通榆县在发展农村电子商务之初，尽管有优质的产品供应，但是如何利用网络高效地把这些农特产品销售出去是当时面临的一个难题。为此，通榆县政府在 2013 年 10 月成立了当地的农产品电子商务发展中心，并积极与淘宝大学开展合作，聘请了国内知名电商专家对当地电商从业者进行专题辅导。通榆县农产品电子商务发展中心与淘宝大学共同为本地农村电子商务从业者提供产品包装设计、产品营销策划、产品展示、网店经营人员培训和共享直播间等多种服务，使得当地越来越多的农户参与到电子商务之中。在此基础上，为对全县农村电子商务人才进行统筹，通榆县建立各类电商人才库，例如，通榆主播人才库。通榆县通过人才培育为农村电子商务创新发展提供了支撑。

2. 通过经营模式创新推进农村电子商务发展

原产地直销是“通榆模式”的主要标志，亦是当地农产品经营模式创新的基础。在农村电子商务发展早期，平台电商是通榆县农村电子商务的主要形式。通榆县在 2015 年与阿里巴巴集团合作，建立了多个“三千禾”农民专业合作社和生态种植基地，并开设了天猫通榆农产品旗舰店，旗舰店通过与当地合作社签订采购或包销协议，坚持“统一品牌、统一包装、统一标准、统一质量”，以品牌化形式对通榆县农产品进行网络销售。与此同时，通榆县政府和当地的电子商务企业高度重视社交网络的信息传播功能，通过通榆电商和通榆农丰电子商务有限公司等微信公众号以及微博等社交平台发布当地的农产品信息，帮助消费者更全面地认识和了解通榆特色农产品。近几年，通榆县积极推进农村电子商务由传统电商向内容电商转变，以直播带货为主的内容电商发展迅速。

3. 通过品牌创新推进农村电子商务发展

通榆县在大力推广“三千禾”品牌系列产品的同时，以“三千禾”天猫旗舰店为起点，在淘宝、京东、1号店等电商平台以及当地的农产品网购软件——“放心粮”进行全面布局，逐步构建起了完整的网上店铺分销体系。在“三千禾”之后，“大有年”、“瀚海良田”和“通榆优品”等品牌相继创建出来。除此之外，通榆县持续推进区域公共品牌“通榆丰”建设，并通过网络扩大进入该品牌的系列产品的市场及销量。随着通榆县不断推出具有影响力的农产品品牌，消费者对这些品牌农产品的满意度逐渐提升，通榆县农产品网络交易额也随之上升。

4. 通过农产品创新推进农村电子商务发展

通榆县在大力推进农产品网络直供体系建设的同时还积极开展产学研对接，促进农产品科研成果与生产要素高效结合，以开发新品种，实现农业增产增收。例如，通榆县政府与白城市农业科学院签订了战略合作协议，并先后聘请了国家燕荞麦首席科学家任长忠、向日葵产业专家张义、中国农业科学院作物科学研究所副所长王述民、国家食用豆首席科学家程须珍担任通榆县科技经济顾问，同时还争取到了清华大学、中国农业大学和吉林大学等高校在绿色农产品研发、农业技术人才培养等方面的支持。同时，通榆县政府还协助当地电商企业与种植户签订包销协议，在众多科研人员的帮助下，科研试点村在第一个收获季节就实现了一大批贫困户的作物产量增产一倍有余，随后经通榆当地的电子商务企业进行精细加工，越来越多的农产品品类出现在通榆电商网店之中。

（三）共享发展全面展开

共享发展作为新发展理念中的重要内容，集中体现了实现共同富裕的要求。通榆县在深刻认识和把握共享发展的基础上，将这一理念渗入到农村电子商务发展中。

在基础设施共享方面，一是通榆县加快农村地区网络基础设施建设，宽带、4G 通信网络乡镇覆盖率明显提升，农村宽带用户数量不断增加，手机网民规模持续扩大，农村电子商务发展具备了良好的网络基础。二是通榆县加快推进农村公路建设。“十三五”期间，通榆县农村道路建设里程数再创新高，新建农村公路 1670 公里，硬化村组道路 1572 公里，路网结构不断优化，基本上实现了城乡道路高效衔接。① 近两年，通榆县继续加大农村公路建设投入，在增加农村公路里程的同时，完善管养机制，实现农村公路优化升级，有效解决了农村物流配送“最后一公里”的问题，推动了农村电子商务的发展。

在物流共享方面，通榆县大力发展现代物流业，规划建设智慧枢纽物流产业园、冷链物流园等项目；进一步完善县乡村三级物流配送体系，整合各种物流资源，在县城建设农村电子商务物流分拨中心，在乡镇、行政村分别建设配送服务站和服务点，统一悬挂标识牌，购置配送车辆，形成覆盖各行政村的物流体系。目前，通榆县已建成县级电商智慧物流共配中心，充分整合各种配送资源，使不同品牌的快递进村可通过共配中心实现统一分拣、统一配送、统一服务。

在资金共享方面，2015 年国家财政对每个示范县下拨了 1850 万元扶持农村电子商务的专项资金②，通榆县将这些资金主要用于以下几个领域：一是

---

① 通榆县人民政府：《2021 年政府工作报告》，2022 年 2 月 23 日，见 http://www.tongyu.gov.cn/zwgk/gzbg/202202/t20220223_928881.html。

② 石巍：《“通榆模式”：县域电商追“+”样板》，2015 年 7 月 31 日，见 www.moa.gov.cn/xw/qg/201805/t20180530_6150187.htm。

用于推进县级电子商务公共服务中心、农产品电子商务发展中心、电子商务产业园、村级电子商务服务站建设。例如，通榆县抽调其他部门年轻干部组建农产品电商发展中心，综合指导和服务县域内电商企业发展。通榆县农产品电子商务中心整合了本地17家企业7大类130多款商品，开设“通榆优品”展销区，以O2O形式销售网货。① 二是用于电商人才培训、农村物流体系建设、品牌培育和农产品质量保障体系建设等项目，为全县电商发展提供包装设计、营销策划、人员培训、孵化支撑、文案写作、信息咨询和产品展示等服务。三是用于贯彻落实精准扶贫政策，搭建电商扶贫“培训、创业、服务、金融”四个平台，支持贫困人口参与电子商务行业。例如，在专项资金支持下，通榆县与阿里巴巴集团合作，推动首个以精准扶贫为定位的地方馆——特色中国·通榆馆正式投入运营，为广大农民借助于网络销售农产品创造了机会。2020年通榆县第二次被评选为电子商务进农村示范县，中央财政下达1000万元用于开展其电子商务进农村综合示范项目建设改造，其中重点补助对象包括仓储物流配送中心及其设备建设，以乡镇为重点开展集中采购、统一配送、直供直销等业务的大型流通企业建设以及农村电子商务宣传资料制作。

（四）绿色发展有待拓展

通榆县倡导绿色发展起步较早，早在2009年当地政府就提出要保护生态环境、建设生态项目，改变传统的粗放经营模式，全力建设一个绿色、和谐以及可持续发展的美好通榆。2013年通榆县积极触网，大力发展农村电子商务，并通过绿色发展彰显其生态潜力，在很大程度上改善了传统的农产品生产与流通模式，即通榆县在发展农村电子商务的过程中不仅考虑如何将当地农产品通过网络销售出去，而且还着眼于消费者需求结构的变化和消费水平的提升，积极发展绿色农业，将绿色发展理念贯彻到农产品生产过程中。

---

① 陈正斌等:《“原产地直供”打造农村电商示范县——基于吉林通榆的调查与启示》,2022年3月1日,见 http://journal.crnews.net/ncgztxcs/2017/dssq/dc/918576_20170704113416.html。

通榆县在发展农村电子商务过程中坚持“原产地直销”,这就要求当地更加注重农产品的绿色生产方式,为此通榆县通过多种措施控制农药、化肥使用量,保证农药、化肥施用量的负增长。同时,通榆县鼓励农户多使用有机肥,选用生物农药和人工除草,以减少对土壤和水的污染。为保证当地农业的可持续发展,通榆县还积极探索农膜回收方式,通过采取在地膜覆盖面积较大的乡镇设立废旧地膜回收站、推广机械回收残膜技术等多项措施,加大地膜回收力度,做到应收尽收,最大限度减少了废旧地膜对生态环境的污染。

与此同时,通榆县在发展农村电子商务过程中,结合消费者需求的升级,加大了对绿色农产品的宣传和推广力度,建立了多层质检体系和农产品溯源体系,并鼓励相关企业开发绿色农产品品牌,对获得吉林名牌、著名商标、驰名商标的企业给予奖励。

由以上分析可以看出,在通榆县农村电子商务发展中,绿色发展目前还主要集中于绿色产品的生产方面,其他领域还有待拓展。

（五）开放发展提上日程

与我国大部分地区相同,通榆县在发展农村电子商务之初以拓展国内市场为主,尽管通榆县在 2015 年便成立了跨境电子商务推广中心,但目前当地的农产品跨境电商业务仍处于萌芽阶段。随着通榆县农产品不断销往全国各地,以及“三千禾”“大有年”等通榆当地农产品品牌基本塑造成型,当地电子商务企业开辟国外市场的意识日渐增强。现阶段,随着我国“一带一路”倡议得到越来越多国家的认可,以及其他地区农村电子商务跨境发展的成功,通榆县委、县政府非常重视跨境电子商务发展,并充分利用该县临近俄罗斯、韩国等国的地理位置优势,积极开展电子商务产业提质增效工程。相信随着大量资金、技术、人才不断投入到跨境电商业务的探索和尝试中,通榆县农村电子商务的跨境发展也将迅速展开。

三、简单评价

由以上分析可以看出,通榆县农村电子商务的可持续发展状况也与第五章的分析结果基本一致,即协调发展初见成效,创新发展势头强劲、共享发展逐步展开,绿色发展有待拓展,开放发展仍处于较低水平。具体而言,在协调发展方面,通榆县农村电子商务通过示范效应,带动了东北其他地区农村电子商务的发展,促进了农村电子商务发展的区域协调;农村电子商务通过与当地农业和文化产业等产业的融合,实现了产业间协调发展;农村电子商务的发展提升了当地农村居民的收入水平,缩小了城乡居民收入差距,促进了城乡电子商务协调发展。在创新发展方面,通榆县积极孕育电商氛围、培养电商人才、引入技术人才,同时加强经营模式创新、品牌创新和产品创新,创新发展态势较好。在共享发展方面,通榆县农村电子商务在发展中基本实现了基础设施共享、物流资源共享和资金利用共享,但相较于其他农村电子商务发达地区,通榆县仍需继续完善共享发展体系。在绿色发展方面,通榆县农村电子商务绿色发展起步较早,但进展不快,主要体现在农产品的绿色生产方面,而在绿色包装、绿色仓储、绿色运输等方面的发展仍存在不足。在开放发展方面,当前通榆县农村电子商务涉及的跨境业务仍然较少,未来需要引进更多跨境电商企业落户通榆,为通榆农特产品推开国际市场大门创造条件。

第五节　案例比较

本章基于绪论部分对农村电子商务可持续发展概念的界定及第五章对农村电子商务可持续发展原则的阐释,分别从创新发展、协调发展、绿色发展、开放发展、共享发展五个方面对遂昌模式、光山模式、青神模式及通榆模式农村电子商务可持续发展状况进行了具体分析,并对各个案例进行了简单评价。

为使研究结果更具实际意义,接下来对这几个案例的异同点进行比较分析。

一、相同之处

(一)案例选择的标准类似

所选择的四个案例均是所在区域内农村电子商务发展较快、具有较强的代表性,且在农村电子商务可持续发展的五个方面均取得了一定成效,在全省甚至全国范围内有一定影响的典型案例。

(二)均充分展现了农村电子商务可持续发展的基本特征

所选择的四个案例均从发展理念的可持续性、发展模式的可持续性、发展机制的可持续性及发展技术的可持续性四个方面展现了农村电子商务可持续发展的基本特征,验证了第二章最后部分对农村电子商务可持续发展具体表现的描述。

从发展理念的可持续性来看,四个案例中农村电子商务的发展均体现了以新发展理念为引领,明确了农村电子商务可持续发展的方向。

从发展模式的可持续性来看,四个案例中农村电子商务的发展均呈现了经营模式根据实际情况不断调整、完善、创新、转型的过程,目前均实现了从传统电商向直播电商的转变,且在模式的转变过程中均融入了可持续发展的理念。

从发展机制的可持续性来看,四个案例中农村电子商务的发展均受到了国家政策的推动,且在国家政策的引导下,各地政府部门在当地电子商务协会的协助下通过制定并完善创新发展机制、协调发展机制、绿色发展机制、开放发展机制、共享发展机制促进了农村电子商务可持续发展,这些具体机制贯穿于以上四个案例的分析中。同时,结合农村电子商务的发展状况,各地根据需要不断对这些发展机制进行动态调整,从而使发展机制能够为农村电子商务发展提供持续的支持。

从发展技术的可持续性来看,四个案例中均体现了技术进步对农村电子商务可持续发展的促进作用,其创新发展、协调发展、绿色发展、开放发展、共享发展无一不是在相关技术的支持下实现,且这些相关支持技术根据需求不断更新。借助于发展技术的可持续性,各地农村电子商务可持续发展稳步推进。

(三) 发展情况均与实证分析的结果一致

从新发展理念的五个维度分别对四个案例中农村电子商务可持续发展的情况进行分析,可以看出,所选择的四个案例中农村电子商务可持续发展均呈现"协调发展>创新发展>共享发展>绿色发展>开放发展"的状况,与实证分析的结果一致。关于这一结论,在对各个案例的简单评价中已作了说明,在此不再赘述。

二、不同之处

(一) 农村电子商务可持续发展的水平不同

在本章所选择的四个案例中,农村电子商务均沿着可持续发展方向迈进,但是这四个地区农村电子商务可持续发展的水平是否存在差异?关于这一问题,从本研究界定的农村电子商务可持续发展的五个维度进行比较更具说服力,但是由于中国农村电子商务发展时间较短,相关统计指标不健全,尤其是县域层面的相关数据更为缺乏,这就导致现阶段用本研究第五章建立的指标体系及模型测度所选案例的农村电子商务可持续发展水平是不现实的。因此,为比较四个案例农村电子商务可持续发展水平只能通过对案例中的文字描述进行总结,或者用电商竞争力排名来近似反映农村电子商务可持续发展五个维度的综合发展结果。根据"2022 年度县市电商竞争力百佳样本"公布的资料，本章所选案例中只有遂昌县进入榜单，并位列第 20 名①，其他三个县未进入榜单，这说明现阶段东部遂昌县农村电子商务可持续发展水平高于中部光山县、西部青神县及东北部通榆县，显示了农村电子商务可持续发展水平与当地经济发展水平密切相关。

（二）具体模式不同

本章所选择的四个案例在推进农村电子商务可持续发展的过程中，虽然经营模式转变的大方向基本类似，均表现为从平台电商向内容电商的转变，但是具体经营模式又各具特色，因此，才会出现“遂昌模式”、“光山模式”、“青神模式”及“通榆模式”这样的代表性名称。

遂昌模式是典型的以服务平台为驱动的农村电子商务模式，具体包括：为促进农产品上行而搭建的地方性农产品公共服务平台——遂网；为促进消费品下行而搭建的农村电子商务服务站——赶街网。遂昌模式的核心是“遂昌网商协会”下属的“网店服务中心”。

光山模式是实现电商扶贫的典型代表，其最初主要采取“电商+贫困户+服务商”的模式，后来逐渐演变为“电商+产业+服务”的经营模式，其中服务体系包括电商培训体系、产业支撑体系、物流仓储配送体系、大数据新媒体数据推广体系、财政金融体系等。

青神模式的形成源自对电商精准扶贫的探索，随着“智慧青神”建设项目启动，“电商+合作组织/行业协会+农户”成为青神县农村电子商务主要的经营模式，在此基础上为促进农村电子商务的进一步发展，青神县加强党支部对农村电子商务的引领，在原有模式的基础上，形成“支部+电商”模式。

通榆模式作为一种生态电商模式，主要采取“生产方+电商平台”的运营

---

① 小康杂志社：《「百县榜」2022 年度县市电商竞争力百佳样本：县域电商高速发展，助力乡村振兴大有可为》，2022 年 8 月 10 日，见 https://baijiahao.baidu.com/s?id=1740778817188663253&wfr=spider&for=pc。

模式,其中"基地化种植+原产地直销+品牌营销"是其农村电子商务模式运作的三大典型特征。

（三）主要网销商品不同

由本章四个案例的具体分析可以看出,在推动农村电子商务可持续发展过程中,各个地区基于资源禀赋实现了特色产业迅速发展,进而推进了当地特色产品的网络销售。

遂昌县以竹炭、烤薯、菊米、竹笋、禽畜等农林产品网上销售为主;光山县以羽绒服装和以"光山十宝"为代表的特色农副产品网上销售为主;青神县以竹编产品、椪柑、川味腌腊制品、竹浆造纸、火烧木家具等特色产品网上销售为主;通榆县以杂粮杂豆等农产品网上销售为主。对以上四县的农村电子商务情况进行总结,可以看出,通榆县网销商品的重点是初级农产品;遂昌县网销商品的重点是初级农产品及初级加工农产品;光山县和青神县网销商品的重点是初级农产品、初级加工农产品及工业制成品。

由以上分析可以看出,本章所选四个案例既在选择标准、可持续发展特征等方面具有相似性,又在可持续发展的水平、具体经营模式以及主要网销商品等方面存在明显差异。因此,所选案例具有一定的代表性,能够满足本研究的需求。

本章小结

本研究第五章对乡村振兴战略背景下中国农村电子商务可持续发展进行了动态评价,并根据实证结果对中国农村电子商务可持续发展的整体状况进行了判断。但现阶段中国农村电子商务发展存在区域不平衡现象,这一点在本研究第二章已进行了论证。因此,为验证不同地区农村电子商务可持续发展的具体情况是否与其全国整体发展状况一致,本章分别在东部、中部、西部、东北部地区各选择了一个典型案例进行分析。分析结果显示：农村电子商务的可持续发展程度与当地经济发展状况相关，即经济越发达的地区，农村电子商务可持续发展水平越高，比如，东部地区的遂昌模式优于中部光山模式、西部青神模式及东北部通榆模式；各区域农村电子商务发展虽然存在差异，但在可持续发展的五个维度上基本与中国农村电子商务可持续发展的整体状况一致，即几个典型案例中农村电子商务可持续发展均呈现出“协调发展>创新发展>共享发展>绿色发展>开放发展”的特征；不同地区典型案例在可持续发展五个维度上的具体表现存在差异，各具特色，其成功之处可为其他地区提供借鉴。同时，各个地区农村电子商务在可持续发展的各个维度上还均存在一些亟待解决的问题，需要结合实际情况，选择有针对性的措施，以达到提升其可持续发展水平的目的。

第七章　乡村振兴战略背景下促进中国农村电子商务可持续发展的对策

经过实证分析及典型案例验证,现阶段中国农村电子商务可持续发展存在较大的提升空间,创新、协调、绿色、开放、共享五个维度对中国农村电子商务可持续发展的影响程度呈现出“协调发展>创新发展>共享发展>绿色发展>开放发展”的状态。为进一步促进乡村振兴战略背景下中国农村电子商务可持续发展,应结合其协调发展、创新发展、共享发展、绿色发展及开放发展的状况,从这五个方面同时发力,采取针对性措施。

第一节　加快中国农村电子商务协调发展

由第五章实证分析可知,在评价中国农村电子商务可持续发展的五个维度中,协调发展所占权重最大,说明现阶段协调发展在推动中国农村电子商务可持续发展进程中发挥了首要作用。进一步通过障碍因子分析发现,协调发展对现阶段中国农村电子商务可持续发展的年均障碍度最高,说明其对农村电子商务可持续发展的制约作用也最为明显。因此,为促进乡村振兴战略背景下中国农村电子商务可持续发展,必须从多方面、多角度加快其协调发展。

根据第五章中国农村电子商务协调发展指标的选择及结论，结合第六章案例分析中各地区代表性案例在协调发展方面的实践内容，可以从区域间农村电子商务协调发展、农村电子商务与其他产业的协调发展、城乡间电子商务协调发展及农村电子商务双向流通渠道协调发展四个方面提出加快中国农村电子商务协调发展的对策建议。

一、促进区域间农村电子商务协调发展

通过前文分析可知，中国农村电子商务发展中存在不平衡不充分现象，因受各地资源禀赋、经济发展水平等多种因素的影响，发展不平衡问题尤其是区域发展不平衡问题将在一段时间内持续存在。因此，在促进区域间农村电子商务协调发展的过程中，应尊重这一客观现实，以促进区域间农村电子商务发展的相对协调为主要目标。

（一）加强区域间农村电子商务的合作与交流

加强区域间农村电子商务的合作与交流，一是要通过促进区域间农村电子商务发展要素的流动实现合作，具体包括土地、资金、信息、技术、人才等要素。具体而言，农村电子商务处于导入期的西部地区，土地资源丰富，但发展农村电子商务的其他各类资源相对缺乏，因此，政府部门可出台相应政策，鼓励农村电子商务发展较早和较快的东部地区与西部地区建立合作关系，在西部地区建立现代化的电子商务产业园，以西部地区提供土地，东部地区提供技术、信息和人才，双方共同融资的方式，实现区域间农村电子商务的合作。

二是中国电子商务协会及各地电子商务协会等行业中介组织应采取各种措施积极推进区域间农村电子商务的合作与交流。例如，可以在中国电子商务协会农村电子商务工作委员会的指导下，各地电子商务协会或农村电子商务协会积极配合，通过开展农村电子商务交流会、推进会等多种方式，组织不同区域的农村电子商务企业实现资源对接和经验交流。同时，可组织不同区

域内电子商务相关企业共同探讨各地区农村电子商务的未来发展方向，及时遏制行业内的低水平竞争，引导电子商务企业根据市场需求开展差异化经营，并以此为契机搭建覆盖更大区域的电商企业、电商专业服务商及农村电商主体间资源对接平台，以数字化和信息化的手段，通过集约化管理以及市场化运作，共同打造跨区域农村电子商务生态圈。

同时，中国各级政府还应探索建立高效畅通的跨区域农村电子商务服务体系，实现区域间的交流与合作，为推进农村电子商务区域协调发展提供制度保障。

（二）开展农村电子商务对口支援工作

在推进农村电子商务的发展过程中，一些省份或地区已通过采取对口支援、对口帮扶的形式，取得了预期效果，实现了区域内农村电子商务的共同发展。为促进区域间农村电子商务协调发展，相关部门可借鉴这一思路，建立区域间农村电子商务的对口支援机制。具体而言，国家政府部门应通过政策支持，鼓励开展区域间农村电子商务对口支援工作，同时各地政府主管部门应积极响应号召，根据具体需求，在自愿、互利基础上建立对口帮扶关系。一方面，要充分发挥农村电子商务先发地区的带动作用，定期组织开设农村电商培训班，安排与之建立对口支援关系的后发地区相关人员前来学习农村电子商务经营的新制度、新理念、新方法、新技能，使其快速了解农村电子商务新动态，开拓其农村电子商务经营思路。同时，组织农村电子商务后发地区的相关人员到先发地区进行实地考察，全面了解先发地区农村电子商务发展的经营经验。另一方面，鼓励农村电子商务先发地区相关人员深入与之建立对口支援关系的后发地区进行调研，了解当地农村电子商务的发展环境，与当地合作共建农村电子商务实训基地，对有意愿进行电商创业的农户进行创业辅导，对当地电商企业的经营进行针对性分析，找出并解决制约其发展的主要问题及瓶颈因素，同时，通过品牌策划、包装设计、产品规划、营销推广等多方面指导，帮助当地电商企业挖掘特色，打造经营优势，以促进其提质增效。

二、促进农村电子商务与其他产业协调发展

从理论上讲，农村电子商务与农村各次产业应相互成就，互动前行。一方面，农村电子商务的出现为农村各产业的发展提供了新机遇，为乡村振兴战略的实施注入了新活力，呈现出对农村经济的巨大推动作用；另一方面，乡村振兴战略的实施及农村各次产业的发展又为农村电子商务发展创造了良好的条件，从而进一步推动了农村电子商务的发展。但从实际情况来看，现阶段中国农村电子商务与各产业并未实现高效融合，因此，为推进中国乡村振兴战略的实施及农村电子商务的可持续发展，应采取相应措施提高农村电子商务与其他产业的协调发展。

（一）继续推动农村电子商务与农业生产深度相融，高效对接数字农业

虽然农村电子商务作为中国精准扶贫的重要手段，在打赢脱贫攻坚战中发挥了重要作用，但是农村电子商务仅是借助于其跨越时空的特性实现了农产品销售市场的拓展，在一定程度上解决了困扰农民多年的“卖难”问题，实现了农民增收，而其对促进农业生产的巨大潜力尚未充分挖掘。在接下来巩固脱贫成果全面实现乡村振兴的过程中，应继续推进农村电子商务与农业生产的深度融合。本研究第四章已经提到现阶段在中国农村电子商务发展中，农产品上行是重点。目前，除了继续鼓励各地电子商务公共服务中心根据当地农业生产的特点，组织技术人员对农业生产全过程进行指导、监督，并制定相应的标准对农产品进行检验、分级，继续鼓励一些实力较强的电子商务企业将当地分散经营的农户组织起来，建立生产基地并对生产过程进行统一管理，除保证通过网络销售的农产品的质量外，还应实现农村电子商务发展与数字农业的高效对接，提升农村电子商务与农业生产的协调度。一是加快数字农

业基础设施建设，建立动态空间信息系统，并利用网络化数字农业技术平台实现与电子商务平台的对接，使消费者在下单前能够了解农产品生产过程的每一个细节。具体而言，可通过在农田附近安装遥感设施，借助地理信息系统、全球定位系统等，对农作物生长情况、发育状况、水肥状况、病虫害情况以及周围环境信息进行实时观测及定期获取，借助于这些信息对农业生产资源进行合理调配，优化农业生产环境，以降低成本，提高农产品质量。这一系列内容都可以在正在销售的农产品网页上通过专门的链接入口，进入网络化数字农业技术平台获知。二是将一些数字农业技术应用于农村电子商务经营中，例如，数字化设计、智能化控制、精准化管理等，以提升农村电子商务的技术水平及营销能力，消除农村电子商务运营过程中的信息传递障碍，推动电子商务交易各个环节的低成本、高效率对接，实现商务活动全链条的数字化、网络化、智能化，提升农产品溢价能力，切实推进数商兴农。

（二）继续推动电子商务与农村加工制造业相融，优化农村产业结构

农村加工制造业是农村经济的重要组成部分，亦是实现乡村振兴的重要领域之一。推动电子商务与农村加工制造业相融，利用农村电子商务的销售渠道可以为农村加工制造业开拓更广阔的市场，进而拉动农村加工制造业扩大经营规模、革新生产技术、增强经营实力、提升商品质量，实现整个行业的提档升级，形成农村经济发展的强大推动力。2022 年中央一号文件明确提出，持续推进农村一、二、三产业融合发展，大力发展县域富民产业，这为进一步促进农村电子商务与农村加工制造业协调发展提供了政策指引。具体而言，一方面，要继续推进淘宝村、淘宝镇建设，加快农村加工制造业产业集群发展，形成具有影响力的农村产业集聚区，突出各地产业特色，优化农村产业结构。相关资料显示，目前中国已形成的淘宝村、淘宝镇主要销售当地农村加工生产的服装、鞋帽、箱包、家具等轻工业产品，具有当地历史传承的手工艺制品，以及

以当地特色农产品或资源为原料的深加工产品等。可见,一些淘宝村、淘宝镇的形成无疑是农村电子商务与农村加工制造业融合发展的典范。因此,下一阶段,为优化各地农村的产业结构,发挥农村主导产业对农村经济的带动作用,积极推进淘宝村、淘宝镇的建设,实现农村电子商务与农村加工制造业的协调发展仍是一条非常有效的途径。另一方面,要加快推进农村工业园区建设,优化其营商环境,将农村加工制造企业集中到园区中,改变农村加工制造企业分散经营的状态,尤其是要通过加快农村工业园区建设促进淘宝村、淘宝镇转型升级,改变一些淘宝村、淘宝镇"前店后厂"的粗放式经营模式,为农村加工制造企业扩大规模、提升技术水平、节约生产成本、提高生产效率创造条件。同时,可充分利用农村工业园区的各种资源,将之前分散于各家各户的网络销售渠道整合起来,以降低淘宝村、淘宝镇整体的网络销售的成本,提升其网络销售的能力。

(三)推动农村电子商务与文旅产业相融,丰富农村电商内涵

促进农村一二三产业融合发展是现阶段中国实现乡村振兴工作的重要任务。农村电子商务作为联结农村生产和消费的新型流通方式,在其发展过程中不仅加深了与农村第一二产业的融合,带动了农业生产和农村加工制造业的发展,而且其作为农村第三产业的新兴业态,与农村第三产业内部各产业之间的关系也日益密切,例如,农村电子商务的发展,带动了农村金融、交通运输、公共服务等领域的发展。现阶段,为提振农村经济,推动农村电子商务与文旅产业相融,在丰富农村电商内涵的同时,促进乡村文旅产业发展,为乡村经济培育新的增长点将成为实现农村电子商务可持续发展的有效途径之一。一方面,一些已在知名电子商务平台建立地方特色馆的地区,可依托当地特色产品的销售对当地的旅游资源和特色文化进行网络宣传。例如,在第六章案例分析中提到的遂昌模式,在淘宝平台推出以"特色中国·遂昌馆"为代表的电商文化活动,并在每一笔订单中附上遂昌旅游宣传资料,吸引大量消费者前

往遂昌旅游,为当地经济发展作出了巨大贡献。另一方面,一些旅游资源丰富的农村地区,可借助当地政府及电子商务协会的力量建立专门的地方性文化旅游互联网平台,并与携程旅行、同城旅行、去哪儿等全国知名旅行网站建立链接,为本地旅游网站提供多个入口,以提高点击率,提升关注度。同时,一些地区也可以与知名电子商务平台合作建立专门的文旅频道,推广当地文化产品和旅游资源。再一方面,借助快手、抖音等网络直播平台,以直播形式对当地农村的文旅资源进行宣传,并同时带动本地特色产品销售。为提高直播的影响力,可围绕自然风光、红色景区、民俗风情等主题展开直播大赛,筛选直播人才,并对筛选出的直播人才进行系统培训,打造网红主播,争取将本地各类景点打造成网红打卡地。与此同时,为进一步促进"互联网+文旅产业"发展,要通过产业链延伸及价值链增值的方式,以农村电子商务发展为驱动力,以文旅产业发展为导向,形成农村一二三产业协调发展的格局,例如,依托乡村自然资源发展休闲农业、观光农业、康养农业;依托乡村加工制造业发展工艺研学;依托乡村历史遗迹及红色资源发展文化旅游;等等。同时,利用农村电子商务进行宣传和推广。另外,还要大力发展乡村餐饮业和住宿业等与文旅产业发展密切相关的行业,为乡村文旅产业发展提供完善的配套服务。

三、促进城乡电子商务协调发展

根据第五章评价中国农村电子商务可持续发展的指标体系设置,本研究主要通过城乡互联网普及率差异和城乡网络交易水平差异来反映城乡电子商务发展的协调状况。尽管目前城乡互联网普及率的差距正在迅速缩小,但这一差距仍旧比较明显,因此,现阶段应继续推进农村地区互联网基础设施建设,优化农村地区互联网接入环境,激发农民的上网热情,提升农民的上网能力。而城乡网络交易水平差异主要来自城乡收入水平与需求水平的差异,这也正是城乡差异的主要体现之一,因此,缩小城乡网络交易水平的差异,促进城乡电子商务协调发展,应通过采取有效措施实现农民增收,提高农民的网络购买力。在乡村振兴战略背景下,农村电子商务已成为助力农民增产增收的重要手段,其对农村经济具有强大的撬动力。因此,应通过积极推进农村电子商务与农村一二三产业的融合,促进各产业扩规模、上档次、提升附加值,为广大农民提供更多的就业岗位,创造更多的收入来源,进而缩小城乡收入差距。由此可见,大力推进农村电子商务发展,不仅是促进城乡电子商务协调发展的有力措施,也是促进城乡协调的重要途径。

四、促进"农产品上行"和"工业品下行"双向流通渠道协同发展

中国现阶段农村电子商务发展中,"农产品上行"和"工业品下行"双向流通渠道发展不平衡,差距较大,"农产品上行"发展难度较高,发展相对较慢。因此,要促进农村电子商务双向流通渠道协同发展,重点就是要畅通"农产品上行"渠道。一是各级政府部门要认真领会中共中央、国务院关于促进全面推进乡村振兴重点工作的精神,贯彻落实农业农村部等部门印发的《关于实施"互联网+"农产品出村进城工程的指导意见》等相关文件,并结合各地具体情况,通过资金支持、税费减免等政策优惠,为当地"农产品上行"创造良好的发展环境。二是各地区要在政府部门的引导和电子商务协会等中介组织的支持下,从农产品供应的源头开始优化供应链,完善运营服务体系,全面扫除"农产品上行"各个环节的障碍,提高"农产品上行"效率。三是要综合利用淘宝、京东、拼多多等头部电子商务平台、地方性电子商务平台、社交平台及自媒体平台等进行农产品销售,充分发挥各类平台的优势。同时,要不断创新农产品的网络销售模式,不断挖掘新卖点,以迎合消费者的需求。四是要加快各类农产品的标准化建设,对国家尚未制定统一质量标准的农产品,各地区可尝试自行制定地方标准,以规范农产品的生产经营,保证农产品质量。同时,要充分利用信息化技术,继续完善农产品网上销售的质量安全全程追溯体系,争取做到通过"一物一码"识别系统,使通过网络销售的每件农产品不仅有源可

寻，而且还能够全面显示该农产品的质量信息。

第二节　全面推动中国农村电子商务创新发展

农村电子商务创新发展是其可持续发展进程中的重要一环，根据第五章中国农村电子商务创新发展指标的选择和第六章案例分析中各地区代表性案例在创新发展方面的实践内容，本部分从为农村电子商务创新提供良好的政策环境、积极培养农村电子商务人才和推进农村电子商务运营体系创新三个方面提出推动中国农村电子商务创新发展的对策建议。

一、为农村电子商务创新发展提供有利的政策环境

为推进我国农村电子商务的创新发展，应该在充分发挥市场机制的基础上，继续完善农村电子商务扶持政策，加强政策实施力度，为农村电子商务创新发展提供有利的政策环境。

资金支持是推动农村电子商务创新发展的首要保障。无论是理念创新、产品创新、经营技术及模式创新，还是供应链创新，都需要有足够的资金作为支撑。我国自2014年起每年都会确定一批“电子商务进农村综合示范县”，并为其拨付农村电商典型激励县奖励资金，支持示范地区农村电子商务公共服务体系、县乡村三级物流配送体系和农村商贸流通体系等方面的建设，且从资金扶持的效果来看，“示范县”电子商务发展迅速，创新明显，短期内能够实现对地方经济较强的带动作用。但随着我国越来越多的地区开始发展农村电子商务，尤其一些地区农村电子商务急需转型升级，仅靠各级政府的资金支持已难以满足其创新发展的需求，因此，各级政府部门应制定多元化的投融资政策，一方面，继续加大政府部门对各地农村电子商务发展的资金支持，鼓励农村地区建设电子商务创业园区和孵化基地，并设立农村电子商务创新专项资金，支持农村电子商务发展中的各项创新。另一方面，要制定相关政策引导社

会资本进入农村电子商务领域，优化农村电商企业融资环境，为其创新发展提供多元化的资金来源。再一方面，政府部门要积极推进农村金融服务体系的建设，切实解决农村电子商务企业贷款难的问题，适当降低农村电子商务企业的贷款门槛，并提供利率优惠，缓解农村电子商务发展的资金困境，助力其创新发展。

与此同时，当前农村电子商务已在全国范围内逐渐展开，为保持其强劲的发展势头，国家政府部门还应采取多样化的政策措施，激发地方政府引导当地农村电子商务主体改革创新的积极性，以实现系列创新。在这一过程中，一些地方政府部门可在国家政策引导下，通过资金支持、技术推广等各种措施促进农村电子商务发达地区的先进经验在本地传播，为本地农村电子商务创新提供参考和借鉴。另外，对于农村电子商务发展走在前列的地区，要保持其先进性，就必须结合市场的变化不断进行创新，但其创新活动无任何经验可遵循，存在一定风险，因此，可通过建立二级容错机制，为农村电子商务创新活动提供宽松的环境。一是国家政府部门为鼓励地方政府促进农村电子商务转型升级，可建立容错机制，为地方政府尝试出台灵活的农村电子商务创新支持政策创造条件，进而促使地方政府因地制宜、因情施策。二是地方政府应在当地电子商务协会的配合下，鼓励农村电子商务主体开展创新活动，并建立科学的容错机制，为其提供合理的试错空间，使农村电子商务创新活动在不断摸索过程中顺利展开。

二、积极培养农村电子商务人才

推动农村电子商务创新发展，人才培养是关键。因此，应通过采取相应措施，做好农村电子商务人才培养工作，激发专业人才的创新意识，提升其创新能力。

（一）健全农村电子商务从业人员培训体系

在农村地区生产、生活的广大农民群体是开展农村电子商务的主要参与者，但由于信息交流不畅和思想观念保守等因素的存在，需要展开一定的培训工作才能促使农民了解、认同和开展电子商务经营活动，并逐步提升当地农村电子商务经营水平。因此，健全农村电子商务的人才培训体系对于培养农村电子商务人才至关重要。

对于农村电子商务处于初级阶段的农村地区，首先，要通过灵活多样的方式，对农民进行互联网知识、网上交易及支付技术、网上沟通技巧等相关内容的基础培训，在区域内营造电子商务氛围，使当地农民充分了解电子商务，帮助其感受网络交易的优势，在此基础上，逐渐使其认同农村电子商务模式，为当地“农产品上行”打下基础。其次，对于有意愿从事农村电子商务的农民，各地政府及电子商务协会应当定期组织开办电商培训班，聘请专家对网店创建、后台运作、营销推广、客服技巧、订单处理及物流配送等内容进行专业培训，尤其要加强农产品短视频拍摄和制作、直播带货等课程的实操训练，使参加培训的人员具备基本的网上开店及销售能力。再次，各地政府及电子商务协会还要结合当地农村电子商务的发展情况，积极开展农村电子商务“传帮带”活动，将率先涉足农村电子商务并且取得一定成绩的从业者组织起来，由这些农村电子商务创业带头人现身说教，对周围村民进行培训，充分发挥农村致富的带头引领和示范作用，拉动当地农村电商创业和农民就业。

对于农村电子商务发展较好的地区，可以成立农村电子商务培训机构，结合农村电子商务发展对专业人才的需求，对管理人才、规划人才、技术人才、营销人才、操作人才等进行专门培训，不断提升各类人才的专业素质和能力，满足农村电子商务企业大规模发展对专业化分工的要求，提升其发展效率。另外，还要积极组织不同区域间开展农村电子商务人才技术及经验交流，通过互相参观、学习及召开交流会的形式，实现知识分享。

通过以上几个方面，各地逐步健全农村电子商务人才培训体系，形成结构合理、素质较高的农村电子商务人才队伍，以便于及时了解农村电子商务活动中存在的问题与困难，并通过不断创新，突破困境，实现农村电子商务对乡村振兴的驱动作用。

（二）加强政府、高校、企业三方人才培养协作

在农村电子商务人才培养上，我国各级政府应当积极贯彻落实国家“农村电子商务百万英才计划”，积极与电商平台、电商企业和高校电子商务相关专业沟通，提升政府部门工作人员对农村电子商务现状的了解和分析能力，科学规划农村电子商务人才培养的重点和方向。

在政府部门的支持下，农村电子商务协会及电子商务企业应与一些设有电子商务专业的高校建立联系，农村电子商务协会及电子商务企业要及时向高校传递农村电子商务发展中急需的人才类型以及急需人才所需要具备的知识结构，高校应根据这些信息及时调整人才培养方案，为农村电子商务建设培养大量的专业人才。在具体人才的培养方面，农村电子商务相关企业可以通过与高校合作，由高校教师负责对在校学生讲授电子商务理论知识，并邀请知名电子商务企业的从业人员在校内挂职授课，指导在校学生电子商务实操技能，完善电子商务人才培养的课程体系。在这一过程中，农村电子商务企业应负责搭建信息共享平台，为高校提供详细的农村电子商务实际发展情况，并邀请高校教师和学生前往电商企业进行参观、调研与实际操作，在宣传电商企业文化和当前农村电子商务发展现状的同时，增长学生从事农村电子商务的实践经验。同时，农村电子商务相关企业还应当积极与高校就人才培养工作进行沟通，开展农村电子商务人才培养合作项目，为农村电商企业从业人员到高校进修创造条件。此外，政府、农村电子商务协会及电子商务企业还要联合起来，采取积极有效的措施，建立多层次的人才引进制度，鼓励这些专业人才在大学毕业后投身农村电子商务建设，解决农村电子商务发展中的专业人才缺口问题，并通过加强人才管理体系建设，设立人才发展专项资金及创新专项资金，为这些专业人才的成长创造更广阔的空间，促使其紧跟社会发展步伐，凭借自身素质充分利用专业知识，以前瞻性的视角不断推进农村电子商

务创新发展。

通过采取以上措施,力争形成结构合理、素质较高的农村电子商务人才队伍,并培养一批农村电子商务后备力量,为农村电子商务创新发展提供人才支撑。

三、推进农村电子商务运营体系创新

(一) 推进农村电子商务供应链创新

随着互联网在农村地区迅速普及以及乡村振兴战略的不断推进,当前中国农村电子商务规模持续扩大,农村电子商务产业呈现出较好的发展态势。但随着越来越多的农户参与到电子商务行业中,农村电商产业竞争异常激烈,传统粗放的农村电子商务供应链管理方式难以为继。因此,农村电子商务产业急需通过新技术和新方法对供应链管理方式进行创新。

1. 推进供应链管理技术创新

2022 年政府工作报告中强调要协同推进数字产业化和产业数字化,打造数字经济新优势。电子商务作为数字经济的具体表现形式,不应仅在商品交易环节体现数字技术的优势,还要推动数字经济与其供应链相融,利用数字技术实现更加精细化和可追溯化的农村电子商务供应链管理方式。因此,我国政府部门应当推动大数据、物联网、区块链、人工智能等数字化手段在农村电子商务供应链体系之中的广泛应用,通过整合供应链资源,破除供应链体系中存在的信息壁垒,不断提升农产品生产、加工、运输、销售等环节的标准化程度及信息化水平,进而推动农产品流通效率提升,降低农村电子商务运营成本,最终通过农村电商供应链管理技术创新推动农村电子商务产业链现代化。

2. 推进供应链监管体系创新

由于农村电子商务的进入门槛较低,这就不可避免地导致网络上存在着质量低劣的产品,进而会使消费者对网购缺乏信心,对电商平台缺乏信任。

"农产品上行"是目前中国农村电子商务发展的重点,农产品在播种、施肥、打药等生产环节以及仓储物流环节都存在着影响其质量的可能性,进而影响了农村电子商务的可持续发展水平。因此,推进农村电子商务供应链监管体系创新,实现对各个环节的有效监管,将是提高农村电子商务运营效率,提升其发展质量的有效手段。一方面,要建立农产品全程质量监管体系。各地除了应根据农产品特点建立相应的质量标准体系外,还应建立农产品供应链监管平台,采取持续动态追踪技术,对供应链各个环节进行实时监管,并完善供应链监管制度,以规范农户在施肥、耕作、防治害虫、田间管理、农药使用、农产品收获及贮藏等方面的农业生产工艺,并形成细致、统一的农产品订货、发送、运输、结算及认定体系。例如,浙江省遂昌县在发展农村电子商务的过程中,不断创新其供应链监管制度,在网络化、智能化、自动化基础上实现智慧供应链管理,提高了农产品质量可追溯体系和冷链物流追踪体系的效率,切实保障了遂昌县农产品的品质,进而大幅提高了该县农产品的网络销售额,促进了遂昌县农村电子商务的快速发展。另一方面,要加强农村电子商务供应链风险管控,建立风险监测预警系统,随时识别农村电子商务供应链运行中可能会出现的问题,并及时纠偏。同时,还要结合以往农村电子商务供应链运行的情况,建立风险控制应急预案,以减少突发事件导致的损失。

(二)推进农村电子商务营销体系创新

1. 加强农产品品牌建设及创新

品牌营销一方面能够向消费者传递该品牌旗下产品的个性特征,提升产品辨识度;另一方面能够培养消费者对该产品的信任度和追随度。近年来,在推进农村电子商务发展的进程中,许多地区已将加强品牌建设作为重要举措,一些地域公共品牌和产品品牌不断涌现,为当地"农产品上行"助力添彩,如河南光山打造的"光山十宝"品牌和吉林通榆推出的"三千禾"品牌都推动了当地农产品网络销售范围的拓展。综观中国农村电子商务的发展,大部分地区尚缺少具有一定知名度的农产品品牌，因此，为推动农产品上行，这些地区应加强农产品品牌建设，一是要加强区域公共品牌建设，既可以通过打造地域公共品牌，扩大当地农副产品的影响力，又可以通过打造网络品牌，将当地通过网络销售的系列农产品都冠以此品牌进行销售。二是要注重企业品牌和产品品牌的建设，充分发挥名牌产品网络销售的优势。

同时，对于一些已建立了农产品区域公共品牌、企业品牌及产品品牌的地区，应进一步加强品牌创新，赋予品牌更丰富的内涵，提升品牌的竞争力。一是要提升品牌的文化底蕴，即进一步深挖当地特色文化，并将其全面融入农产品品牌建设中，完善品牌故事，重塑品牌形象，提升品牌价值。二是要传达品牌的绿色环保理念，即在原有品牌的基础上，通过品牌标志设计及品牌宣传用语提炼，传递绿色环保理念，迎合消费者的需求。三是要在公共区域品牌、企业品牌及产品品牌之下，开发系列子品牌，且各子品牌均要具有各自的特点及定位。

2. 创新产品营销方式

各地区在推进农产品品牌建设的同时还应当注重品牌知名度的提升以及销售市场的拓展。为实现此目标，各地农村电子商务企业采取了多样化的方式进行产品宣传与促销，目前最常用的方式为利用抖音、快手等社交平台以及淘宝、京东等传统电商平台进行在线营销，既有具有市场影响力的头部主播为本地农产品进行直播带货，也有当地基层干部为推广特色产品而进行的“县长带货”，还有当地农民自行开展的直播带货等。随着直播带货的普及，其最初对农村电子商务发展的强大推动作用日渐式微，因此，创新产品营销方式也成为了各地农村电子商务发展的迫切需求。本研究认为，一方面，可以通过“电商+公益”形式，利用消费者对公益事业的关注及支持，促进当地农产品的销售。例如，2022 年 6 月 12 日，“聚优初品”在陕西渭南开启公益社交电商助农活动，该活动在为陕西渭南农特产品“带货”的同时，向消费者承诺，只要消费者购买了活动商品，该平台就会以用户名义向中国儿童防走失平台寻亲爱心基金随机捐赠善款,为失孤家庭的寻亲提供公益帮扶。另一方面,可通过“电商+重大事件”形式,将一些重大事件作为农村电子商务企业促销的载体,利用消费者对一些重大事件的关注度,促进本地农特产品的销售。例如,许多农村电商企业借2023年亚运会之际对当地农特产品进行促销。第三方面,当地农村电子商务企业还可以通过开办会展,采用“线下会展+数字会展”的形式,对本地特色农产品进行推广宣传。

(三)推进农村电子商务经营模式创新

现阶段,在中国农村电子商务发展中已涌现出多种多样的经营模式,且不同的经营模式各具特色,但是这些经营模式基本上都呈现出类似的发展轨迹,即在经历了快速发展之后,其弊端逐渐暴露,后续发展乏力。可见,这些模式均具有明显的阶段性特征。因此,为推进农村电子商务可持续发展,应结合各地具体情况,及时进行模式创新。一是要充分发挥农村电子商务发展的扩散效应,促进农村电子商务起步晚的地区积极学习并有选择地借鉴起步早、发展快的地区的新兴经营模式,实现本地电子商务经营模式的创新。二是要依托新技术进行经营模式创新,现阶段应加快大数据技术与农村电子商务经营模式的融合,贯彻“数商兴农”。三是要依托新经营理念及消费者需求的新变化进行经营模式创新。例如,在新冠疫情影响下以社区团购为代表的生鲜消费模式兴起,一些农村地区具备条件的零售店铺积极与盒马鲜生、美团优选、橙心优选等社区团购平台开展合作,促进当地生鲜农产品在本地区内流通。再比如,可通过“电商+认养”形式,让消费者在电商平台上选择认养农产品或畜禽产品,农村电商企业对消费者认养的产品建立档案,并且严格按照约定标准进行生产和养殖,同时消费者可实时通过互联网监控农产品或畜禽产品成长过程。待产品成熟后,双方通过电商平台进行交易。四是要通过将已有的、不同的经营模式融合在一起,进行经营模式创新。比如,现阶段可探索将直播带货和社区团购相结合的“直播带货+社区团购”模式。

第三节　加强中国农村电子商务共享发展

共享发展是推动农村电子商务可持续发展的重要支撑，有助于我国乡村振兴战略的实施。综合第五章实证分析结果可知，农村电子商务共享发展涉及的因素较多，其中资金共享和基建共享是现阶段影响中国农村电子商务共享发展的关键因素，再结合第六章农村电子商务发展的典型案例分析，本部分从基础设施建设、资金、物流、技术等多个方面提出推进农村电子商务共享发展的对策。

一、推进农村电子商务基础设施共享

（一）完善农村信息基础设施建设

近年来，我国互联网普及率不断提高，传输和接入能力不断增强，有效推动了电子商务等一系列新兴业态的发展。而要实现农村电子商务可持续发展，还需要进一步推进农村宽带、通信网络等信息基础设施建设，提高农村地区的信息服务能力。

2022 年中央一号文件强调大力推进数字乡村建设，加强农村信息基础设施建设。农村信息基础设施建设是促进农村信息化、现代化建设的基础，构建完善的信息基础设施体系是大数据技术在农村电子商务中发挥作用的必要条件。因此，各级政府部门要高度重视农村信息基础设施建设，继续加大宽带等相关设施投入，提高农村互联网普及率，加快推进千兆光网和 5G 网络向农村延伸，提升信息服务质量，推进农村数字化建设。同时，各地区需结合乡村振兴战略内容与本地发展实际，从统筹建设、任务分工、信息共享等方面细化农村信息基础设施建设的实施细则和相关保障体系，全面推动互联网部署与应用，推动信息进村入户，有效提高网络通信技术应用效率，以促进农村信息资源整合共享。

（二）完善农村交通基础设施建设

农村交通基础设施建设在农村电子商务发展中承担着重要角色，通过改善农村地区交通运输条件，可大大提高农村电子商务物流效率，有效打通工业品下乡及农产品进城的壁垒，在满足农民多方面消费需求的同时促进其就业增收。因此，在新时期做好农村交通基础设施建设，特别是农村公路建设，对于促进农村电子商务可持续发展有着极其重要的意义。

1. 加大农村交通基础设施建设的要素投入

农村交通基础设施建设事关农村经济发展，为加快农村交通基础设施建设，需要从各方面加大要素投入。一是要加大农村交通基础设施建设的资金投入力度。当前，农村交通基础设施建设中存在建设周期长、维护成本高等问题，因此，在农村交通基础设施建设过程中，要坚持政府的主导作用，保证财政资金供给，同时要拓宽农村交通基础设施建设的融资渠道，积极引导社会资金参与农村交通工程建设。二是要加大农村交通基础设施建设的人员投入力度。农村交通基础设施建设耗时耗力，需要大量人员投入，因此，要充分利用各地农民修建农村公路的迫切期望和热情，吸纳部分农民参与到本地农村公路的建设中，不仅可以充实农村公路的建设队伍，加快建设进度，而且可激发农民在建设本地公路过程中高度的责任感，提高建设质量，同时，还可以在一定程度上提高当地农村的就业水平，实现农民增收。三是要加大农村交通基础设施建设的科技投入力度。有关部门要积极推进科学技术与农村基础设施建设相结合，例如，在农村公路建设中，应及时引入新技术、新工艺、新材料，在有效提升农村公路建设速度与质量的同时，尽量减少建设过程中可能出现的环境污染、地质破坏等问题，以提高农村公路建设的综合效益。

2. 科学规划交通网络

在农村交通基础设施建设过程中，要针对不同农村地区存在的差异，结合各地农村交通基础设施建设的现实需要，基于科学性和实用性，合理规划农村交通网络布局，实现村间公路畅通、村内路面硬化。通过连接农村交通网络断点、打通堵点，构建高效的农村交通网络，为促进农村电子商务可持续发展提供支持，进而推动乡村振兴战略的实施。

3. 多措并举强化农村交通基础设施管护工作

农村交通设施管养管护也是农村交通基础设施建设的重要组成部分，是保障农村公路畅通的重要举措。因此，各地区要通过建立并健全农村交通设施管理体系、强化常态化巡查检查、提高农村交通设施管理水平等多项措施推进农村交通设施管护工作。一方面，要建立农村交通基础设施管护的长效机制，明确管护主体，确定各岗位职责，消除责任盲区，并对管护主体进行监督、考核及激励，全面提升管养管护水平和效率。另一方面，要制定详细的管护标准，并根据标准及时对损坏部分进行修补，尽量降低农村交通设施维护费用。同时，还要加快推进农村交通基础设施的提档升级工作。

（三）完善农村电子商务服务站点建设

农村电子商务服务站点建设是电子商务进农村综合示范项目建设的重点，其通过为农村电子商务发展提供公共服务基础设施，服务于“工业品下行”和“农产品上行”。鉴于目前各地农村电子商务服务站点的建设水平不一，服务质量有待提升，因此，下一阶段农村电子商务服务站点建设仍将是推进农村电子商务可持续发展的重要工作之一。一是要加快对已有农村电子商务服务站点的升级，切实根据当地农民需求增加服务功能，提高管理水平，提升业务能力，通过“一站多能、一站多业”实现这些站点运营效率的提高。二是要加快盘活处于闲置状态的农村电子商务服务站点。一些地区在农村电子商务发展过程中存在跟风现象，农村电子商务服务站点建设缺乏整体规划，盲目搭建、无序分布，导致许多站点业务量很少甚至没有业务量，基本处于停滞状态。例如，2021 年 9 月中央电视台曝光了广西部分地区农村电子商务服务站点长期闲置，造成中央财政资金被大量浪费的问题。因此，针对这一现象，当地政府部门要通过站点整合、站点分布位置调整等措施加快对这些站点的改造，并引导农民积极利用农村电子商务服务站点方便生产和生活，使农村电子商务服务站点能够真正服务于农村，服务于农民，而不是仅成为农村电子商务发展的一个表面标志。三是针对那些尚无农村电子商务服务站点，农民尚不能享受送货到村服务及网上销售农产品困难的农村地区，应加快农村电子商务服务站点建设，根据需要合理铺设，并及时完善县乡村三级电子商务公共服务体系。另外，在农村电子商务服务站点运营中要不断引入新技术、新模式，例如，云南玉龙县利用微信村群盘活农村电子商务站点取得了较好的成效。

二、促进农村电子商务发展资金共享

（一）提高财政资金使用效益

中央政府及地方政府的财政资金在推动农村物流配送体系建设、电商公共服务平台建设和升级以及农村商贸企业数字化转型等方面提供了重点支持，为促进农村电子商务可持续发展提供了有力保障。虽然现阶段中国农村电子商务发展已获得了大量财政资金支持，但资金缺口仍然较大，因此，各地方政府必须要提高用于农村电子商务发展的财政资金使用效益，制定合理的补贴优惠标准，依据当地农村电子商务发展实际进行财政支持，努力做到扶持有侧重，切实保证财政资金落到实处。

在资金使用的整体布局规划上，首先，各地政府部门要加强组织领导，统筹协调各部门工作，因地制宜安排支持农村电子商务发展的资金与项目，细化资金支持方向，确保资金安全。其次，要及时公布项目决策内容、具体实施方案与资金使用细节，做好政务公开与信息报送，接受社会各界监督。

在资金管理上，一方面，要通过建立财政资金效力评估体系，充分利用好各级政府为发展农村电子商务提供的财政资金，且要突出重点，确保对农村电子商务的财政资金用到实处；另一方面，要明确各级政府相关部门的责任，强化对用于农村电子商务的资金项目的工作指导，完善日常监督检查机制，及时发现资金管理中存在的问题，并及时整改；再一方面，可鼓励各地采取先建后补、直接补贴等多种支持形式，有效加快资金使用进度，提高资金使用效益，对工作突出的农村电子商务企业在同等条件下予以适当资金倾斜。

（二）强化农村电子商务金融支持

尽管政策性资金支持可以为农村电子商务发展提供一定的资金保证，但仍难以满足其发展的需求。因此，强化金融机构对农村电子商务发展的资金支持，可有效缓解其发展的资金压力，助力农村电子商务可持续发展。一是要大力推进农村普惠金融发展。近年来，我国高度重视普惠金融的推广，以村镇银行为代表的农村金融机构迅速发展。普惠金融的出现使困扰农村电子商务发展的融资难问题得到了一定程度的缓解，因此，应进一步加快农村地区普惠金融的发展进度，提高普惠金融与农村电子商务的适配性。同时，各地政府要着力提高普惠金融发展的广度和深度，通过降低农村地区信贷门槛、改革当前农村金融服务体系、简化贷款审批程序等措施，为农村电子商务发展提供持续的资金支持。二是要创新农村金融服务，适时推出符合农村电子商务发展的金融产品。如借助大数据、云计算等技术，完善农村电子支付体系，为农村电子商务发展提供高效便捷的贷款、支付等多重金融服务。同时，强化农村金融信贷服务，推出电商小额贷款、农户联保贷款、存货抵押贷款等产品，提升信贷服务功能。三是要大力推进“电商+金融服务平台”建设。针对当前农村电子商务发展中信息分散、透明度不高等问题，政府、相关职能部门及银行应依托互联网技术，大力建设农村电子商务金融服务平台，推进金融服务与农村电子商务深度融合。

三、加快农村电子商务物流共享

前面提到的交通公共基础设施建设以及农村电子商务服务站点建设均为物流共享创造了条件,目前在中国农村电子商务发展中,物流共享已取得了一定成效,但仍有较大的发展空间。因此,为加快农村电子商务物流共享发展,应深入学习并贯彻落实 2022 年 5 月 18 日商务部、国家邮政局、农业农村部、供销合作总社等八部门印发的《关于加快贯通县乡村电子商务体系和快递物流配送体系有关工作的通知》,尤其是要尽快完善县乡村三级物流服务体系,形成县级物流配送中心、乡镇物流网点和村级物流站点高效衔接的农村物流配送体系。其中,乡镇物流网点和村级物流站点的建设需要更多的投入。一方面,各地政府部门要根据当地农村人口分布情况及道路建设情况,以降低物流成本、提高物流效率为出发点,对乡镇物流网点和村级物流站点进行合理规划,并在此基础上推进乡镇及村级物流站点建设。另一方面,可引导并鼓励快递物流企业合作建立乡镇物流服务网点,参建企业共享物流设施,体现共享经济的优势。在这方面,遂昌模式进行了积极有效的探索,为其他地区提供了借鉴和参考。

四、促进农村电子商务技术共享

第五章在构建农村电子商务可持续发展动态指标体系时,已从多角度分析了电子商务园区建设对推进农村电子商务技术共享的表现及作用,因此,为进一步促进农村电子商务技术共享,必然要继续推进电子商务产业园区建设。另外,农村电子商务平台为农村电子商务的顺利展开提供了一系列技术服务,因此,促进农村电子商务技术共享,还要完善农村电子商务平台建设。

(一)继续推进电子商务产业园区建设

电子商务产业园区可为进入园区进行经营的农村电子商务经营主体创造

资源共享和技术共享的环境,有助于农村电子商务提档升级。因此,为促进乡村振兴战略背景下中国农村电子商务可持续发展,提高其技术共享水平,应加快推进电子商务产业园区建设。一是要以“扩区强园、转型升级”为原则,及时对已建立的电子商务产业园区进行升级,即要定期对园区的整体运行状况进行综合考核,并结合进入园区经营的电子商务企业的需求,不断完善园区的设施及服务功能,强化园区管理,优化营商环境。二是对尚未建立电子商务产业园区的地区,当地政府部门应给予一定的政策扶持,通过科学规划,积极推进园区建设,并适时投入运营。三是在电子商务产业园区建设的过程中,各地要明确需求,准确定位,避免照抄照搬其他地区电子商务产业园区的经营模式,要在提供基本功能的基础上,突出重点,体现差异性,在园区内形成具有特色的电子商务生态系统。四是在电子商务产业园区建设中,要坚持以“数字经济”为引领,综合运用大数据、人工智能、物联网技术,促进电子商务园区高质量发展。

(二)完善农村电子商务平台建设

农村电子商务平台借助其资源整合和调动能力,为各类农村电子商务经营主体提供了技术支撑,有力地促进了“农产品上行”和“工业品下行”,推动了农村电子商务发展。但是,目前农村电子商务平台仍然存在许多不足,例如,经营同质化问题、平台刷单问题、假冒伪劣问题等。在乡村振兴战略背景下,为促进农村电子商务可持续发展,提升其技术共享效率,必须完善农村电子商务平台建设,规范其运营。首先,各级政府部门要通过政策扶持鼓励农村电子商务平台的发展。国家政府部门要依据当前农村经济的发展形势,继续出台一系列鼓励农村电子商务平台发展的政策措施。各地政府部门要在国家政策的引导下,结合本地需求,有针对性地从资金、人才等各方面予以农村电子商务平台建设大力扶持。其次,各级政府部门要制定规范农村电子商务平台发展的准则及标准,加强对农村电子商务平台的监管,并设置有效的奖惩制度，对规范运营且对平台内电商经营主体的行为进行监管和约束的农村电子商务平台给予激励，同时对管理松散且对平台内电商经营主体的非诚信行为不作为的农村电子商务平台给予严厉惩罚。再次，各地电子商务协会要积极配合政府部门，引导农村电子商务平台加强行业自律，对申请进入平台的电子商务经营主体进行严格审核，对已进入平台进行经营的电子商务经营主体的行为进行严格监管，包括对其经营的商品进行质量检测、对其经营范围进行审查、对其广告宣传及竞争手段进行监督等，尽可能杜绝破坏市场公平竞争秩序、损害消费者权益、不利于农村电子商务健康发展的行为出现。同时，各农村电子商务平台还要结合自身发展中存在的问题，完善其运营体系，突出经营特色，明确竞争优势。另外，各电子商务平台还要及时引入新技术，以保障平台运行的安全性。

第四节　深入推进中国农村电子商务绿色发展

在推动中国农村电子商务可持续发展的五个维度中，绿色发展所占权重不大，现阶段中国农村电子商务绿色发展还较为薄弱。障碍因子分析的结果显示，虽然绿色发展对中国农村电子商务可持续发展的障碍度较小，但近两年其影响程度呈现上升趋势，因此，为推动中国农村电子商务可持续发展，还需要进一步深入推动其绿色发展。根据第五章中国农村电子商务绿色发展指标的选择及实证结论，再结合第六章案例分析中各地农村电子商务绿色发展的实际情况，可以从加强农村电商绿色物流发展、推进农村电商绿色包装发展以及大力发展绿色农业几个方面提出相应的对策建议。

一、加强农村电子商务绿色物流发展

农村电子商务绿色物流是指在农村电子商务交易中，以高效率、低能耗的方式完成商品的物流作业环节和物流管理全过程，在实现商品由供应方向需

求方转移的同时实现对环境的保护。造成物流非绿色的原因主要包括运输方面、储存方面、装卸搬运方面以及其他方面。其中运输在物流中耗时最长，成本最高，是物流的关键组成部分，仓储和装卸搬运又与运输环环相扣。因此，加强农村电子商务绿色物流发展，应该大力推动绿色运输、绿色仓储以及绿色装卸搬运，以期通过发展农村电商绿色物流推动农村电子商务可持续发展，助力乡村振兴。

（一）大力推动农村电子商务绿色运输发展

一是要积极践行绿色运输理念。首先，要开展专门的绿色运输宣传活动，利用多种传媒宣传绿色运输的概念，向物流企业和物流运输从业者灌输绿色运输的观念，提升人们对绿色运输的认识和理解，为绿色运输发展创造良好的外部环境。其次，筛选物流企业绿色发展的典型，树立标杆进行宣传和推广，充分发挥头部企业的带动作用和示范作用。再次，落实相应的激励政策，如对率先实现绿色运输和节能减排的物流企业给予一定的奖励与补贴，鼓励物流企业积极发展绿色运输。

二是要加快运输方式绿色化。首先，在有条件的农村地区，产品的运输应该优先选择低能耗、低污染的运输方式，例如，针对那些批量大、价格低、保质期相对较长、运输距离较远的农产品可考虑铁路运输或水路运输。其次，要尽可能充分利用配送设施，减少配送车辆空载率，提高物流配送效率。例如，可在农村地区通过大力推广共同配送、预约配送等方式，提高运输车辆的载货率，节省配送时间，降低配送成本，进而提高物流资源的利用效率。同时，鼓励采用第三方物流配送方式，通过提高物流配送的专业化程度提升资源的利用效率。

三是要加快农村物流运输工具和运输能源的升级。运输过程中的燃油消耗和尾气排放是物流活动造成环境污染的主要因素之一。因此，要加快对农村物流老旧高耗能车辆的更新，尤其是要尽快淘汰尾气排放不达标的车辆，通过使用更加环保、节油的车型，实现减少燃油消耗、降低排放的目标。同时，要加快清洁能源的开发利用，将以新能源作为动力的运输工具及时引入物流领域，例如，使用太阳能发电技术续航的物流快递车。

四是提高农村物流的信息化建设，提高运输效率。由于农村物流条件的限制，农村地区物流配送能耗大、效率低，尤其体现在“最后一公里”的配送上。因此，实现绿色运输，就要对运输路线进行合理规划与布局，通过缩短运输路线、提高车辆装载率等措施，实现节能减排的目标。具体而言，可进一步完善农村地区的专业物流信息平台，加快物流信息传递，利用物流信息资源测算最佳运输路线、合理选择运输工具，并利用物流信息跟踪系统，随时了解配送情况，提高配送效率，减少迂回运输和重复运输。

（二）大力推动农村电子商务绿色仓储建设

在物流系统中，除了运输环节，仓储也是其中最重要的环节之一，因此加强农村电子商务绿色物流发展，还需要加强绿色仓储建设。2021 年 8 月商务部等九部门在联合印发的《商贸物流高质量发展专项行动计划（2021—2025 年）》中提出“发展绿色仓储，支持节能环保型仓储设施建设”，该计划的出台为农村电子商务绿色仓储发展提供了政策支持。现阶段推进农村电子商务绿色仓储建设，可从以下几个方面入手。

首先，各级政府部门应继续加大对绿色仓储建设的支持力度。目前部分省市出台了相关政策，针对开展绿色仓储建设的商贸、物流企业给予政策奖励和专项补贴，有效提高了这些地区的企业建设绿色仓储的积极性，这一措施应继续推广。

其次，以高效、节能为导向，全面推进仓储设施建设。一是要合理规划仓库位置。仓库的修建既应考虑当地地理环境的影响，又应考虑农村地区的产业布局、道路建设情况，还应考虑与类似仓储设施的空间距离，通过综合以上要素进行合理选址，尽可能提高仓储设施对物流配送的支撑作用，减少非必要的运输里程，进而节约物流成本，减少能源损耗。二是合理规划仓库内部布局。仓库建设不仅需要合理选址，还需要内部科学布局，以此提高仓库的可使用面积，使仓储设施尽可能得到充分利用，降低仓储成本。三是要根据需要不断对仓储设施进行升级改造。例如，推广可节能设备，推动共享仓、共享托盘等新型仓储设施的使用，利用大数据和云计算创建智慧仓储系统等。

（三）制定农村电子商务绿色装卸搬运措施

装卸搬运既是连接运输和仓储等物流活动的重要环节，又是整个物流活动过程中出现频率较高的活动。在商品装卸搬运环节，经常会出现物品的破损、散落或搬运过程产生粉尘烟雾等情况，对周边环境造成污染。同时，这种高频次的装卸搬运活动不仅耗时，而且需要大量的人力物力，会导致物流成本的增加。因此，现阶段要大力推动农村电子商务绿色装卸搬运发展，就需要制定相应措施，提高装卸搬运效率，减少装卸搬运过程中对环境造成的污染，进而实现物流成本的降低。一是，要利用信息化管理和现代化设备科学规划装卸搬运活动，减少无效搬运。即通过信息化管理了解货物运输前后环节的情况，精准货物存储、运输和装卸之间的衔接，减少无效或非必要的装卸搬运次数，并利用现代化设备科学搬运，从而降低装卸搬运环节造成的环境污染和货物损耗。二是，要根据当地农村电子商务经营的农产品特征，对装卸设备进行合理的改造，如在装卸设备上加装防止农产品散落的网布装置，尽可能减少农产品散落造成的损耗，同时降低货物破损或散落物腐臭和变质对空气造成的污染。另外，还需要采取相应措施做好装卸搬运环节的污染防护及处理工作，尽量减少搬运过程造成的污染。

二、推进农村电子商务绿色包装发展

绿色包装又被称为无公害包装或环境友好型包装，是以保护环境、节约资源为核心，对生态环境和人类身体健康无害，能够重复使用或利用可再生资源的包装方式。推动农村电子商务绿色包装发展主要包括推动产品包装绿色发展和推动物流包装绿色发展，从技术层面讲，一般可以从包装材料绿色化、包装方法绿色化以及废弃包装材料回收处理几个方面来采取措施。

（一）推进包装材料绿色化

首先，推广可再循环使用和重复利用性能好的包装材料是实现农村电子商务绿色包装的有效方式之一。目前，许多大型物流企业推出了可循环快递包装，如苏宁推出了“漂流箱”、顺丰使用二代可循环快递箱“π-box”；还有部分企业将废弃的纸张等进行再加工作为包装箱中的缓冲填充物替代泡沫缓冲材料等，有效推动了包装材料的“绿色转型”。但目前可循环包装的推广应用范围还较小。因此，现阶段应加大可再循环包装材料的使用，扩大可循环包装的应用范围，特别是在农村地区的应用。其次，使用可降解、无污染的包装材料是推动农村电子商务绿色包装发展的重点方向。一方面，要加快绿色包装材料的研发生产，探索纯天然材料的可塑性。另一方面，要鼓励农村电子商务经营主体尽量使用可降解、无污染的包装材料作为产品包装，同时加快淘汰污染严重、对健康隐患大的包装材料。

（二）推进包装方法及设计绿色化

首先，要推进包装方法绿色化。具体而言，就是要推动简易包装的使用，即在满足包装对产品的基本保护作用、方便售卖等功能的前提下，尽量减少包装材料的重量和体积，减少过度包装。例如，在物流包装中选择使用较窄的胶带及更简易的打包方法；在产品包装中尽可能减少装饰性包装，以达到减少包装材料、节约包装费用的目的。

其次，要推动包装设计绿色化。一方面，应注重包装设计材料的选取，在包装设计的材料选择上可以选择一些纯天然材质，利用这些材质设计一些天然环保的包装。例如，我国云南农村地区利用稻草编制的盛放鸡蛋的网状草袋包装、四川地区利用竹子编制的竹编包装，关东地区利用植物叶片编织的储茶袋包装等。同时，在包装设计上尽量选用同种材质的包装材料，提高包装材料的可回收性和再利用功能。另一方面，应对包装结构做进一步的优化，使商品包装通过改变结构便利运输，既能够最大限度地保护商品不轻易受到损伤，又能够减少不必要的运输包装材料的使用。

（三）规范包装材料的回收处理

除了包装材料和包装方法绿色化之外，对废弃包装材料的回收处理也是推动农村电子商务绿色包装发展行之有效的措施。例如，四川省青神县在发展农村电子商务过程中发起的包装废弃物“1元押金制”的回收处理方式，有效提高了废弃包装材料的回收处置率，降低了废弃物对环境的污染。因此，我国其他地区在推动农村电子商务可持续发展过程中，一方面可以通过举办包装材料回收处理现场宣讲会等方式，加大废弃包装材料回收处理的宣传力度和相关知识普及，提高农民回收并处理包装废弃物的意识。同时，要学习青神等地区的包装材料回收处理方法，通过开展包装废弃物“有偿回收”“积分兑奖”等活动，鼓励农民和农村电子商务经营主体积极加入到包装废弃物回收工作中。另一方面各地政府部门应加快完善废弃包装材料回收处理的相关规定，并建立废弃包装材料回收体系，例如，可通过建立村、镇、县多级回收站点，推动废弃包装材料的绿色回收处理，进而推动农村电子商务的绿色包装发展。

三、大力发展绿色农业

农村电子商务的绿色发展，不仅需要有绿色的电子商务流通体系，而且需要有绿色的电子商务交易产品。因此，促进农产品绿色生产也是目前农村电子商务绿色发展的重要内容。从实际情况来看，我国部分地区绿色农业起步较早且取得了一定成效，但从全国层面来看，我国绿色农业发展还处于初级阶段。因此，为推进中国乡村振兴战略的实施与农村电子商务的可持续发展，需要继续深耕绿色农业理念、加快推进绿色农产品生产、大力打造绿色农产品品牌等。

（一）继续深耕绿色农业理念

深耕绿色农业理念，首先，应提升农民对绿色农业的认知水平。农民是农业生产的主体，推动农业绿色发展，需要增强农民的绿色发展观念，因此，各地政府部门应加大农业绿色发展的宣传力度，可通过发放宣传资料或定期召开宣讲课堂的形式，向农民普及绿色农业的概念和发展优势，加深农民对绿色农业的理论认知。其次，各地要在政府部门支持下建立绿色农业种植示范基地，并定期组织农民进行参观学习，进而提高农民对绿色农业的实践认知水平。同时，各地还要推进农业专业技术人才队伍建设，可通过聘请技术人才下乡的方式对农业种植好手和农业种植大户等进行绿色种植、科学种植培训，以此促使这些农民学习更多绿色、科学的种植技术和实操经验，并在农村地区推广。

（二）加快推进绿色农产品生产

加快推进绿色农产品生产，一是要大力推广绿色生产方式。即大力发展生态农业、有机农业等现代农业生产方式，在农业生产中严格控制农药、化肥的使用量，多采用生物防治的方法防止病虫害，增加有机肥料的使用比例。二是要充分开发绿色资源。我国部分农村地区有着天然无污染的自然环境和丰富的自然资源，在不破坏原生态的情况下，应该充分开发和利用当地充裕的自然资源，如采集野生的植物、野生的药材等加工成纯天然的或者绿色无污染的食品；利用丰裕的森林资源开发绿色家居用品或绿色家居装饰用品等。三是加大绿色农产品生产技术的研发力度。各地政府部门要为绿色农产品技术的研发提供足够的人力、物力和财力支持，鼓励科研人员研发适合不同地区及气候特点的绿色农产品种植技术，提高生产技术的适用性，同时加快深入基层推广绿色农产品种植技术，使其及时转化为生产力。

（三）积极打造绿色农产品品牌

大力发展绿色农业，保障绿色农产品顺利售出，还需要积极打造绿色农产品品牌。一是要加快绿色农产品品类细分，明确绿色农产品定位，并在此基础上打造绿色农产品品牌。相较于区域公共品牌建设，绿色农产品品牌建设目前还处于培育初期，各地尚缺乏具有影响力的绿色农产品品牌。因此，各地应在区域公共品牌建设的基础上，筛选当地优势绿色农产品品类资源，结合绿色农产品的特点进行精准定位，做好绿色农产品的品牌规划，包括绿色农产品的品牌建设路径、品牌标志设计和品牌维护等。同时，要根据绿色农产品的生产特点和各地独特的风土人情，赋予绿色农产品品牌独特的品牌内涵，突出绿色农产品的品牌特色，提高绿色农产品的品牌价值。二是要努力提高绿色农产品的品牌公信力。一方面，应继续加快绿色农产品生产加工供应基地建设，提高绿色农产品生产经营企业的组织化程度，加强其质量控制能力。同时，还应成立区域绿色农产品品牌销售联盟或绿色农产品产销协会，统一绿色农产品的生产标准、生产技术与生产管理等，增强绿色农产品品牌的品质保障。另一方面，应进一步规范绿色农产品的认证和管理，强化绿色农产品的认证审核和产业监管，加强各级监管机构的力量，完善绿色农产品的追溯机制，确保实现精准监管，避免一些已进行了绿色农产品认证、获取了绿色食品标志使用权的农产品，在后续经营中出现农产品质量参差不齐的现象。同时，要引导绿色标志即将到期的农产品品牌经营者及时向有关部门进行重新申报。通过以上措施提高绿色农产品的品牌公信力。三是要加强绿色农产品的品牌宣传，扩大绿色农产品的品牌影响力。绿色农产品经营者应尽可能多地参加农产品博览会、绿色食品博览会等大型展会，利用多种线下方式加强绿色农产品的品牌推广和宣传，提升品牌价值。同时，要充分利用电视、广播等传统传播媒介和抖音、快手等新兴自媒体对绿色农产品及其品牌进行线上宣传，提高绿色农产品的品牌知名度。四是要继续加强政府政策支持，推进绿色农产品的品牌建设。

即各地政府部门应为绿色农产品品牌建设和维护提供一定的资金、技术及相关政策支持。例如,各地政府及相关部门应继续加强落实对绿色农产品品牌认证的奖励政策,明确奖励申报程序、要求及奖励方式,并结合各地绿色农产品品牌建设的实际情况,制定最优奖励标准,以期能够有效推动各地绿色农产品品牌建设。

第五节　大力推动中国农村电子商务开放发展

第五章研究结果显示开放发展是中国农村电子商务可持续发展进程中最为薄弱的环节,第六章通过对我国不同地区农村电子商务代表性案例的分析,也可以看出开放发展在各地农村电子商务发展中相对缓慢。随着我国进一步构建"一带一路"服务贸易发展新格局、高质量推动区域全面经济伙伴关系协定(RCEP)工作进程以及推动国内国际双循环相互促进发展,开放发展对于我国农村电子商务可持续发展的影响程度正逐年提升,尤其是在乡村振兴战略实施背景下,农村跨境电商越来越成为农村电子商务的重要组成部分。因此,本节从为农村电子商务开放发展提供政策支持和积极推动农村电子商务经营者发展跨境电子商务两方面提出推动中国农村电子商务开放发展的对策建议。

一、为农村电子商务开放发展提供政策支持

伴随着中国农村电子商务的快速发展,跨境电子商务业务不断涌现,这在一定程度上拓展了中国农村电子商务的市场范围和盈利空间,但农村跨境电商起步较晚,所涉及的流程更复杂,环境更多变,故农村跨境电商实施的难度较大,许多农村电子商务经营主体不敢轻易涉足这一领域。目前,尽管各级政府部门陆续出台了一系列鼓励农村电子商务发展的政策文件,但针对农村跨境电子商务的政策支持效果还有待提升。因此,为促进农村电子商务开放发

展，各级政府部门应当继续加强对农村跨境电商发展的政策扶持力度，推动农村跨境电商产业链建设。

首先，各级政府部门应出台相应政策大力推进农村跨境电商平台建设。农村跨境电商平台是构成农村跨境电子商务的重要环节，是联系国际市场供给方与需求方的桥梁与纽带，是农村跨境电子商务顺利开展的前提和基础。当前，国内外跨境电子商务平台数目众多，跨境 B2B 业务、B2C 业务均发展迅速，农村跨境电子商务发展较好的地区，基本上都是借助于阿里巴巴、京东等大型电商平台展开跨境交易的，而面向农村电商经营主体的、以跨境销售农特产品为主的、专业化的跨境电子商务平台相对较少。因此，我国政府部门应在着力优化农村跨境电商全产业链体系时，积极推动农村电子商务跨境交易平台建设，加大投资力度与政策支持力度。一方面，要积极引导现有的涉足农村电子商务的网络平台开展跨境电商业务，同时鼓励一些跨境电子商务平台开设农特产品跨境交易板块，并对农特产品跨境交易份额较大的电子商务平台给予一定的优惠政策，激励农村跨境电子商务的发展。另一方面，各级政府部门还要尽快出台相关政策，支持专业化的农村跨境电商交易平台建设和发展，例如，对已有的中小型农特产品跨境电商平台以税收优惠等方式给予扶持，鼓励其拓展经营范围，扩大覆盖面；对新创办的农村跨境电商平台给予资金与管理等方面的支持，使其尽快投入运转。除此以外，相关部门还应当加强对跨境电商平台的监管力度，一是要严厉打击跨境电商平台中存在的不正当竞争行为，为农户和农特产品出口商创造良好的平台环境；二是要健全跨境电商平台的信用考核制度，及时淘汰信用等级不合格的相关卖家，使我国农特产品的对外出口能保持良好的国际声誉，进而推动我国农村电子商务的开放发展。

其次，各级政府部门应出台相关政策鼓励在符合条件的地区建立农村跨境电商综合示范区。跨境电子商务综合试验区是我国为打造完整的跨境电商产业链和生态链，完善跨境电商交易、支付、物流、通关等环节的技术标准、业务流程、监管模式和信息化建设而设立的试验区，试验区内的跨境电商零售出口企业享有“无票免税”、税收优惠和通关便利等政策。为推动农村电子商务的开放发展，相关部门可以将跨境电商综合试验区的优惠政策引入农村地区，依托电子商务进农村综合示范项目，出台相关政策鼓励建设农村跨境电商综合示范区，加强农村跨境电商产业链上、中、下游之间协同能力的提升。一方面，示范区要针对农特产品跨境交易的各个环节提供便捷服务，畅通农村电商供应链，例如，要通过完善示范区内的通信网络和道路建设、完善境外市场信息管理平台建设、提升示范区产品出口报关效率，为农村电商企业开展跨境贸易创造便利条件；另一方面，要在示范区内树立一批农特产品跨境电商标杆企业，并重点扶持这些企业，加大对其经营方式的宣传推广，通过示范效应引领农村地区农特产品国际贸易新发展。特别是对于传统外贸发展较为落后的中西部地区，还应当抓住“一带一路”倡议和《中欧地理产品标志协定》带来的跨境贸易发展机遇，积极建设农村跨境电商综合示范区，提升中西部地区在海关通关监管、电商平台运营以及产品品牌建设等方面的便捷程度，提高中西部地区农特产品的国际知名度，利用中欧贸易合作契机将当地多样化的农特产品推向国际市场。

二、推动农村电子商务经营主体积极发展跨境电子商务

近年来，我国政府部门高度重视跨境电子商务发展，这给我国农村地区发展跨境电子商务提供了契机，推动了农村电子商务开放发展。但是，促进农村跨境电子商务发展，不仅需要政府政策的支持，还需要农村电子商务经营主体具有开拓国际市场的意识，并积极发展跨境电子商务。

首先，要加强农村电子商务经营主体的国际市场意识。国际市场意识即按国际市场需求变化谋发展的生产经营意识。随着我国对外开放程度的逐渐深入，是否具有国际市场意识已成为国内企业能否建立长远市场竞争优势的关键因素之一。对于农村电子商务而言，从整体来看，我国农村电子商务经营主体国际市场意识普遍较低，大多数农村电子商务经营主体将目光锁定国内

市场,因此,现阶段要推进中国农村电子商务开放发展,必须要加强农村电子商务经营主体的国际市场意识,使其充分认识到开展跨境电子商务对其自身发展及实施乡村振兴战略的重要性。一方面,各地政府部门及电子商务协会要做好基础的指导培训工作,向当地各类农村电子商务经营主体宣传当前我国跨境电商领域的相关政策和其他地区农村跨境电子商务的开展情况,尤其是要将开拓国际市场与农民增收相结合,分享其他地区农户通过跨境电子商务致富的典型案例,树立本地区开展农特产品跨境电子商务致富的典范,激发当地农村电子商务经营主体的国际市场意识,调动其开展农村跨境电子商务的积极性。与此同时,要通过多种形式向相关农村电子商务经营主体传递国际市场对我国各类农特产品的需求信息,并鼓励农村电子商务经营主体学习其他跨境电商企业的成功经验和经营管理方式。

其次,要鼓励农村电子商务经营主体依托跨境电商平台积极发展农村跨境电子商务。跨境电商平台作为中小企业参与国际贸易的新型载体,其在扩大贸易规模、扩展跨境电商市场以及促进国际贸易模式创新等方面发挥了重要作用。农村电子商务经营主体要积极响应构建以国内大循环为主体、国内国际双循环相互促进的新发展格局,在大力拓展国内市场的同时,充分利用相关优惠政策,与各类跨境电商平台合作,为中国优质的农特产品打开国际市场。故现阶段尤其是要提高农村跨境电商贸易的供给能力。我国大部分地区农村跨境电子商务起步较晚,在推进农村跨境电子商务发展过程中仍存在许多问题,尤其是产品供给方面的品牌建设、产品溯源等还不完善。因此,为促进中国农村跨境电子商务发展,必须要深化供给侧改革。一是农村电商经营主体要着力打造国际化的农特产品品牌,并结合各国各地区的文化传统、风俗习惯、宗教信仰等的差异进行包装设计,既要凸显本国农特产品的品牌特色,又要体现对特定国家消费者的尊重,以逐步优化中国农特产品在海外消费者心目中的形象。同时,要加紧建设特色地理标志产品,加强与国外知识产权保护机构合作,积极推动农特产品在全球范围内注册地理标志保护,为我国农特产品跨境销售提供高水平的保护，促进高品质农特产品跨境销售。二是各地区应依托特色产业，着力打造当地知名农特产品单品，并将其作为农村跨境电商贸易的主要产品，在此基础上，再通过初加工和深加工，逐步丰富各地农村跨境电商的产品种类。同时，各个省份的农村电商经营主体应该深入分析自身的地理位置特点，挖掘潜在的跨境电商合作机会。例如，沿海省份可以利用其港口和航线优势，发展与东南亚、东北亚等地区的跨境电商合作；内陆省份则可以通过陆路运输或空中航线与欧洲、中亚等地区建立紧密的跨境电商联系。通过精准定位自身的地理优势，各个省份可以更有针对性地开展跨境电商合作，提高合作效率和质量。三是要借助数字经济赋能跨境电商发展，以满足农村跨境电子商务发展的需求。具体而言，就是农村电商经营主体要利用大数据及时了解国际市场需求的变化，并根据国外消费者的需求，提供差异化、定制化的产品和服务。通过为海外消费者提供精准服务，在提高国外市场消费者满意度的同时，不断提升农村跨境电商贸易的附加值。同时，还要利用信息技术完善农村跨境电子商务的农特产品溯源监测系统，从源头保障农特产品安全供给。

本章小结

本章基于第五章实证分析的结果和第六章典型案例展示的具体情况，有针对性地提出了在乡村振兴战略背景下促进中国农村电子商务可持续发展的具体对策。一是要加快中国农村电子商务协调发展，具体包括：通过加强区域间农村电子商务合作与交流及开展农村电子商务对口支援工作等措施促进区域间农村电子商务协调发展；通过推动电子商务与农业、农村加工制造业及文旅产业深度融合，促进农村电子商务与其他产业的协调发展；通过缩小城乡互联网普及率差异和城乡网络交易水平差异，促进城乡电子商务协调发展；通过重点推进“农产品上行”，促进“农产品上行”和“工业品下行”双向流通渠道协调发展。二是要全面推动中国农村电子商务创新发展,具体包括:通过完善农村电子商务扶持政策,为农村电子商务创新提供良好的政策环境;通过健全农村电子商务从业人员培训体系及加强政府、高校、企业三方人才培养协作,积极培养农村电子商务人才;通过推进农村电子商务供应链创新、营销体系创新及经营模式创新,推动农村电子商务运营体系创新。三是要加强中国农村电子商务共享发展,具体包括:通过完善农村信息基础设施建设、农村交通基础设施建设及农村电子商务服务站点建设,推进农村电子商务基础设施共享;通过提高财政资金使用效益、强化农村电子商务金融支持,促进农村电子商务发展资金共享;通过完善县、乡、村三级物流服务体系,加快农村电子商务物流共享;通过推进电子商务产业园区建设及完善农村电子商务平台建设,促进农村电子商务技术共享与资源共享。四是要深入推进中国农村电子商务绿色发展,具体包括:通过推动农村电子商务绿色运输发展、绿色仓储建设及制定农村电子商务绿色装卸搬运措施,加强农村电子商务绿色物流发展;通过推动包装材料绿色化及包装方法绿色化,规范包装材料的回收处理,推进农村电子商务绿色包装发展;通过深耕绿色农业理念、加快推进绿色农产品生产、积极打造绿色农产品品牌,大力发展绿色农业。五是要大力推动中国农村电子商务开放发展,具体包括:为农村电子商务开放发展提供政策支持;推动农村电子商务经营主体积极发展跨境电子商务。

第八章　总结与展望

第一节　研究总结

本研究以“乡村振兴战略背景下中国农村电子商务可持续发展研究”为切入点展开分析，围绕这一核心问题，在明确研究对象和研究范围的前提下，对农村电子商务、可持续发展等相关概念进行了辨析，在此基础上以习近平总书记提出的“创新、协调、绿色、开放、共享”的新发展理念为引领，界定了农村电子商务可持续发展的内涵，从而确定了本研究的逻辑主线。与此同时，从不同角度对相关研究进行了归纳和梳理，深入挖掘本研究的理论意义与现实意义，为本研究的顺利进行提供了研究基础。本研究主体部分是通过尝试回答一系列逻辑紧密的问题而展开的。

农村电子商务发展的机理和动力源是什么？农村电子商务产生与发展是农村电子商务可持续发展的前提。通过对农村电子商务发展的机理和动力源的分析，为本研究奠定理论基础。一方面，从贸易存在的角度对农村电子商务的经济本质进行思考，农村电子商务作为解决分工深化与交易费用增长这一矛盾的一种具体商业形式，在农村传统流通形式存在交易费用偏高情况下，其出现能促进交易费用的节约；另一方面，从流通效益的视角分析，农村电子商务的出现和发展促进了流通效益的增加。交易费用的节省和流通效益的增加提高了流通效率,据此对农村电子商务发展的机理进行了阐释。进一步剖析中国农村电子商务发展的动力源,农村电商主体、技术进步、市场需求升级以及政府的支持是中国农村电子商务发展的主要动力。

现阶段中国农村电子商务的发展状况如何?存在什么问题?未来的发展方向是什么?了解现阶段中国农村电子商务的发展状况,可为本研究提供现实依据。为全面展现中国农村电子商务发展的状况,本研究首先对中国农村电子商务发展历程进行了阶段性划分,清晰地展现了中国农村电子商务的演进过程。其次以农村电子商务依托的平台类型对中国农村电子商务进行了分类,并详细介绍了各类农村电子商务发展的具体情况。然后分别从中国农村电子商务的整体发展趋势、不同区域及不同省份的发展情况、"工业品下行"和"农产品上行"双向流通渠道发展状况及不同种类商品网络交易规模的情况四个层面进行分析,通过分析提出现阶段中国农村电子商务发展中存在的主要问题是发展不平衡不充分的问题。最后通过深入剖析导致这一问题的原因,指出中国农村电子商务的未来发展方向——可持续发展。

乡村振兴战略背景下中国农村电子商务可持续发展的必要性体现在哪些方面?本研究从三个角度回答了这一问题。第一,农村电子商务可持续发展有助于推动乡村振兴战略的全面实施,具体表现为农村电子商务可持续发展对"产业兴旺、生态宜居、乡风文明、治理有效、生活富裕"五个方面均有明显的助推作用。第二,农村电子商务可持续发展有助于推进现代商品流通体系的建设,具体表现为农村电子商务可持续发展在促进流通业态和模式创新、推动现代物流体系建设、加快城乡流通一体化进程等方面均可发挥积极作用,从而助力现代商品流通体系建设,推进乡村振兴战略的实施。第三,农村电子商务可持续发展有助于促进国内大循环及国内国际双循环,具体表现为农村电子商务可持续发展通过促进社会再生产四个环节的有效衔接,畅通国内大循环;通过拓展业务范围,发展跨境电子商务,开拓国际市场,推动国内国际经济双循环相互促进,最终实现资源的合理配置。"双循环"格局的形成又能为乡村振兴战略的实施创造良好的大环境。

乡村振兴战略背景下中国农村电子商务可持续发展是否具备可行性？在明确了乡村振兴战略背景下中国农村电子商务可持续发展的必要性之后，需要进一步了解其发展的可行性。本研究从外部条件、发展机制、发展重点、发展步骤等几个方面对中国农村电子商务可持续发展的实施要素进行了分析。乡村振兴战略的实施，不仅为中国农村电子商务可持续发展营造了良好的政策环境、法律环境、经济环境和技术环境，形成了市场调节与政府引导相结合的发展机制及较规范的制度体系，基本实现了从注重顶层设计、规范发展机制、强化监督机制到完善动态调整机制的制度设计，而且在实践过程中逐步明确了现阶段中国农村电子商务发展的重点，即从流通方向上看"农村商品上行"是重点，从"农村商品上行"的商品种类上看"农产品上行"是重点，从发展区域上看农村电商发展落后的地区是重点，从发展方向上看品质电商是重点。同时，结合各地情况，归纳了中国农村电子商务可持续发展的一般步骤，即基础设施建设、平台建设、观念激发、技术普及、模式选择、合理推进、生态形成、转型升级，以此显示了中国农村电子商务的逻辑演进过程，并指出目前中国不同地区农村电子商务处于这一发展步骤的不同阶段。

如何对乡村振兴战略背景下中国农村电子商务可持续发展状况进行动态评价？评价的结果是什么？无论中国各地农村电子商务处于一般发展步骤中的哪一个阶段，都涉及可持续发展的问题，因此，本研究基于绪论部分提出的中国农村电子商务发展的概念，从创新、协调、绿色、开放、共享五个方面，构建了评价中国农村电子商务可持续发展的指标体系，并利用 TOPSIS 灰色关联投影法的动态综合评价方法进行评价，得出了如下结论：中国农村电子商务可持续发展水平整体呈现波动上升的状态，目前接近中等水平，仍存在较大的发展空间；现阶段中国农村电子商务可持续发展的五个维度呈现出"协调发展>创新发展>共享发展>绿色发展>开放发展"的状态，且在不同影响因素的作用下，这五个维度呈现出不同的变化趋势；障碍因子分析显示，协调发展、创新发展、共享发展、绿色发展和开放发展对中国农村电子商务可持续发展的年均障碍度依次递减。进一步比较可知,农村电子商务可持续发展中表现越好的维度,其年均障碍度也越大。

乡村振兴战略背景下中国农村电子商务可持续发展动态评价的结论是否能够真实反映现实状况?能否选择典型案例进一步验证?为了回答这一问题,本研究分别在东部、中部、西部、东北部各选择了一个具有代表性的案例进行深入剖析,案例分析的结果显示,尽管不同地区农村电子商务各具特色,所处的发展阶段也不相同,但在可持续发展的五个维度上基本上与实证分析的结论一致。

针对研究结论,应采取什么对策以促进乡村振兴战略背景下中国农村电子商务可持续发展?本研究基于实证分析及案例分析的结果,从加快中国农村电子商务协调发展、全面推动中国农村电子商务创新发展、加强中国农村电子商务共享发展、深入推进中国农村电子商务绿色发展、大力推动中国农村电子商务开放发展五个维度,结合实证分析中得出的影响各维度的重要因素及主要障碍因子,提出了促进乡村振兴战略背景下中国农村电子商务可持续发展的具体对策。

第二节　研究不足与展望

一、研究不足

目前学术界尚无关于农村电子商务可持续发展的统一定义,大量相关研究集中于促进农村电子商务可持续发展的字面描述上,并未对这一概念进行深入挖掘,并形成一致的认识。这既使本研究的展开具有一定的难度,同时也为本研究提供了较大的创新空间。本研究是在剖析可持续发展的概念和内涵的基础上,结合农村电子商务的行业特征,以新发展理念为切入点,对中国农村电子商务可持续发展的概念进行界定并展开相应研究的。虽然此研究具有一定的创新性,也基本达到了预期的研究目的,但是我们对农村电子商务可持续发展的探析还处于初级阶段,对这一概念的界定可能不完善。

对乡村振兴战略背景下中国农村电子商务可持续发展的研究不能仅停留在定性分析层面,必须要通过定量分析作出准确的评价,这一研究才具有实际意义。进行定量研究需要合理的指标体系和精准的数据资料作为支撑,但是由于农村电子商务在中国发展的时间不长,目前关于农村电子商务发展情况的统计数据较少,且主要集中在几个反映其整体发展情况的指标上,缺乏反映影响其发展的一些具体因素的统计数据及反映其发展某一侧面的具体统计数据,这一现实情况使得本研究在构建指标体系时选择的指标数量相对较少,且有些指标因缺乏必要的统计数据而不得不使用相关性较强的指标进行替代,这必然会对实证分析结果造成一定的影响,可能会导致分析结果与实际情况产生一些偏差。

二、研究展望

2022 年 10 月 16 日中国共产党第二十次全国代表大会胜利召开,中国特色社会主义建设掀开了新篇章。党的二十大报告指出全面建设社会主义现代化国家,最艰巨最繁重的任务仍然在农村,并将全面推进乡村振兴列为全面贯彻新发展理念加快构建新发展格局,着力推动高质量发展的重要内容之一加以强调。而要发展乡村特色产业,拓宽农民增收渠道,促进城乡融合发展,畅通城乡要素流动,农村电子商务无疑是最有效的手段之一。因此,在中国奋进新征程,全面建设社会主义现代化国家的进程中,促进农村电子商务可持续发展仍旧是必要的也是必需的,故乡村振兴战略背景下中国农村电子商务可持续发展研究仍将是新时期重要的研究课题。本研究只是对这一问题展开了一个初步探索,未来对这一问题的研究将不断深入。

概念及内涵将更加丰富。随着后续研究的深入,农村电子商务可持续发展的概念将得到不断完善。尤其是党的二十大报告中提出的一些观点,为本课题的后续研究指明了新方向,例如,党的二十大报告强调“坚持以推动高质量发展为主题,把实施扩大内需战略同深化供给侧结构性改革有机结合起来,增强国内大循环内生动力和可靠性,提升国际循环质量和水平”,这一导向将对中国社会各行业的发展产生深刻影响,具体到农村经济发展中,不仅会对引导乡村振兴战略的实施,而且也将渗透到中国农村电子商务可持续发展中。与此同时,党的二十大报告还提出“着力提升产业链供应链韧性和安全水平”,供应链韧性及安全问题也将引发学者们及各行业从业者的关注,中国农村电子商务供应链韧性及供应链安全也必将成为研究热点之一。因此,后续对中国农村电子商务可持续发展的研究将融合新发展理念、高质量发展、新发展格局、供给侧结构性改革、供应链韧性及安全水平等多个层面,农村电子商务可持续发展的概念所包含的内容将更加丰富。

研究视角将更加多元化。随着中国农村电子商务可持续发展概念的不断拓展,其包含的内容日益丰富,这就为学者们从不同视角围绕某一个层面对该问题展开研究提供了思路。例如,基于创新视角的中国农村电子商务可持续发展研究、基于协调视角的中国农村电子商务可持续发展研究、基于开放视角的中国农村电子商务可持续发展研究、基于绿色视角的中国农村电子商务可持续发展研究、基于共享视角的中国农村电子商务可持续发展研究、基于高质量视角的中国农村电子商务可持续发展研究、基于新发展格局视角的中国农村电子商务可持续发展研究、基于供应链韧性(或安全)视角的中国农村电子商务可持续发展研究,等等,都将成为后续研究的选题方向。与此同时,中国农村电子商务可持续发展研究还将融合乡村振兴战略实施过程中的一些具体目标和要求,展开一系列导向明确、具有实际意义的研究,等等。

评价指标体系将更加合理。中国共产党第二十次全国代表大会的召开对全面推进乡村振兴进行了进一步强调,这就意味着农村电子商务作为推动乡村振兴的重要手段将持续受到各级政府部门的关注和重视,有关农村电子商务发展情况的统计指标将不断完善,数据统计资料将更加全面。随着统计数据的逐步健全,未来关于中国农村电子商务可持续发展的研究将能够建立在更加合理的评价指标体系之上。

研究方法将更加科学。随着乡村振兴战略的实施及对中国农村电子商务可持续发展研究的不断深入,学术界将在已有研究的基础上,充分利用相关数据资料,采用更加科学、精确的方法对农村电子商务可持续发展问题进行探讨,实现在研究方法上的创新。

总之,对乡村振兴战略背景下中国农村电子商务可持续发展的后续研究仍存在较大的空间,需要我们继续进行探索。

参考文献

白朋飞:《美英农业电子商务的发展应用》,《世界农业》2015 年第 1 期。

曹曾树、刘凯伶、徐灵璐:《基于两岸融智的第四方农村电商模式探索》,《海峡科学》2020 年第 11 期。

曹玲玲、姜丽丽、仝爱华:《经济新常态下农村电商可持续发展的对策研究——基于宿迁市农村电商的调查分析》,《现代农业科技》2016 年第 8 期。

曾建丽、赵玉帛、李淑琪:《京津冀城市群新型城镇化水平时空格局演变及驱动因素研究》,《生态经济》2021 年第 11 期。

曾亿武、万粒、郭红东:《农业电子商务国内外研究现状与展望》,《中国农村观察》2016 年第 3 期。

陈林、张家才:《数字时代中的相关市场理论:从单边市场到双边市场》,《财经研究》2020 年第 3 期。

陈仙都:《供给侧结构性改革背景下农村电商可持续发展的对策研究——以湖北宜昌地区农村电商为例》,《职业》2019 年第 32 期。

陈玉娟、曹毓倩、刘兆阳:《浙江省乡村旅游产业可持续发展评价研究》,《建筑与文化》2020 年第 9 期。

程红莉:《农村电子商务发展模式的分析框架以及模式选择——农户为生产者的研究视角》,《江苏商论》2014 年第 11 期。

储新民、李厚廷:《农业电子商务的发展机制——基于“沙集模式”的拓展》,《价格月刊》2013 年第 12 期。

丁菊、贾晓东、柳西波:《乡村振兴背景下河北农村电商发展问题再探讨》,《中国集体经济》2020 年第 34 期。

段禄峰、唐文文:《基于熵权法的西部地区农村电子商务发展水平分析》,《江苏农业科学》2017 年第 9 期。

段禄峰、唐文文:《我国农村电子商务发展水平测度研究》,《价格月刊》2016 年第 9 期。

范林榜:《农村电子商务快递下乡配送问题与对策研究》,《农村经济》2016 年第 9 期。

方琦:《浅谈互联网+供销合作社农村电子商务的发展》,《广东合作经济》2015 年第 3 期。

方文英:《农产品全产业链大数据建设与农村电商的有效融合研究》,《农业经济》2020 年第 9 期。

付桂军、齐义军:《煤炭资源型区域可持续发展水平比较研究——基于模糊综合评价法的分析》,《干旱区资源与环境》2013 年第 4 期。

高丽:《数字普惠金融与新型城镇化对农村电商发展的影响》,《商业经济研究》2023 年第 10 期。

高天慧、周俪、王昊博等:《农村电商助力闽东特色乡村振兴之路对策研究》,《农村经济与科技》2020 年第 23 期。

郭承龙:《农村电子商务模式探析——基于淘宝村的调研》,《经济体制改革》2015 年第 5 期。

郭娜、李华伟:《农村电商与乡村振兴互动发展的系统动力学研究》,《中国生态农业学报(中英文)》2019 年第 4 期。

郭骁荻:《农产品电子商务发展探究——以浙江遂昌模式为例》,《现代商业》2020 年第 17 期。

郭征亚:《产业链视域下农村电商可持续发展生态体系分析》,《商业经济研究》2017 年第 24 期。

郝新军、沈朝阳:《农村电商赋能乡村振兴成效评价与障碍因素分析》,《西安财经大学学报》2022 年第 5 期。

洪涛:《十八大以来我国农产品电商进入"大发展"时期》,《农业工程技术》2017 年第 30 期。

洪勇:《电商扶贫:农村扶贫新路径》,《行政科学论坛》2016 年第 6 期。

胡永盛:《江苏农村电商典型模式分析与创新探讨》,《江苏农业科学》2017 年第 20 期。

黄思雅、陈松林:《"精准扶贫"视角下漳州市农业可持续发展评价及对策》,《亚热带资源与环境学报》2018 年第 3 期。

金勇、王柯:《包容性创新视角下的农村电商发展研究——以遂昌模式为例》,《湖北工业大学学报》2017 年第 6 期。

雷园园、王昀、张龙:《乡村振兴下农村电商发展模式的解构与重构:“赶街模式”的单案例研究》,《商业经济研究》2020 年第 16 期。

李楚瑛、赵元凤:《基于三角模糊熵的内蒙古农村电子商务发展水平测度》,《内蒙古科技与经济》2019 年第 18 期。

李冬青:《河北省新型城镇化水平综合评价及预测》,河北工程大学 2021 年硕士学位论文。

李海平、刘伟玲:《农村电子商务存在的问题与模式创新》,《陕西科技大学学报(自然科学版)》2011 年第 2 期。

李宏兵、王爽、赵春明:《农村电子商务发展的收入分配效应研究——来自“淘宝村”的经验证据》,《经济经纬》2021 年第 1 期。

李天天、赵宪军、马烈等:《河北省两种农村电子商务发展模式对比研究》,《商业经济研究》2017 年第 1 期。

李伟、夏洵、傅佳熙:《基于价值链理论的农产品电商模式研究——以遂昌模式为例》,《电子商务》2016 年第 9 期。

李文辉:《辽宁省新型城镇化高质量发展综合评价及动力机制研究》,吉林财经大学 2022 年硕士学位论文。

李湘棱:《产业链视域下农村电商可持续发展的动力机制探讨》,《商业经济研究》2019 年第 2 期。

李潇、徐广才、王赢:《北京市郊区重点小城镇可持续发展评价》,《北京农学院学报》2018 年第 3 期。

李亚男:《供销社系统农村电子商务发展对策研究》,《商场现代化》2018 年第 11 期。

李异菲、张德亮:《对我国农村电子商务发展的思考》,《云南农业大学学报(社会科学版)》2007 年第 3 期。

李长青、尤雅琪:《从“沙集模式”的发展历程看中国农村电商发展的困境》,《经济研究导刊》2018 年第 3 期。

李志平、吴凡夫:《农村电商对减贫与乡村振兴影响的实证研究》,《统计与决策》2021 年第 6 期。

连宏萍、金子涵:《农村电商产业可持续发展路径探索——基于行动者网络治理视域》,《东岳论丛》2023 年第 6 期。

廖一红:《乡村振兴视域下农村电商发展模式的探索及启示——基于乡村共同体的思考》,《税务与经济》2022 年第 3 期。

林家宝、罗志梅、李婷:《企业农产品电子商务采纳的影响机制研究——基于制度理论的视角》,《农业技术经济》2019 年第 9 期。

林梅:《农村电商发展模式的探索与构建——基于武功县电商发展调查研究》,《企业改革与管理》2018 年第 11 期。

刘常青:《乡村振兴视域下农村电商发展存在的问题》,《黑龙江科学》2020 年第 22 期。

刘可:《农村电子商务发展模式比较分析》,《农村经济》2020 年第 1 期。

刘可:《四川农村信息化建设的现状、问题与对策》,《农村经济》2008 年第 11 期。

刘可、庞敏、刘春晖:《四川农村电子商务发展情况调查与思考》,《农村经济》2017 年第 12 期。

刘军君:《农民合作社电商模式——我国农村电子商务发展可行路径》,《北京农业》2013 年第 18 期。

刘诗琪:《浅谈农村社交电商的发展趋势——以“拼多多”为例》,《科技经济导刊》2019 年第 27 期。

柳思维:《发展农村电商加快农村流通体系创新的思考》,《湖南社会科学》2017 年第 2 期。

罗珉、曾涛、周思伟:《企业商业模式创新:基于租金理论的解释》,《中国工业经济》2005 年第 7 期。

雒翠萍、李广、聂志刚等:《涉农企业自建农产品电商平台运营模式分析——以甘肃巨龙公司“聚农网”和“沙地绿产”为例》,《生产力研究》2019 年第 9 期。

吕晓永:《我国农产品电子商务发展的局限性与应对策略》,《商业经济研究》2021 年第 10 期。

穆燕鸿、王杜春、迟凤敏:《基于结构方程模型的农村电子商务影响因素分析——以黑龙江省 15 个农村电子商务示范县为例》,《农业技术经济》2016 年第 8 期。

聂凤英、熊雪:《“涉农电商”减贫机制分析》,《南京农业大学学报(社会科学版)》2018 年第 4 期。

裴国江:《农村电子商务助推乡村振兴的探索与实践——以甘肃省金塔县农村电子商务发展为例》,《新西部》2019 年第 14 期。

邱碧珍:《中国农村电子商务模式研究》,《世界农业》2017 年第 6 期。

石全胜、余若雪、蹇洁:《农村电子商务可持续发展模式探讨》,《商业经济研究》2018 年第 12 期。

宋孟丘、黄小庆:《基于合作社的农村电子商务发展探讨》,《商业时代》2014 年第 26 期。

孙凤:《关于消费“升级”与“降级”的几点认识》,《人民论坛 · 学术前沿》2019 年第 2 期。

孙九霞、王淑佳:《基于乡村振兴战略的乡村旅游地可持续发展评价体系构建》,《地理研究》2022 年第 2 期。

孙茜、张捍卫、张小虎:《河南省资源环境承载力测度及障碍因素诊断》,《干旱区资源与环境》2015 年第 7 期。

唐红涛、郭凯歌:《农产品电商模式能实现最优生产效率吗?》,《商业经济与管理》2020 年第 2 期。

唐红涛、李胜楠:《电子商务、脱贫攻坚与乡村振兴:作用及其路径》,《广东财经大学学报》2020 年第 6 期。

陶钰:《农村电商可持续发展生态体系构建研究》,《电子商务》2020 年第 11 期。

汪向东:《农民“卖难”与农村电子商务》,《中国信息界》2012 年第 5 期。

王水平:《农村电商可持续发展的四大要素》,《国际商报》2017 年 4 月 5 日。

王一海:《城乡一体化背景下农村电商发展水平评价与战略驱动机制研究》,《商业经济研究》2020 年第 9 期。

韦亚洲:《乡村振兴战略背景下盐城农村电子商务可持续发展研究》,《江苏经贸职业技术学院学报》2020 年第 1 期。

魏延安:《从县域电商到电商经济的跨越——关于武功电商模式的初步总结》,《新农业》2014 年第 20 期。

温福英、黄建新:《欠发达地区农村电商政策与乡村振兴耦合及提升路径》,《中共福建省委党校(福建行政学院)学报》2021 年第 6 期。

吴钦、彭浩、胡茂等:《基于 AHP 的九寨沟县农村电商可持续发展制约因素分析》,《湖北农业科学》2018 年第 16 期。

吴晓鹏、陈硕琳、杨奇等:《社区参与视角下苟坝村可持续发展研究》,《山西农经》2021 年第 23 期。

肖国安、陈谦、王文涛:《乡村振兴战略背景下我国农村电商发展路径研究》,《贵州社会科学》2022 年第 10 期。

肖开红、雷兵、钟镇:《中国涉农电子商务政策的演进——基于 2001—2018 年国家层面政策文本的计量分析》,《电子政务》2019 年第 11 期。

谢清先:《乡村振兴战略背景下陕西农村电商发展模式研究》,《农村·农业·农民(A 版)》2021 年第 5 期。

徐宏:《江苏省农业生态可持续发展评价》,《中国农业资源与区划》2019 年第 8 期。

徐延军、刘党社:《河南省县域农村电子商务发展指数评价研究》,《统计理论与实践》2022 年第 2 期。

许艳:《乡村振兴下我国农村电商精准扶贫的新策略研究——以福建省为例》,《电子商务》2020 年第 11 期。

姚庆荣:《我国农村电子商务发展模式比较研究》,《现代经济探讨》2016 年第 12 期。

叶秀敏:《三种模式惠“草根”——当前农村电子商务发展探析》,《信息化建设》2011 年第 11 期。

叶秀敏:《涉农电子商务的主要形态及对农村社会转型的意义》,《中国党政干部论坛》2014 年第 5 期。

于红岩、夏雷淙、李明等:《农村电商 O2O 模式研究——以“邮掌柜 O2O 平台”为例》,《西安电子科技大学学报(社会科学版)》2015 年第 6 期。

余高:《乡村振兴背景下我国农村居民电商创业驱动因素分析》,《商业经济研究》2021 年第 1 期。

岳欣:《推进我国农村电子商务的发展》,《宏观经济管理》2015 年第 11 期。

岳云康:《对农村电子商务新模式发展的探讨》,《农业网络信息》2008 年第 12 期。

昝梦莹、王征兵:《农产品电商直播:电商扶贫新模式》,《农业经济问题》2020 年第 11 期。

张和荣、谢志忠、王灿雄:《福建省农业电子商务发展探析》,《内蒙古农业大学学报(社会科学版)》2008 年第 6 期。

张丽群、顾云帆、高越:《农村电子商务“一体两翼”发展模式演变》,《商业经济研究》2020 年第 21 期。

张瑞琛、董丙瑞、杨思鋆等:《林区文创旅游可持续发展评价研究》,《林业经济问题》2022 年第 3 期。

张硕、乔晗、张迎晨等:《农村电商助力扶贫与乡村振兴的研究现状及展望》,《管理学报》2022 年第 4 期。

张喜才:《产业链视角下农村电商可持续发展生态体系研究》,《物流技术》2016 年第 5 期。

张滢:《农村电商商业模式及其进化分析》,《商业经济研究》2017 年第 6 期。

张永林:《网络、信息池与时间复制——网络复制经济模型》,《经济研究》2014 年第 2 期。

张永强、王珧、彭有幸等:《黑龙江省肉羊产业可持续发展评价研究——基于 AHP-灰色关联度评价模型》,《家畜生态学报》2019 年第 8 期。

张媛、杜童:《陕西农村电子商务发展模式比较研究》,《新西部》2017 年第 11 期。

张越、赵树宽:《基于要素视角的商业模式创新机理及路径》,《财贸经济》2014 年第 6 期。

赵礼强、姜崇、成丽:《农村电商发展模式与运营体系构建》,《农业经济》2017 年第 8 期。

赵文珺、刘丽红:《山西省农业生态经济系统协调发展及障碍因子分析》,《中国农业资源与区划》2023 年第 10 期。

郑洁:《乡村振兴背景下农村电商发展模式与运营体系构建》,《商业经济》2021 年第 2 期。

郑彤彤、王雅鹏:《我国农业电子商务发展风险研究》,《理论月刊》2017 年第 6 期。

周斌、李鑫、胡海婧等:《乡村振兴战略背景下农村电商可持续发展途径探讨》,《商场现代化》2018 年第 22 期。

周春芳、禄晓龙、伍红艳等:《健康城市建设的经济环境可持续发展评价研究》,《中国健康教育》2021 年第 12 期。

周冬、叶睿:《农村电子商务发展的影响因素与政府的支持——基于模糊集定性比较分析的实证研究》,《农村经济》2019 年第 2 期。

周瑞:《精准扶贫战略下陕西农村电商发展模式及路径研究》,《西安财经学院学报》2019 年第 6 期。

朱世友:《农村电商发展对物流业的影响及农村物流体系构建》,《价格月刊》2016 年第 3 期。

朱长明:《基于共享经济理念的农村电商发展模式探讨》,《商业经济研究》2022 年第 8 期。

AL-Ali, A.S.M.A., Sisodia, G.S., Gupta, B., Venugopalan, M., "Change Management and Innovation Practices during Pandemic in the Middle East E-Commerce Industry", *Sustainability*, Vol.14, No.8(2022).

Ariwibowo, P., Djuhartono, T., " E - Commerce (Marketplace) for Marketing of MSME Products in Balekambang Village - East Jakarta", in *KANGMAS: Karya Ilmiah Pengabdian Masyarakat*, Vol.2, No.1(2021).

Bai, D., "Research on Sustainable Development Ecosystem of Rural E-commerce Based on Ecological Perspective", *Fresenius Environmental Bulletin*, Vol.30, No.3(2021).

Baourakis, G., Doumpos, M., Kalogeras, N., Zopounidis, C., " Multicriteria Analysis and Assessment of Financial Viability of Agribusinesses: The Case of Marketing Co - operatives and Juice-producing Companies", *Agribusiness*, Vol.4, No.18(2002).

Baourakis, G., Kourgiantakis, M., Migdalas, A., " The Impact of E - commerce on Agro-food Marketing", *British Food Journal*, Vol.104, No.8(2002).

Bikeeva, M., Sysoeva, E., "Application of The Polygon Method to Analyze the Differentiation of The Regions of the Volga Federal District by The Level of E - business Development", *E3S Web of Conferences*, Vol.270, No.1025(2021).

Cristobal-Fransi, E., Montegut-Salla, Y., Ferrer-Rosell, B., Daries, N., " Rural Cooperatives in The Digital Age: An Analysis of The Internet Presence and Degree of Maturity of Agri-food Cooperatives' E-commerce", *Journal of Rural Studies*, Vol.74(2020).

Fecke, W., Danne, M., Musshoff, O., " E - commerce in Agriculture - The Case of Crop Protection Product Purchases in a Discrete Choice Experiment", *Computers and Electronics in Agriculture*, Vol.151(2018).

Gao, S., Zhao, L., Sun, H., Cao, G., Liu, W., " Evaluation and Driving Force Analysis of Marine Sustainable Development based on the Grey Relational Model and Path Analysis", *Journal of Resources and Ecology*, Vol.11, No.6(2020).

Hamidi, M., Nasiri, M., Saeidi, P., Sharifzadeh, M.S., "The Role of E-commerce in The Development of Entrepreneurial Opportunities in Iran's Urban and Rural Tourism Sector", *Geography(Regional Planning)*, Vol.2, No.11(2021).

Huang, L., Huang, Y., Huang, R., Xie, G., Cai, W., " Factors Influencing Returning Migrants' Entrepreneurship Intentions for Rural E-Commerce: An Empirical Investigation in China", *Sustainability*, Vol.14, No.6(2022).

Henderson, J., Dooley, F., Akridge, J., "Internet and E-Commerce Adoption by Agricultural Input Firms", *Review of Agricultural Economics*, Vol.26, No.4(2004).

HAJI, K., " E - commerce Development in Rural and Remote Areas of BRICS Countries", *Journal of Integrative Agriculture*, Vol.20, No.4(2021).

Islam, F., Kazal, M., "Rahman M.Potentiality on E-commerce in The Rural Community of Bangladesh", *Progressive Agriculture*, Vol.27, No.2(2016).

Kshetri, N., "Rural e-Commerce in Developing Countries", *IT Professional Magazine*, Vol.20, No.2(2018).

Leong, C., Pan, S.L., Newell, S., Cui, L., "The Emergence of Self-Organizing E-Commerce Ecosystems in Remote Villages of China: A Tale of Digital Empowerment for Rural Development.", *MIS Quarterly*, Vol.40, No.2(2016).

Leroux, N., Wortman, M. S., Mathias, E. D., "Dominant Factors Impacting the Development of Business-to-business (B2B) E-commerce in Agriculture", *International Food and Agribusiness Management Review*, Vol.4, No.2(2001).

Li, X., "Research on the Development Level of Rural E-Commerce in China Based on Analytic Hierarchy and Systematic Clustering Method", *Sustainability*, Vol.14, No.14(2022).

Liu, H., Ai, C., "Empirical Research on Rural E-commerce Development Level Index System Based on Catastrophe Progression Method", *Cluster Computing*, Vol.22, No.3s(2019).

Mali, A.V., Rachmawati, R., "The Utilization of E-Commerce in The SMEs Development to Support Smart Village in Turi District, Sleman Regency", *IOP Conference Series: Earth and Environmental Science*, Vol.1039, No.1(2022).

Muhammad, T., Kim, K.M., "Sustainable and ICT-Enabled Development in Developing Areas: An E-Heritage E-Commerce Service for Handicraft Marketing", *Journal of Physics: Conference Series*, Vol.989, No.1(2018).

Ng, E., "An Empirical Framework Developed for Selecting B2B E-business Models: The Case of Australian Agribusiness Firms", *Journal of Business & Industrial Marketing*, Vol.20, No.4/5(2005).

O'Hara, J. K., Low, S. A., "Online Sales: A Direct Marketing Opportunity for Rural Farms?", *Journal of Agricultural and Applied Economics*, Vol.52, No.2(2020).

Purnama, I.K.E., Ariastita, P. G., Handayeni, K. D. M. E., Nugroho, S. M. S., "Penerapan E-Commerce untuk Penguatan UMKM Berbasis Konsep One Village One Product di Kabupaten Karangasem", *Sewagati*, Vol.2, No.2(2019).

Turvey, C.G., Xiong, X., Financial Inclusion, Financial Education, and E-commerce in Rural China, *Agribusiness*, Vol.33, No.2(2017).

Wen, W., "A Knowledge-based Intelligent Electronic Commerce System for Selling Agricultural Products", *Computers and Electronics in Agriculture*, Vol.57, No.1(2007).

Williamson, O., *The Economic Institutions of Capitalism: Firms, Markets, Relational Contracting*, *New York*: *The Free Press*, 1985.

Wilson, P., *An overview of Developments and Prospects for E-commerce in the Agricultural Sector*, Brussels: European Commission, 2001.

后　记

我对农村电子商务的关注始于2014年中国财政部办公厅和商务部办公厅联合发布的《关于开展电子商务进农村综合示范的通知》，随后查阅了大量关于农村电子商务发展的资料，并多次深入农村了解情况，对中国农村电子商务的发展情况持续跟进，先后承担了2016年河北经贸大学重点科研项目《农村电子商务的模式选择及发展路径》和2018年河北省社科基金项目《新时代河北省农村电子商务发展路径研究》等课题，并围绕课题研究形成了系列研究成果，为后续研究奠定了一定基础。

2018年中央一号文件发布，对实施乡村振兴战略作出了全面部署，2019年中央一号文件再次强调了"三农"工作的特殊重要性。在这一背景下，为促进农村经济充分发展，实现城乡协调，满足城乡消费者多方位需求，继续大力发展农村电子商务成为必然选择。尽管在国家政策的大力支持下，中国农村电子商务发展迅猛，但其发展中存在不平衡不充分的问题，且随着其应用范围的扩大和竞争的日益激烈，以及消费者理性消费的加强和消费需求的升级，其发展速度逐渐放缓，甚至有些地区农村电子商务的发展出现疲态。因此，在乡村振兴战略背景下，如何促进农村电子商务可持续发展就成为摆在我们面前的一个现实问题。

本书由郭娜、吴清萍、陈惠（北京工商大学）、王紫成、李悦欣、常云婷、邢玉娜共同完成，具体分工如下：绪论、第二、三、四、八章由郭娜撰写；第一章由吴清萍撰写；第五章由陈惠撰写；第六章由郭娜、王紫成、李悦欣共同撰写；第七章由郭娜、陈惠、王紫成、李悦欣共同撰写。其中郭娜和吴清萍负责大纲拟定和最后统稿工作，常云婷和邢玉娜参与了后期对书稿的修改和校对工作。

本专著最终得以成稿并出版不仅是我们团队共同努力的结果，更离不开学校、出版社及一些老师的支持和帮助。

感谢河北经贸大学学术著作出版基金的支持与资助！

感谢河北省城乡融合发展协同创新中心的支持与资助！

感谢河北经贸大学经济学院的支持与资助！

感谢人民出版社的大力支持！

感谢河北经贸大学刘东英教授、王小平教授、忻红教授给予的指导和帮助！

郭　娜

2023 年 8 月

责任编辑：张　燕
封面设计：石笑梦
责任校对：张杰利

图书在版编目(CIP)数据

乡村振兴战略背景下中国农村电子商务可持续发展研究 / 郭娜等著. -- 北京 ：人民出版社，2024. 10. -- ISBN 978-7-01-026824-8

Ⅰ. F713.36

中国国家版本馆 CIP 数据核字第 2024WK7352 号

乡村振兴战略背景下中国农村电子商务可持续发展研究

XIANGCUN ZHENXING ZHANLÜE BEIJING XIA ZHONGGUO NONGCUN DIANZI SHANGWU KECHIXU FAZHAN YANJIU

郭　娜　等著

人民出版社　出版发行
（100706　北京市东城区隆福寺街 99 号）

北京建宏印刷有限公司印刷　新华书店经销

2024 年 10 月第 1 版　2024 年 10 月北京第 1 次印刷
开本：710 毫米×1000 毫米 1/16　印张：19.25
字数：280 千字

ISBN 978-7-01-026824-8　定价：78.00 元

邮购地址 100706　北京市东城区隆福寺街 99 号
人民东方图书销售中心　电话（010）65250042　65289539